国家社会科学基金重点项目《国土资源资产负债表编制及其运行机制研究》(15AGL007)。

国家社科基金丛书

自然资源资产负债核算

Accounting for Natural Resource Assets and Responsibilities

杨世忠　温国勇　著

人民出版社

序 一

在人类社会发展的历史进程中,生态文明是超越现代工业文明的更高阶段的文明。现代工业文明虽然带来了人类物质生产力的巨大发展,创造了史无前例的巨大物质财富,但是现代工业文明却无法解决自然资源约束趋紧、生态环境破坏加剧的历史难题。因为现代工业文明是建立在物质生产力、人类繁衍力与自然环境修复力三者失衡之上的文明。习近平总书记指出了"绿水青山就是金山银山"的道理,党的十八大将生态文明建设纳入"五位一体"建设中国特色社会主义的总体布局,这意味着中国特色社会主义的文明是建立在人类生产、生活、生态"三生共赢"基础之上的文明,是建立在物质生产力、人类繁衍力和环境修复力"三力平衡"之上的文明。

人类任何开发利用自然资源的决策与行为,都离不开对自然资源的自然属性和社会属性的了解,尤其是对自然资源赋存状态、产权关系及其数量变化的把握。因此,在生态文明的建设过程中,不可或缺的一项基础工程就是开展自然资源资产负债核算。杨世忠教授与温国勇研究员共同编著的《自然资源资产负债核算》一书,为我国进行自然资源资产负债核算提供了新的路径选择,即基于现代会计基本逻辑的核算路径。该书的特点是视野开阔、逻辑性强。既有对人类核算自然资源的历史追溯,又有对水、林、土、矿、海洋和地质遗迹六类资源的核算系统框架设计;既有对核算平衡原理的阐述,又有对具体核算事项的操作示例。

我相信该书对于推进自然资源资产负债核算的研究,对于促进加强生态文明建设的基础工作,具有积极的影响和作用。

是为序。

叶文虎

2021 年 12 月于北京大学

序　　二

自从2013年11月党的十八届三中全会通过了《中共中央关于全面深化改革若干重大问题的决定》（以下简称《决定》），无论是政府与自然资源监管等相关的部门，还是大专院校或科研院所，都积极贯彻落实《决定》的精神，对如何编制自然资源资产负债表的问题，展开了全方位的探索。杨世忠教授和温国勇研究员就是其中的探索者之一，他们的探索是依据会计原理而展开的。

我国有世界影响力的著名会计学家郭道扬教授指出：中国"会计"在起源之际，已充分显示出（财富）计量、记录等职能作用。中国会计的起源可追溯至旧石器时代中晚期，有着上下一万五千年的悠久历史。史实表明，一代王朝，会计得治，财政有序，江山得以稳固；反之，会计乱，财政必乱，而财政乱，势必导致一代王朝走向消亡。

改革开放以来，伴随会计受到普遍重视而来的，是我国经济社会的高速发展。"计利当计天下利"，会计研究的视野已从微观转向了宏观，从单向消费转向了双向循环，转向了人与自然和谐发展。进入21世纪，中国会计学会将资源环境问题纳入会计研究的范畴。自2000年成立环境资源会计专业委员会以来，对环境会计问题开展了广泛深入的研究。新时代中国的经济强调高质量发展，而高质量发展与自然资源的开发利用和生态环境的改善息息相关。

但是，我们在看到会计逻辑延伸应用范围所具有必然性的同时，也要看到

自然资源资产负债核算

会计在核算自然资源资产与负债方面的先天不足——对纷繁复杂的自然资源属性特点分类缺乏深入的研究。因此,会计要在自然资源与环境监管领域发挥作用,就要与长期从事自然资源与环境工作和研究的专业人员相结合,与他们融合起来,共同发展。这是另一种形式的"业财融合"。可喜的是,杨世忠教授和温国勇研究员共同完成的《自然资源资产负债核算》专著,就是以国家社科基金项目为平台进行融合尝试的成果,这对积极推进环境会计学科的发展,具有重要意义。

《自然资源资产负债核算》以马克思主义为指导,吸收中华优秀传统文化,借鉴西方会计发展中有益的知识。其核算体系的方法论基础一直追溯到中国经典古籍——《易经》,其核算要素之间的平衡关系表达则一直追溯到中世纪意大利的复式记账平衡公式。会计既是一门古老的学科,也是一门不断焕发出青春与活力的新兴学科。记账的工具、技术、内容和领域在不断更新,记账的理念和逻辑则恒久不变。这就是本书带给我们的启示。

是为序。

周守华

2021 年 12 月于北京

目　录

前　言 ··· 001

第一章　自然资源资产负债核算概述 ·· 001
　第一节　缘起 ··· 001
　第二节　溯源 ··· 005

第二章　基本概念 ··· 010
　第一节　自然资源资产及其相关概念 ··· 010
　第二节　自然资源权属及其相关概念 ··· 015
　第三节　自然资源负债及其相关概念 ··· 024
　第四节　计量属性与价值评估 ·· 034
　第五节　平衡公式与核算模式选择 ·· 038

第三章　自然资源资产负债核算系统构建 ··· 052
　第一节　核算框架系统及其平衡 ·· 052
　第二节　核算要素分类分级与科目设置 ··· 061
　第三节　记账方法及其运行 ·· 070

第四节　报表系统暨报表格式 ··· 078

第四章　水资源资产负债核算系统 ··· 96
　　第一节　水资源核算要素的分类分级及其科目设置 ················· 96
　　第二节　水资源资产负债核算的账户结构与账簿登记 ············· 104
　　第三节　水资源资产负债核算的表系结构与报表 ····················· 108
　　第四节　水资源资产负债核算举例 ·· 118

第五章　森林资源资产负债核算系统 ··· 131
　　第一节　森林资源核算要素的分类分级及其科目设置 ············· 131
　　第二节　森林资源资产负债核算的账户结构与账簿登记 ········· 141
　　第三节　森林资源资产负债核算的表系结构与报表格式 ········· 146
　　第四节　森林资源资产负债核算举例 ·· 159

第六章　土地资源资产负债核算系统 ··· 188
　　第一节　土地资源核算要素的分类分级及其科目设置 ············· 188
　　第二节　土地资源资产负债核算的账户结构 ····························· 198
　　第三节　土地资源资产负债核算事项分类及其平衡关系 ········· 199
　　第四节　土地资源资产负债核算举例 ·· 201

第七章　矿产资源资产负债核算系统 ··· 220
　　第一节　矿产资源核算要素的分类分级及其科目设置 ············· 220
　　第二节　矿产资源资产负债核算的账户结构 ····························· 227
　　第三节　矿产资源资产负债核算举例 ·· 228

第八章　海洋资源资产负债核算系统 ··· 239
　　第一节　海洋资源核算要素的分类分级及其科目设置 ············· 239

第二节 海洋资源资产负债核算的账户结构 …………… 246
第三节 海洋资源资产负债核算举例 ………………… 248

第九章 地质遗迹资源资产负债核算系统 …………… 260
第一节 地质遗迹资源核算要素的分类分级及其科目设置 …… 260
第二节 地质遗迹资源资产负债核算的账户结构 ……… 264
第三节 地质遗迹资源资产负债核算举例 ……………… 266

附　录　借贷记账法下的自然资源资产负债核算举例 ……… 274
参考文献 …………………………………………………………… 279
后　记 ……………………………………………………………… 285

前　　言

党的十八大首次将生态文明建设作为中国特色社会主义建设的重要内容列入党的纲领性文件。为了推动和落实生态文明建设的战略布局，党的十八届三中全会通过的《中共中央关于全面深化改革若干重大问题的决定》要求："探索编制自然资源资产负债表，对领导干部实行自然资源资产离任审计，建立生态环境损害责任终身追究制。"党中央的要求纲举目张，抓住了我国生态文明建设的关键。落实责任必须分清责任，分清责任必须细化量化责任。自然资源资产负债表具有统领自然资源资产及其权属关系核算的关键作用，是"清自然资源之家底，明资源环境之责任"的重要抓手，也是建设生态文明、完善国家治理机制的基础。

本书作者及其团队作为编制自然资源资产负债表的众多探索者之一，先后申报并完成了两项国家社会科学基金重点与重大课题，即"国土资源资产负债表编制及其运行机制研究"（15AGL007）和"基于自然资源资产负债表系统的环境责任审计研究"（15ZDB160）。本书是以两项课题中与自然资源资产负债核算的相关研究成果为基础编撰而成的。

本书在对国内外自然资源核算的理论和实践进行总结梳理的基础上，利用"自然资源资产＝自然资源权属"的二维分类逻辑及复式记账原理设计了自然资源资产负债核算的框架体系，其中包括水资源资产负债核算系统、森林资源资产负债核算系统、土地资源资产负债核算系统、矿产资源资产负债核算系统、海洋资源资产负债核算系统和地质遗迹资源资产负债核算系统。

本书的第一章探索自然资源资产负债表的历史背景和对自然资源核算进行历史溯源。第二章是对构建自然资源资产负债核算系统的基本概念进行的归纳与论述。第三章是本书的核心内容，即构建自然资源资产负债核算的框架结构。第四、五、六、七、八、九章，是对自然资源资产负债核算的六大系统及其运行进行介绍。其中，对森林资源和土地资源的资产负债核算，不仅试编了实物量表，而且试编了价值量表。

在课题研究和本书撰写过程中，作者参阅、借鉴和吸收了大量前辈和当代同仁的研究成果，其中包含课题组成员作出的积极贡献。本书的学术观点仅代表课题负责人和主要团队成员的共识，并非政府主管部门的权威性和指导性观点，文责自负。由于作者的视域和学识水平有限，书中难免有错漏和偏颇之处，希望读者给予批评指正！

作 者

2021年12月31日于北京

第一章　自然资源资产负债核算概述

第一节　缘　起

一、国际背景

1962 年,美国生物学家蕾切尔·卡逊(Rachel Carson,1907—1964)出版了《寂静的春天》一书。书中描述了人类过量施用化肥与农药导致土壤和水源受到严重污染之后出现生物灾难的悲惨景象。该书的出版犹如一块巨石投入到平静的湖面,掀起轩然大波,在西方乃至全世界引起了人类对于环境问题的高度关注。1972 年联合国在瑞典斯德哥尔摩召开有 113 个国家和地区代表参加的大会并通过了《人类环境宣言》,该宣言申明了各国在保护环境方面的权利和义务,提出了人类在环境问题上达成的七项共识和在自然保护、生态平衡、污染防治、城市化等环境保护方面的 26 项共同原则。接着,1973 年联合国环境规划署成立——它意味着人类面对地球环境资源问题开始组建了具有全球视野的专门机构。1982 年,联合国在肯尼亚首都通过了《内罗毕宣言》,该宣言在肯定《人类环境宣言》的基础上提出了综合治理、建立新的国际经济秩序和将市场机制与计划机制结合起来,以及反对殖民主义和种族隔离、解决边界污染、更合理分配技术和资源、加强环境教育等十项共同原则。1983

年,联合国通过38/161号决议,决定成立世界环境和发展委员会。1987年,联合国世界环境和发展委员会发表《我们共同的未来》报告,系统地阐述了"可持续发展"概念。1992年,联合国在巴西里约热内卢召开有183个国家代表团、70个国际组织代表、102位国家元首和政府首脑出席的环境与发展大会。会议通过了《21世纪议程》《里约环境与发展宣言》和《关于森林问题的原则声明》3项文件。其中《里约环境与发展宣言》重申了1972年《人类环境宣言》的基本原则,同时宣布了关于环境与发展问题的27条原则;《21世纪议程》则要求联合国制定出与一项与世界通行的《国民经济账户体系》(System of National Accounts,SNA)相衔接的综合环境和经济核算体系。

根据《21世纪议程》的要求,联合国统计司、欧盟委员会、经济合作与发展组织、联合国粮食与农业组织、国际货币基金组织和世界银行于1993年共同发布了《综合环境与经济核算体系》(System of Integrated Environmental and Economic Accounting,SEEA-1993)。SEEA-1993是对SNA的补充。它首次提出可系统核算环境资源存量和资本流量的框架,用于对经济可持续发展水平进行评估和测量。2003年,联合国等组织对SEEA-1993进行了修订,推出了SEEA-2003,将资源耗减、环境退化与环境保护纳入国民经济核算。2012年,联合国等组织再次对SEEA-2003进行全面修订并推出SEEA-2012。SEEA-2012是一个多用途概念框架,描述经济与环境之间的相互作用,以及环境资产存量和存量变化。它在明确各类自然资源定义的基础上设置了七组自然资源资产账户,即矿产和能源资源账户、土地资产账户、土壤资源账户、木材资源账户、水生资源资产账户、水资源资产账户和其他生物资源账户,旨在指导各国开展对自然资源的核算。此后,SEEA-2012成为各国核算自然资源资产的指导性文件。

二、国内背景

自1978年党的十一届三中全会决定将全党工作重心转移到经济建设上

来并实施改革开放政策以来,我国政局稳定,经济长期高速增长,至2010年,已发展成为世界第一制造业大国和第二大经济体。但是在经济高速增长的背后,是日趋严峻的资源紧缺和环境污染,人与自然之间的不和谐状态日趋严重。在资源方面,我国人均淡水资源仅占世界平均水平的1/4,加之污染和浪费严重,已成为制约经济社会发展的主要问题之一;我国人均土地面积0.74公顷,不及世界平均水平的1/3;我国森林面积占世界森林面积4.5%,森林覆盖率20.36%,未及世界平均水平(29.6%),居世界第130位;人均森林面积0.132公顷,相当于世界人均占有量0.6公顷的22.00%,居世界第134位;人均森林蓄积量9.421立方米,为世界人均蓄积量64.627立方米的14.58%,居世界第122位;石油资源不到世界石油资源的4%,却已成为石油消费大国,对外依存度超过50%且越来越高;2009年度能源消费总量达到$31.10×10^8$吨标准煤,在一次能源消费结构中,煤炭消费比重达69.6%,是世界平均水平的2.5倍,成为二氧化碳、二氧化硫、甲烷综合排放总量世界最大的国家;我国多数矿产资源供需形势严峻,其中铁矿石、铜、铝和钾盐的对外依存度分别高达55%、75%、63%和83%。[①] 在生态环境方面,2011年度,我国废气排放中的二氧化硫排放2217.9万吨、氮氧化物排放2404.3万吨;废水659.2亿吨,其中化学需氧量2499.9万吨、氮氧排放260.4万吨;排入海洋的污染物总量470.86万吨;工业固体废物产生量32.3亿吨;水土流失面积356.92万平方千米;26个重点监控的湖泊(水库)总体水质,有2个劣Ⅴ类(太湖和滇池),4个Ⅴ类,9个Ⅳ类,6个Ⅲ类,2个Ⅱ类,只有1个Ⅰ类。监测的468个市(县)中出现酸雨227个,占48.5%;酸雨频率在25%以上的140个,占29.9%;酸雨频率在75%以上的44个,占9.4%;113个环保重点城市空气污染物含量分别是二氧化硫0.041毫克/立方米,二氧化氮0.035毫克/立方米,可吸入颗粒物

---

① 谷树忠等:《中国资源报告——新时期中国资源安全透视》,商务印书馆2010年版,第7、105、150、185、236页。

0.085毫克/立方米。①

正是在这样的资源环境背景下,党的十八大首次提出生态文明建设理论并将其纳入"五位一体"总体布局。生态文明是协调人类与自然的关系、达到人类与自然和谐相处的一种新型的文明形态。我国的生态文明建设,不仅有利于合理有效地节约利用自然资源和改善生态环境,实现我国经济社会的高质量发展和可持续发展,而且有助于应对和破解当今世界人类发展所面临的气候变化、生物多样性丧失和环境污染三大难题,为联合国倡导和推进的全球综合生态治理事业作出中国贡献。中国特色社会主义生态文明建设之路不能总是跟着西方工业文明发展的先污染后治理的路径来走。事实证明,在人类物质生产力大大超越了自然环境生态修复力、不可再生资源加剧消耗、自然资源环境承载力越来越支撑不了人类经济社会发展规模的今天,以西方为代表的工业文明之路越走越窄,难以为继。党的十八大提出建设生态文明的理论,充分显示了中国共产党在推动人类社会发展进程中的先进性。与联合国倡导"可持续发展"的理论不同,中国共产党是一个具有很强凝聚力、执行力和组织力的执政党,不仅仅提出生态文明建设的理论,更重要的是要将生态文明建设的理论转化为实际行动并产生出惠及人类和自然的实际效果。因此,继党的十八大提出建设生态文明的理论之后,党的十八届三中全会通过的《中共中央关于全面深化改革若干重大问题的决定》(以下简称《决定》)进一步指明了生态文明建设的具体的方向和路径。《决定》明确提出了"探索编制自然资源资产负债表,对领导干部实行自然资源资产离任审计,建立生态环境损害责任终身追究制"三项要求(以下简称"三项要求")。生态文明并不抽象,它体现为资源利用节约高效和生态环境质量改善,体现为蓝天白云绿水青山。这里的逻辑是:编制自然资源资产负债表,不仅可以"清家底——自然资源资

---

① 中华人民共和国环境保护部:《2011中国环境状况公报》,见 https://www.mee.gov.cn/hjzl/sthjzk/。

产",而且可以"明责任——自然资源负债",为领导干部自然资源资产离任审计提供依据;只有对领导干部开展自然资源资产离任审计,才能有效地落实环境责任并建立起环境损害责任的追究制度;只有建立起对环境损害责任的终身追究制度,才能从根本上形成保障自然资源可持续利用和蓝天白云绿水青山的有效机制。这也是为什么《决定》提出的要求是"探索编制自然资源资产负债表"而不仅仅是"建立健全对自然资源资产存量与流量的动态核算"(SEEA-2012),是在"编制自然资源资产负债表"基础上的"对领导干部实行自然资源资产离任审计"而不是脱离"自然资源资产负债"的环境审计,是要为"建立生态环境损害责任终身追究制"提供长期记录而不仅仅是据以了解情况的报表。

由于要对资源环境责任实行"终身追究制",所以编制自然资源资产负债表就不是一次性的事情,也不是简单地用调查统计数字就可以一蹴而就的事情,它需要有连续的账户记录来支撑。所以,构建以编制自然资源资产负债表为纲的自然资源资产负债核算系统就是不可避免的事情。

第二节 溯 源

根据现代科学的认识,人类所居住的地球是太阳系八大行星之一,是呈两极稍扁赤道略鼓的不规则的椭圆球体,平均半径约6371千米,表面积5.1亿平方千米,其中71%为海洋,29%为陆地。地球自西向东自转,同时围绕太阳公转。地球的形成约46亿年,大约回溯300万年,开始出现人类。地球的内部结构是地核、地幔和地壳。地球表面划分为四个圈:岩石圈,大气圈,水圈和生物圈。岩石圈就是我们脚下的大地,其地表是高山峡谷高原丘陵盆地平原,其下面是地壳乃至地幔地核。大气圈是地球生命的保护层,它由空气对流层(0—12000米)、平流层(12000—50000米)和电离层(50000—1000000米)组成。水圈是地球生命之源,它由占地球表面积71%的海洋、覆盖陆地的冰川、江河、湖泊，以及地下水和空中云层携带的雨雪构成。生物圈则由具有生命特征的原核生物界、原生生物界、真菌界、植物界和动物界构成。

到目前为止，除了地球以外，人类的足迹所至还仅仅是月球。凡是人类能够观察到、描述到、确认到、计量到、记录到，并且利用到或有可能利用到的客观对象，均可称之为"资源"。其中，由于自然力作用而形成的客观对象，就是自然资源。由于人类目前还不能离开地球到其他星球上生存发展，所以人们所指的自然资源，是指地球上可利用的天然形成的资源。

新中国成立以来，我国对自然资源的核算是基于科学技术手段的发展和对自然资源的分类管理要求而进行的。根据自然资源的用途和特点，将其分为土地资源、水资源、林业资源、矿产资源和海洋资源等，并且划归到不同的职能部门，由其负责组织勘测、调查、登记与统计。自然资源的种类和特点纷繁复杂、千差万别，如何科学地反映其赋存质量数量及其增减变化，一直以来是对自然资源实施科学管理所面临的首要问题。回顾新中国成立以来我国对于自然资源进行核算与研究的历史，可以大致分为互相衔接且不断深化的三个阶段：从新中国成立开始到改革开放前为第一阶段（1949—1978年）；从改革开放开始到2012年党的十八大将生态文明建设列入"五位一体"总体布局时为第二阶段（1979—2012年）；从2013年党的十八届三中全会提出了"探索编制自然资源资产负债表"的要求以来为第三阶段（2013年至今）。

一、自然资源核算与研究阶段（1949—1978年）

这个阶段主要是对自然资源的分布状况进行勘测、调查、登记、记录与报告。同时，不断加大对自然资源开发利用的强度。新中国成立之初，国家面临战后重建、百废待兴的局面，政府迫切希望大力发展经济、早日实现工业化和现代化、改变国家贫穷落后的面貌。自然资源——无论是水土林资源还是各种能源矿产资源，都是发展工农业生产的物质基础，尤其是工业经济发展的物质基础。新中国成立之初学习苏联，国家建立的是高度统一的计划经济管理体制。在这个体制下,各种自然资源分属于水利、农业、林业、地质矿产、冶金、有色、石油、煤炭、建材、黄金、化工、核工业等部门管辖。每个部门都拥有各自专门的核算机构。自然资源核算属于业务核算,与当时的统计核算、会计核算并称三大核算系统。顺便提及,当时的统计核算实行的是 MPS 系统(物质生产核算系统),会计核算仅限于微观层面的单位内部经济核算。在计划经济管理体制下分门别类地组织自然资源核算,其优点是责任边界清晰,核算细致,形成自下而上层层汇总的反映自然资源赋存状态及其变化的信息系统。这个信息系统有力地支持了我国工业体系的建立和对自然资源的开发利用。虽然我国从新中国成立以后就开始了各种资源的调查工作,但是从公开渠道获取早期对于自然资源核算的指导性文献并不容易。目前从公开渠道所能得到的主要是有关森林资源清查的一些文献。1962 年,农林部在全国范围内组织开展了 1950—1962 年的森林资源调查资料的整理统计;1973 年开始组织开展第一次森林资源的全面清查。至目前已经连续进行了 18 次清查。清查内容分为林木和林地两大类,林地分为有林地、疏林地和灌木林地;林木分为公益林和商品林两大类,防护林、特种用途林、用材林、薪炭林、经济林五种,水源涵养林等 23 个亚林种。计量分别采用面积(公顷)和体积(立方米)。而且还要对动态部分的主要地类面积变化、各类林木蓄积变化、森林资源结构变化、质量变化和消长变化及森林生态状况变化进行分析。这个阶段自然资源核算系统的主要缺点,一是侧重于实物核算而缺乏价值核算,对自然资源的开发利用不计资源价值;二是部门分割、九龙治水,数据获取多头并进,有关数据难于共享,相互之间缺乏稽核。

现在学界一般认为国外自然资源核算早于我国,理由是 1972 年挪威环保部就开始建立自然资源核算体系,随后芬兰、美国等发达国家相继跟进(陶建格等,2018)。但这种观点值得商榷,因为我国早在 20 世纪 50 年代初期就建立了国家矿产储量平衡表制度,这比挪威要早,也比联合国环境经济核算体系(SEEA)自然资源实物资产表要早近 40 年。1959 年全国地质资料局还印发了《中华人民共和国矿产储量平衡表编制规程》。这表明,我国和苏联是世界上在核算矿产资源量过程中较早建立实物账户和报表的国家(李裕伟,2018)。而且,我国的集体土地、耕地、林地伴随着土改和随后一系列的集体化运动得到了全面和连续不断的勘察与核实。江河湖海的水利调查也伴随着新中国成立后大兴水利而在各地各部门全面深入细致地开展起来。

二、自然资源资产核算与研究阶段(1979—2012年)

在这个阶段,我国开启了改革开放的历史进程。随着经济管理体制改革的不断深化,自然资源的经济价值被不断地发现和利用,有偿使用自然资源和对自然资源实施资产化管理的呼声越来越高,其实践越来越广泛,核算自然资源资产的经济价值成为实施自然资源管理必不可少的重要内容。这个阶段是各项立法的高峰期,反映出改革开放以来我国依法治国的进程。进入21世纪,尤其是加入世界贸易组织(WTO)以后,我国经济发展加速。这期间,虽然出台了《森林法实施条例》《地表水环境质量标准》《环境经济核算技术指南》《全国污染源普查条例》《物权法》《关于加强资源环境审计工作的意见》等相关权威性法规文件,但是与建设"资源节约型、环境友好型"两型社会的要求相比,其作用远远不够。尤其是2010年,我国不仅GDP超越日本成为全球第二大经济体,而且制造业规模也超越美国成为全球第一。这标志着我国进入21世纪的第一个十年,经济发展成就斐然。但是与此同时,国内资源紧缺和环境污染所造成的负面压力和国际上要求中国承担更多环境责任的呼声也空前凸显。面对来自国内国际两个方面的压力,在SEEA推出第三版本的2012年,党的十八大召开了。

三、自然资源资产负债核算与研究阶段(2013年至今)

2012年11月,在党的十八大提出的"五位一体"建设中国特色社会主义总体布局中,首次提出了"生态文明建设"。2013年11月,党的十八届三中全会《决定》明确提出"三项要求"。此后,如何编制自然资源资产负债表、如何进行领导干部自然资源资产离任审计、如何追究环境损害责任的问题就成为资源环境、公共管理、统计学、会计学和审计学等不同学科领域理论界与实务界共同关注的热点问题。

2013年以来,国家不仅密集出台了一系列的政策法规,而且还对已经实施的法规不断地进行修订和完善。特别需要指出的是,党的十八届三中全会通过的《决定》,为生态文明建设和相关法规文件的出台,提供了具体的指南。对自然资源资产的核算和对领导干部自然资源资产的离任审计,以及对环境损害责任的追溯,从文件层面到了实践当中,各地的试点全面推开,生态文明建设的理念和法规深入人心,正在取得积极的成效。本书所探索的,正是自然资源资产负债核算体系的构建。

20世纪70年代以来,人类面临气候变化、生物多样性丧失和环境污染三大环境问题。在联合国的推动下,各国形成了可持续发展和保护环境的共识。联合国推出了与国民经济核算体系(SNA)相衔接的综合环境经济核算体系(SEEA),为各国进行资源环境核算提供借鉴。我国自20世纪70年代末实行改革开放政策以来,国民经济持续高速增长,至2010年,成为世界第二大经济体。但在经济高速增长的同时,我国的资源环境也亮起了红灯。党的十八大提出了生态文明建设的命题,党的十八届三中全会更是提出了"探索编制自然资源资产负债表"的具体要求。

新中国成立以来,对自然资源的核算实践与探索经历了三个阶段:自然资源分类核算,自然资源资产核算,自然资源资产负债核算。各国对自然资源的核算实践与探索,侧重于水资源、森林资源、土地资源和矿产资源,核算的目的是揭示资源环境的价值,并没有从权属与资产相统一的视角来核算自然资源。

第二章　基本概念

第一节　自然资源资产及其相关概念

一、资源环境含义

（一）"资"字源考

东汉许慎撰写的《说文解字》（汉和帝永元十二年，公元100年）是我国首部分析汉字字形、说解字义和辨识声读的字典。其对"资"字的解释是"货也"，将其与"货"字等同。及至清代《康熙字典》，字义又有了"货，取，用，咨，恣，~货，姓~"等多重解释。清末刘树屏编撰的《澄衷蒙学堂字课图说》①对"资"字的解释是"音咨，天所赋曰资，~质，~本。津私切，赖也。古通作贷，人所赖以贸迁者也。亦训为质，人所赖以进德者也"。可见历经千年以后，"资"字演绎出两层重要的含义：一是经济含义，与财富相通；二是素质含义，与天赋相通。到了现代，据《新华字典》的解释，"资"字发展出四层含义：一是财物、钱财，如~本、~金，工~；二是供给，如~助；三是智慧能力，如~质、天~；四是经历，如~历、论~排辈。概言之，"资"是对人有益有用和有价值之物。

---

① 清光绪二十七年（1901）出版，胡适称之为近代中国学堂的第一本教材。

（二）资源

在《新华字典》中，"源"有两层含义：一是水流出的地方，如河~、水~、~远流长；二是事物的根由，如来~、货~、~~本本。将"资""源"二字连用，字义应是"资"之"来源"，泛指一切有益有用有价值之物的来源，其外延包括人力资源、关系资源、客户资源等。但是《现代汉语词典》（1996年版）将"资源"解释为"生产资料或生活资料的天然来源，如地下~，水力~，旅游~"，就比较狭义，专指自然资源。按照本书的观点，资源分为社会资源和自然资源两大类。社会资源是指在人类社会组织中可以被组织或个人所利用的各种关系和劳动产品，包括人力资源、财务资源、客户资源、关系资源、信息资源、人工产品资源等等。

（三）自然资源

广义的"自然"是指客观存在的一切事物，亦称大自然或自然界。《现代汉语词典》（1996年版）的解释是："一般指无机界和有机界。有时也指包括社会在内的整个物质世界"。狭义的"自然"则是与社会相对应的范畴。本书所指的"自然"就属于狭义的范畴，以此作为自然资源的定语或限定词。它符合《辞海》对自然资源的定义："在自然界中形成的，并且在现代的技术条件下能被人类所利用的各种自然物及自然条件，如土地、矿产、气候、水、生物、海洋等资源"[①]。

目前人们对自然资源的分类主要有三个不同的角度。一是根据人为干预的程度将其分为原始自然资源和人为自然资源两大类。原始自然资源亦称天然资源，是指天然存在于客观世界中的一切物质，如原始森林、处女地等；人为自然资源是指经过人工开发利用的自然资源，如次生林、经济林、水库、草原等

---

① 《辞海》，上海辞书出版社2019年版。

等。联合国将环境资产中的木材资源分为天然木材和培育木材,将水生资源分为天然水生资源和培育水生资源(SEEA-2012)。二是根据自然资源形态的转化方式将其分为可再生资源和不可再生资源两类。可再生资源是指人类可以循环利用的自然资源,如地表水、林木、草原等;不可再生资源亦称耗竭性资源,是指人类加工利用之后不能够还原回初始形态的资源,如石油资源、矿产资源等。三是按照自然资源的存在方式及其政府管理职能分类,将其分为国土资源、水资源、森林资源三大类。国土资源是指在国土资源管理部门管理范围内的自然资源,包括矿产资源、土地资源、地质遗迹资源、海洋资源。水资源是指由水利部门管理的地表水与地下水资源,包括河流、湖泊、水库、水渠等。森林资源是指由林业部门管理的自然资源,包括林木资源、林地资源、生物多样性资源等。

(四)资源环境

资源环境与自然资源的区别在于二者的视角不同。自然资源是从资源的来源和性质来看,资源环境则指人们所在的环境中具有的各种自然资源分布及其组合,是具有地域空间生态系统的概念。

二、自然资源资产

(一)自然资源资产及种类

自然资源资产是指经过人类判断存在生态价值、社会(文化)价值和经济价值三重价值的自然资源,本书所指的自然资源资产,广义地说是指天然或者人工形成的,能够确认权属并可控制的,预期会带来经济效益、社会效益和生态效益的自然资源。狭义地讲是能够得到专业确认并且纳入核算范围的自然资源(亦称表内自然资源资产)。

自然资源资产是资产概念的泛化。我国《企业会计准则》将企业资产定义为"企业过去的交易或者事项形成的、由企业拥有或者控制的、预期会给企业带来经济利益的资源"①。随着人类对自然界影响能力的与日俱增及其对自然资源用途开发的日益广泛,从20世纪70年代就开始了自然资源资产化管理的进程。自然资源是客观存在的,只有具备了技术上的可控性——可以认知、可以记录、可以计量、可以报告、可以获取、可以受益——和权益上的归属性,自然资源才是自然资源资产。根据我国政府对自然资源管辖的部门划分,自然资源资产分为土地资源资产、矿产资源资产、海洋资源资产、地质遗迹资源资产、水资源资产、林木资源资产、林地资源资产、生物资源资产等国家规定的自然资源资产。

(二)自然资源资产的基本社会属性

自然资源资产的自然属性是由自然资源资产的具体存在形态来确认的,如水资源的自然属性、森林资源的自然属性等。自然资源资产的基本社会属性包括权属性、可计量性、动态性、发展性四重属性。权属性是自然资源资产的一大社会属性,没有权属关系的自然资源不能成为资产。例如,空气和太空没有权属关系,因而不是任何人或组织的资产。但二者均可以成为自然资源。可计量性是指自然资源资产可以被量化和计算,自然资源资产的可计量性表现在实物计量和价值计量两个方面。不能计量的自然资源也无法成为资产。从技术角度看,可计量性表现为该自然资源可以辨别认知、可以测量;从社会关系角度看,可计量性表现为权属关系得以确认。动态性是指自然资源处于运动变化的过程之中,自然资源资产亦然。由于各种原因,自然资源资产或增加或减少,或消失或出现,正是因为其具有动态性,才有了了解和掌握自然资源质量与数量及其变化的必要。发展性是指随着人类对客观世界认识的不断深化和科学技术的发展,自然资源资产的内容、用途和种类也在不断地发展。

---

① 中华人民共和国财政部:《企业会计准则》,经济科学出版社2006年版,第2页。

譬如，现代工业和科技的发展使得人们对能源的认识和开发不断深入不断变化，过去无法利用且一钱不值的东西，今天可能是生产生活必不可少的能源，如风能、光能等；今天是价值连城的重要资源，未来也可能一钱不值。

（三）表内自然资源资产

并非所有的自然资源资产都能进入核算主体的核算范围。由于权属关系、可利用程度、数据可得性、认识不统一等等原因，会有相当多的自然资源资产未能纳入核算范围。纳入核算范围并位于自然资源资产负债表平衡公式左端的自然资源资产就是入表自然资源资产。入表的自然资源资产除了具备上述四个基本社会属性以外还要具备另外三项特征：重要性、效率性、合法性。重要性是指纳入自然资源资产负债核算的自然资源资产，必须是对于保证可持续发展和生态环境维持或改善具有重要作用的自然资源。效率性是指纳入核算范围的自然资源资产必须是在技术和管理能力两个方面都能够在特定的时间内完成确认、计量、记录和报告的自然资源资产。合法性是指纳入核算范围的自然资源资产必须是具有明确权属关系的自然资源资产。

对入表自然资源资产加以限定，并不妨碍人们对自然资源资产"家底"的了解。就像无形资产对于现代科技企业来说是一项非常重要的资产，但是却有相当多的无形资产及其价值仍然未能纳入企业的会计核算一样。尽管人们追求核算对象的完整性和可比性，但是实际上随着人们对自然资源及其价值认识的深化，核算范围总是在不停地变化。

（四）资源环境资产

资源环境资产有两种不同的定义，一是联合国专家工作组的定义，将"符合资产的确认标准而被资本化的环境成本"定义为环境资产，即不能在当年内摊销的环境成本；二是本书的定义：资源环境资产亦称生态资产，是在特定地域范围内的各种自然资源资产及其组合。自然资源资产与资源环境资产的关系类似于自然资源与资源环境的关系。

第二节 自然资源权属及其相关概念

一、权属释义

(一)"权"字源考

追溯中华字典之源,最早出现"权"字的是东汉时期的《说文解字》(许慎),其含义是"黄华木"和变通的意思。《康熙字典》的解释除保持原意以外又多出:衡量轻重之"锤","~谋","~柄"等。《澄衷蒙学堂字课图说》则只择其中"权衡轻重"的含义,并在一旁画出"天平"和"杆秤"之图。到了现代,《新华字典》中的"权"字有了六层含义:"①权力,掌~,政~,有~处理;②权利,选举~,版~,人~;③势力,有利形势,主动~,制海~;④变通,~变;⑤衡量,~衡;⑥秤锤。"本书所论之"权",侧重于"权力与权利"的含义。

(二)"权属"暨"自然资源权属"含义

《现代汉语词典》里"属"字有七层含义,本书仅取"归属、属于"之意。将"权"与"属"二字连用,虽然该词组未见于《现代汉语词典》和《新华字典》,但是其含义是明确的:归属于某主体所有或拥有的权力与利益。需要指出,权属具有承载对象或客体。自然资源权属与自然资源资产相向而生、互相对应,是自然资源资产所承载的归属于一定主体的权力与利益,其本质是附着于自然资源资产之上的人们之间的利益关系。其特性是与自然资源资产如影随形,资产在,权属在;资产无,权属无;资产大,权属大;资产小,权属小。其数量关系是"自然资源资产=自然资源权属"。地球上的资源不具有人类权属关系的只有南极北极地区、公海和各国领空之上大气层部分。只要是在各国的领土领空领海范围内,自然资源都具有权属关系。同样根据资产负债表核算的逻辑,自然资源权属也分成非核算主体所有和核算主体所有两部分。非核算主体所有就意味着这部分自然资源的要求权为"他人"所有。这个"他人"虽然也不排除具体的自然人及其代表,但更多的却是来自于核算主体之外的责任担当要求。对自然资源权属关系的这一部分,本书定名为"自然资源负债",将归核算主体所有的部分定名为"自然资源权益"。其统属关系是:自然资源权属＝自然资源负债＋自然资源权益。

（三）我国自然资源权属关系溯源

我国古人将肉眼所见之"天地"视为自然,地居于天之下,天是地上万物的主宰。人类生活在地面上,也受天辖制。天上是仙界,由天皇（玉皇大帝）主管。地上是人间,由天之子——皇帝或国王主管。对于依附于大地而存在的自然资源,随着皇帝的权力所至,被宣示为王朝所有——"溥天之下,莫非王土,率土之滨,莫非王臣"①。所有权的宣示是否有效,全在于当时当地的社会人文制度及其执行力。

以农用耕种土地为例。夏、商是土地国有制（井田制）；周是天子与诸侯的"分封制"；秦、汉是国有与私有并存；三国时期的"屯田制"和南北朝时期的"均田制"也属于国有；隋、唐、五代十国、宋时期大量国有土地私有化成为大地主私有；元、明、清时期分为官田、屯田和民田,其实质仍是国有与私有两种所有权并行；民国时期未能落实"平均地权",实际上是地主和官僚买办土地所有制；新中国成立以后先是实施土地农民私有和国家所有并存,经过20世纪50年代中期合作化运动以后,土地农民私有成为农村集体所有。改革开放以来,农村集体土地在所有权基础上派生出了承包经营权,在"交够国家的、留足集体的、剩下都是自己的"分配原则下,实现了中国农村耕地产权制度的第二次变革。党的十八大进一步推进了深化改革的步伐,土地承包经营权进

---

① 《诗经·小雅》,山西古籍出版社1999年版,第119页。

一步拆分为土地承包权和土地经营权,在保证承包土地农户权益的同时,促进了土地经营权的流转和集中,有利于提高农作物生产的集约化、标准化和规模化,为提高资源利用效率奠定了制度基础。

二、我国自然资源的权属

（一）我国物权的权利谱系

自然资源属于"物"的范畴,根据《中华人民共和国民法典》,我国现有的物权谱系如图2-1所示。

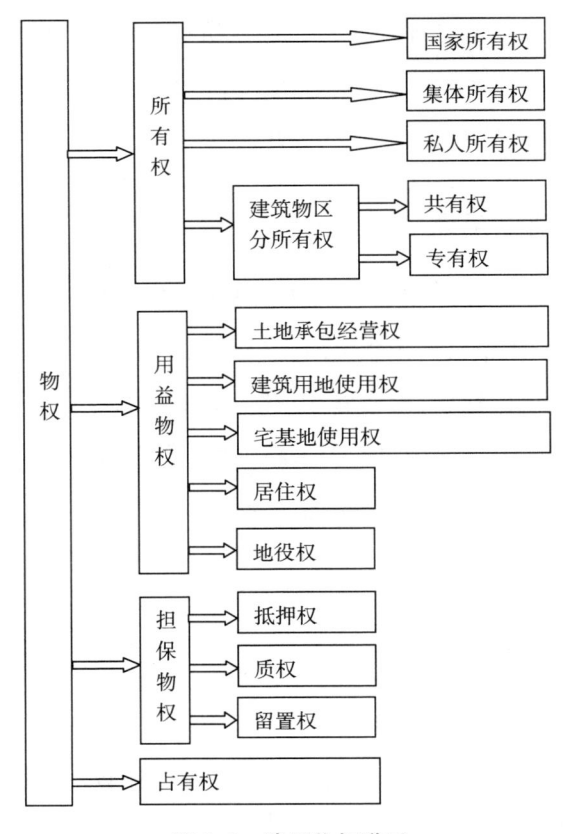

```
物权
├─ 所有权
│   ├─ 国家所有权
│   ├─ 集体所有权
│   ├─ 私人所有权
│   └─ 建筑物区分所有权
│       ├─ 共有权
│       └─ 专有权
├─ 用益物权
│   ├─ 土地承包经营权
│   ├─ 建筑用地使用权
│   ├─ 宅基地使用权
│   ├─ 居住权
│   └─ 地役权
├─ 担保物权
│   ├─ 抵押权
│   ├─ 质权
│   └─ 留置权
└─ 占有权
```

图 2-1　我国物权谱系

（二）我国自然资源所有权现状

现有法律法规明确规定自然资源为国家所有或者集体所有。除宪法明确规定以外，土地管理法、农村土地承包法、矿产资源法、煤炭法、水法、森林法、草原法、海域使用管理法等都明确了相应自然资源的归属。除国家所有外，集体所有的自然资源主要包括土地、森林、草原等。土地："农村和城市郊区的土地，除由法律规定属于国家所有的以外，属于农民集体所有；宅基地和自留地、自留山，属于农民集体所有"[1]。森林："森林资源属于国家所有，由法律规定属于集体所有的除外"[2]。草原："草原属于国家所有，由法律规定属于集体所有的除外"[3]。水资源："水资源属于国家所有。水资源的所有权由国务院代表国家行使。农村集体经济组织的水塘和由农村集体经济组织修建管理的水库中的水，归各农村集体经济组织使用"[4]。

（三）我国自然资源管理权现状

自然资源管理权散见于各种法律法规中，并没有确定的管理权内容，本书梳理出现有的管理权主要包括管理监督、监督检查、批准、审批、审查、许可、处罚、征收、规划、用途管制、统计、调查、评定、评价、勘察、动态监测、建立信息系统、争议处理、保护和维护资源等权限。本书认为以上权限可以分为宏观调控权、微观管理权、信息获取权和维护执行权。具体分类见表2-1。

---

[1] 《中华人民共和国土地管理法》第九条，2019年8月26日修正。
[2] 《中华人民共和国森林法》第三条，2009年8月27日修正。
[3] 《中华人民共和国草原法》第九条，2013年6月29日修正。
[4] 《中华人民共和国水法》第三条，2016年7月2日修正。

表 2-1 自然资源管理权分类表

权力类型	具体权力
宏观调控权	规划、用途管制、评定、评价
微观管理权	管理监督、监督检查、批准、审批、审查、许可、处罚、征收、争议处理
信息获取权	统计、调查、勘察、动态监测、建立信息系统
维护执行权	土地整理、水利基础设施建设、增加护林设施、森林火灾预防和扑救

资料来源：作者整理。

（四）我国自然资源使用权现状

宪法规定国家保障自然资源的合理利用。禁止任何组织或者个人用任何手段侵占或者破坏自然资源。在各专门法律中，仅对相关违法行为进行了限制，较少提及详细的使用权内容。但不同法律中有所涉及。

对于土地资源的使用权法律规定了使用权、经营权、开发权和承包经营权。

对于矿产资源的使用权法律规定包括探矿权、采矿权、销售权。

对于水资源的使用权法律规定了调水权、取水权、用水权、经营权、排污权、通行权。

对于林木资源的使用权法律规定了承包权、种植权、养护权、收益权、采伐权。

对于草原资源的使用权法律规定了建设权、承包经营权、调剂使用权、占用权等。

对于海洋资源的使用权法律规定了维护权、使用权、捕捞权、开发权、经营权、航行权、探矿权、采矿权。

对于林地湿地等景观资源的使用权法律规定了开发权、维护权、经营权、研究权、探索权。

可以看出对自然资源使用权，法律仅进行了清单式列示，表明使用权人合理利用时具有的权力,并对违法行为进行约束。

三、自然资源权益

自然资源权益是指附着于自然资源资产之上的权属关系,其本质是自然资源资产的权益。从数量关系上看,自然资源资产＝自然资源权属(自然资源负债＋自然资源权益),它与企业会计恒等式"资产＝负债＋所有者权益"的原理是一致的。如果说,自然资源负债反映的是核算主体所承担的环境责任,那么,自然资源权益反映的就是核算主体所拥有的扣除了自然资源负债之后的自然资源,亦可称之为自然资源净资产,即自然资源权益＝自然资源权属－自然资源负债。

四、自然资源资本

(一)资本含义

通俗地讲,资本是用于谋利的本钱。《现代汉语词典》的定义是"掌握在资本家手里的生产资料和用来雇佣工人的货币"[①]。根据马克思的观点,货币只是资本的表现形式,资本的实质是能够产生剩余价值的价值,并且根据在价值增殖中的不同作用,资本分为不变资本(生产资料的价值)和可变资本(劳动力的价值)。[②] 我国政治经济学的传统观点:资本是"用于剥削雇佣工人而带来剩余价值的价值,它体现着资本家和雇佣工人之间剥削和被剥削的生产关系"。[③] 西方经济学的权威观点认为,资本分为实物资本与金融资本,实物资本是以生产资料的形态存在的资本,是生产要素;金融资本是以权证形式存

---

① 中国社会科学院语言研究所词典编辑室:《现代汉语词典》,商务印书馆1978年版,第1514页。
② 马克思:《资本论》第一卷,人民出版社2004年版,第176、243页。
③ 许涤新主编:《政治经济学辞典》,人民出版社1980年版,第414页。

在的资本,通常是实物资本的权属。① 当代法国著名经济学家托马斯·皮凯蒂(Thomas Piketty)认为:"资本指的是能够划分所有权,可在市场中交换的非人力资产的总和,不仅包括所有形式的不动产(含居民住宅),还包括公司和政府机构所使用的金融资本和专业资本(厂房、基础设施、机器、专利等)"②。

(二) 资本概念的扩展

资本概念的第一次扩展是在 20 世纪 60 年代。美国芝加哥大学经济系主任舒尔茨(Theodore W.Schultz)教授提出了人力资本的概念及其理论体系,对经济发展的动力和成果作出了全新的解释。③ 人力资本概念的提出,是对马克思关于可变资本理论的发展。从此,对资本的认识便分为物质资本和人力资本两种形态。我国的华为公司在 1997 年就要求树立"人力资本不断增值的目标要优先于财务资本增值的目标"的发展理念,用于指导公司实践并获得成功。④

资本概念的第二次扩展是在 20 世纪末。保罗·霍肯、埃默里·洛文斯、亨特·洛文斯(Paul Hawken, Amory Lovins and Hunter Lovins)在《自然资本论》(*Natural Capitalism*: *Creating the Next Industrial Revolution*)里提出了"自然资本"的概念。作者认为:"自 18 世纪中叶起,自然界受到的损害要比整个史前时代造成的损害还要大。在工业体系达到极高的水平,集聚和累积人工资本的成就到达巅峰之时,人类文明赖于创造经济繁荣的自然资本却正在急剧减少,而这种损失的速率正与物质福利增长成比例地增长。自然资本包括常

---

① [美]保罗·A.萨缪尔森、威廉·D.诺德豪斯:《经济学》(第十四版),北京经济学院出版社 1996 年版,第 57 页。
② [法]托马斯·皮凯蒂:《21 世纪资本论》,中信出版社 2014 年版,第 46 页。
③ [美]西奥多·W.舒尔茨:《论人力资本投资》,北京经济学院出版社 1990 年版,第 1—16 页。
④ 《华为公司基本法》第九条,见黄卫伟、吴春波:《走出混沌》(增订版),人民邮电出版社 1999 年版,第 8 页。

见的为人类所利用的资源——水、矿物、石油、森林、鱼类、土壤、空气等,也还包括草原、大平原、沼泽地、港湾、海洋、珊瑚礁、河岸走廊、苔原和雨林在内的生命系统。""自然资本可以被看作支持生命的生态系统的总和。"① 过往发展的最大缺陷,是没有把自然资源作为资本,因而导致自然资源价格低廉,自然资源没有得到很好的保护和利用,使得自然资源越来越稀缺和生态环境日益恶化。2014 年,由生态系统与生物多样性经济学商业联盟(The Economics of Ecosystems and Biodiversity,TEEB)原班人马组成了自然资本联盟(Natural Capital Coalition,NCC)。在世界自然保护联盟(IUCN)和世界可持续发展工商理事会(WBCSD)加入该联盟以后,共同召集了近 200 个国际组织、跨国公司和研究机构,通过企业试点和案例研究,于 2016 年制定发布了《自然资本议定书》。按照该议定书的定义,自然资本是地球上可再生和不可再生自然资源的存量(如植物、动物、空气、水、土壤和矿物)结合起来产生的给人们带来利益或服务的流量。2015 年 9 月,中共中央、国务院在《生态文明体制改革总体方案》中要求"树立自然价值和自然资本的理念,自然生态是有价值的,保护自然就是增值自然价值和自然资本的过程,就是保护和发展生产力,就应得到合理回报和经济补偿"②。2021 年 10 月,联合国在我国昆明召开《生物多样性公约》缔约方大会第十五次会议(COP15),会议期间专门设立了名为"自然资本核算和生态产品价值实现"的分论坛。

(三)自然资本与自然资源权益的关系

自然资本是用于经营的自然资源权益。按照自然资本的概念,自然资源作为资本,与传统的物质资本(机器设备、基础设施、存货等)、人力资本一道,

---

① [美]保罗·霍肯、埃默里·洛文斯、亨特·洛文斯:《自然资本论》,王乃粒等译,上海科学普及出版社 2000 年版,第 2、180 页。

② 中共中央、国务院:《生态文明体制改革总体方案》,《领导干部自然资源资产离任审计法律法规汇编》,中国时代经济出版社 2018 年版,第 1347 页。

成为企业资本的组成部分。"根据资本分类的这一理论,会计计量的资本应该包括三类,一是物质资本,即人类自身创造出来的财富,如机器、厂房和道路等;二是人力资本,即人的知识、技能、经验等通过教育、培训固化在人体内的资本存量;三是自然资本,包括自然资产和环境资产,如土地、森林、渔业资源、净化能力、石油、煤气、臭氧层以及生物化学循环等都是自然资本。"[1]在自然资本概念传播的过程中,有学者提出了生态资本的概念。其逻辑是:符合"由过去的交易或事项形成的、被企业拥有或控制、能在未来给企业带来经济利益"条件的生态资源可以确认为生态资源资产;通过生产要素投入和技术盘活的生态资产才能转化为生态资本。[2]

资本的形式如同资产,可以是多种多样的。资本与资产相同之处是可以让人受益,可以价值量化。不同之处是:资本是藏在资产形态后面的权属关系,是要求增值的价值。资产的外延大于资本,资本是要求保值增值的那一部分资产,资产则不一定都要求增值甚至保值。例如行政事业单位的资产,甚至公益性企业的资产,从经济价值的角度讲,不能要求其保值增值。再如,用于社会保障基本医疗的资产,要求其增值将违背"救死扶伤"的医德和动摇行业生存的根基。按照这个逻辑,只有用于谋求增值的自然资源资产才能称之为自然资源资本或自然资本。这也是本书所确认的自然资源资本的概念,或称狭义自然资本,它与保罗·霍肯等人以及联合国所认为的广义自然资本的概念有所不同。广义的自然资本正是 GEP 核算系统的理论基础。从生态环境保护和生物多样性保护的角度看,将自然资源视同自然资本,将资本概念广义化,以谋求自然资本的保值增值(特别是使用价值的保值增值),具有积极的意义。但是本书所确认的狭义自然资源资本,是自然资源权属范围内的组成部分(另一部分是自然资源负债),是可以用于

---

[1] 张白玲:《自然资本核算的理论与实务研究》,《会计之友》2007 年第 6 期下。
[2] 袁广达、王琪:《"生态资源—生态资产—生态资本"的演化动因与路径》,《财会月刊》2021 年第 17 期。

进行资本经营的自然资源权益，它位于自然资源资产负债表的右方。从对自然资源资产的利用角度看，一是用于非经营，二是用于经营。其关系如图 2-2 所示。

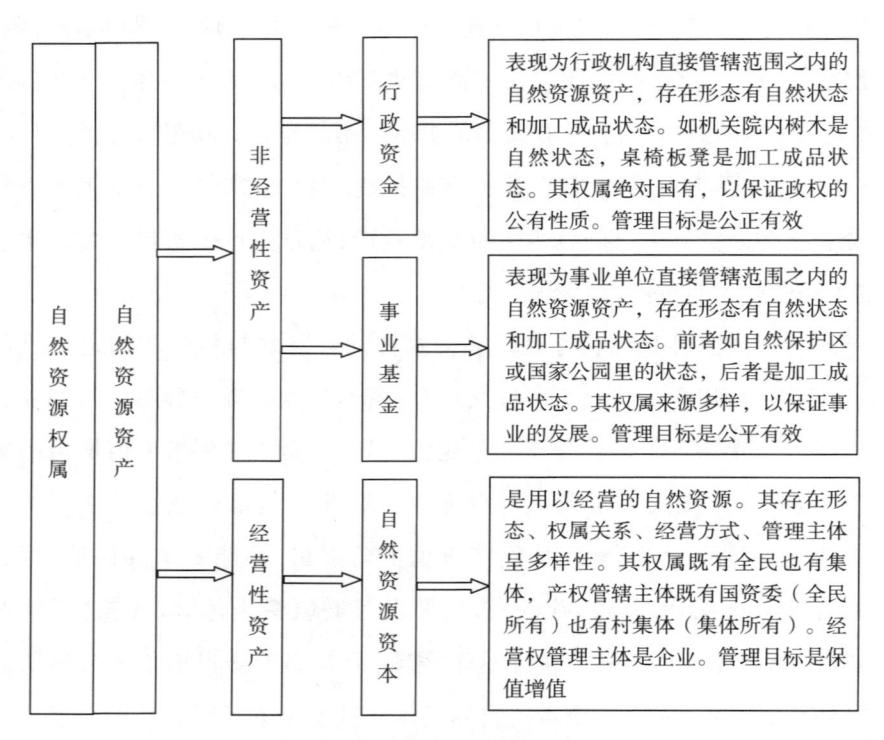

```
自然资源权属 ─ 自然资源资产 ┬─ 非经营性资产 ┬─ 行政资金 ──→ 表现为行政机构直接管辖范围之内的自然资源资产，存在形态有自然状态和加工成品状态。如机关院内树木是自然状态，桌椅板凳是加工成品状态。其权属绝对国有，以保证政权的公有性质。管理目标是公正有效
                          │              └─ 事业基金 ──→ 表现为事业单位直接管辖范围之内的自然资源资产，存在形态有自然状态和加工成品状态。前者如自然保护区或国家公园里的状态，后者是加工成品状态。其权属来源多样，以保证事业的发展。管理目标是公平有效
                          └─ 经营性资产 ──── 自然资源资本 ──→ 是用以经营的自然资源。其存在形态、权属关系、经营方式、管理主体呈多样性。其权属既有全民也有集体，产权管辖主体既有国资委（全民所有）也有村集体（集体所有）。经营权管理主体是企业。管理目标是保值增值
```

图 2-2　自然资源资产与自然资源能权益关系示意

第三节　自然资源负债及其相关概念

一、负债

本书所指的自然资源负债是附着于自然资源资产之上的债务责任——其实质是欠大自然或子孙后代的债务。按照资产负债表的逻辑，自然资源负债存在的前提是自然资源资产，当自然资源资产不存在或不可能再恢复时，自然

资源负债也不存在了。因此,需要澄清以下概念:债、负债、环境负债、自然资源负债、表内自然资源负债。①

(一)"债"字溯源

中国文字的特点是具象。"债"字源于"责"。东汉时期并无"债"字,却有"责"字(许慎《说文解字》)。② "责"基于"贝"之上。由于"贝"在历史上曾经充当过货币,所以与贝相连而成的文字多与财富及交易相关,如"财""贸""货""贾""赎""贵""赐"等。甲骨文中的"责"字由上边的"朿"和下边的"贝"组成,意思是索取财物。《说文解字》对"责"的解释极其简单:"责,求也"。表示欠人财物。直到清康熙时期,仍然是有"责"字无"债"字(《康熙字典》)。后来,大概是为了强调承担责任的主体是人,所欠之"责"需要由人来偿还,才从"责"字衍生出了"债"字。"债"字的出现,一度将"责"字替代了。如清末刘树屏的《澄衷蒙学堂字课图说》便与东汉许慎的《说文解字》相反,没有收录"责"字而只收录了"债"字。其对"债"的解释:"负财曰债,所负之财即曰债。放~,~户。责也,通作责。责,诛求也。言负人之财,为人所诛求也"。③ 可见刘树屏也是将"债"和"责"通用了。"债"和"责"各自何时分歧,现无从考证。但是"债"与"责"不完全相等,已成通识。现代人对"责"的认识已广义化了,如"责任""责备""责成""责罚"等等。对"债"的解释也有广义化的现象,如"欠债""感情债""人情债""血债"等。二者虽然都在泛化,但是"债"字的应用仍然以经济领域为主,而"责"字则用于社会的各个领域:管理、政治、军事、司法、经济等等。因此"责"的范围大于"债","债"是"责"的组成部分。党的十八届三中全会的《决定》要求追究各级领导的环境责任,其

---

① 杨世忠:《论环境负债的内涵、种类及其确认与计量》,《南京林业大学学报(人文社会科学版)》2018 年第 2 期。
② 许慎:《说文解字》第六篇下(十五),中华书局 1989 年版。
③ 叶澄衷、刘树屏:《澄衷蒙学堂字课图说》卷二,新星出版社 2013 年版,第 53 页。

中就有环境负债及其包含的自然资源负债。

（二）负债的含义

"负"字的应用十分广泛。《现代汉语词典》对其解释有十层含义。"负"字与"债"字连用,其含义是"负担债务"。换言之是"欠债"。"欠债"的主体即"欠债者",是债务人,即承担偿还义务的一方；有"欠债者"就有"被欠债者",即债权人。债权人是有权向债务人追讨债务的一方。"负债"的主体除了个人以外还有组织,任何一个经济实体在经济活动中都可能产生负债。负债涉及债权债务双方的经济利益,所以在法律和会计层面需要对其进行确切的定义。①

在法律层面,现行的《中华人民共和国民法典》中"债"是指"因合同、侵权行为、无因管理不当得利以及法律的其他规定"而产生的特定义务。② 这里的特定义务就是负债,义务的多少就是负债的多少。

会计是经济活动的记录,会计实务中"负债"的概念虽然在早期的"单式记账"会计实践中有所体现,如唐代从事供给抵押业务的"质库"以及普遍流行的"赊买赊卖"业务,宋代的"寄附铺",明清时期的"典当铺""钱庄""票号"等。③ 但是"负债"真正成为企业会计恒等式的命名来源和会计核心要素,则是在 1494 年卢卡·帕乔利总结了意大利"复式记账"会计实践之后的事。在会计恒等式"资产＝负债＋所有者权益"中,负债是企业需要偿还的义务,是企业在经营资产过程中需要向债权人偿还的债务,其权益主体是债权人,其性质是企业的债务资本。只有"所有者权益"才是企业的自有权益（称为权益资本）。我国《企业会计准则》将"负债"定义为"企业过去的交易或者事项形成

---

① 杨世忠：《论环境负债的内涵、种类及其确认与计量》,《南京林业大学学报（人文社会科学版）》2018 年第 2 期。

② 《中华人民共和国民法典》第一百一十八条,2020 年 5 月 28 日通过,2020 年 1 月 1 日起施行。

③ 郭道扬：《会计史研究》第三卷,中国财政经济出版社 2008 年版,第 17 页。

的、预期会导致经济利益流出企业的现时义务",并将其分为流动负债和长期负债两类进行核算。① 从这个定义可以看出,"负债具有三个本质特征:一是负债是主体承担的现时义务。现时义务则是指企业在现行条件下已经承担的义务。意味着一旦负债形成,就必须偿还。二是负债预期会导致经济利益流出企业。由于必须偿还债务,所以预期会有经济利益流出企业,而这里所指的经济利益一般是指现金资产,当然还可以是实物资产、劳务或者其他。三是负债是由过去的交易或者事项形成的。除了这三个特征,我国《企业会计准则》中还有两个关于负债的确认条件:第一,与现实义务有关的经济利益很可能流出企业。第二,未来流出的经济利益的金额能够可靠地计量。需要说明的是,自从20世纪90年代我国的会计准则与国际会计准则趋同以来,我国会计界对于会计要素的定义已与国际会计准则委员会(IASB)和美国会计准则委员会(FASB)的定义相一致。"②

二、环境负债

(一)环境释义

环境是指人们周围的一切事物,根据人与人和人与自然的关系,可以从两个不同的视角将其分为社会环境和自然环境。本书侧重于自然环境。自然环境是人类赖以生存发展的客观的自然条件。自然环境由处于运动变化中的各种物质所构成。这些物质无时无刻不在变化。只是其变化有所不同,有的不为人类所感知,有的则随时能够观察和感觉得到。环境的变化由不同的成因引起。有的变化有益于人类生存发展,有的变化则会威胁人类的生存发展。以气候为例,严寒酷暑不利于人类,温暖湿润有利于人类。而

---

① 中华人民共和国财政部:《企业会计准则》,经济科学出版社2006年版,第3页。
② 杨世忠:《论环境负债的内涵、种类及其确认与计量》,《南京林业大学学报(人文社会科学版)》2018年第2期。

引起气候变化的成因,有的是大自然自身的作用,非人类所能为,例如地球演变过程中所经历的冰川时期;有的是人类对自然的作用,例如对二氧化碳的超量排放。

(二)环境责任及负债的形成

当人类的活动破坏了大自然的和谐状态(亦称生态平衡),自然环境就会发生有害于人类生存的变化。美国生物学家蕾切尔·卡逊在1962年出版的《寂静的春天》一书中就深刻地揭示了人类化学产品对生态环境的危害——在过度施放了农药的地方,土壤和水源被污染,各种生物失去了存活的条件,不再有鸟语花香、不再有适宜于人类生存的环境,大自然归于一片可怕的寂静。蕾切尔·卡逊为人类敲响了生态环境危机的警钟,也提出了环境责任及其负债的问题。为了保持、修复和改善适宜于人类生存的环境,就需要减少乃至消除人类对自然环境的损害,这样的事情需要人们来做,谁来做?当然是对开发和利用自然资源并对环境造成损害的人和享受了自然资源开发利益的人一起来做。如何做?第一要辨识和确认环境被损害的程度并使之形成环境负债,第二是要确认债权人和债务人。环境不会说话,只有通过代言人来向责任者索取赔偿。代言人应该是有科学鉴别能力的专家,能够从保证和改善环境质量的角度来确认环境责任;代言人还应该是具有历史责任感和公平正义感的执政者,能够从保证和改善子孙后代生态环境的角度来分配环境责任。

环境责任是应由人类承担的保持一定环境质量或将环境质量提升到一定水准的责任,或因环境污染与恶化而应由人来承担的修复、改善责任。环境责任有不同类型。按责任的承担属性分类:需要偿还的环境责任(即环境负债)和不需要或暂不需要偿还的环境责任。按责任的内容分类:保持环境质量水准的责任,恢复环境质量水准的责任,改善环境质量水准的责任。按责任的成因分类:治理环境污染的责任,恢复生态环境的责任,改善生态环境的责任。按责任的对象分类:森林环境责任,土壤环境责任,村镇环境责任,水体环境责任,矿山环境责任,景观环境责任等。按责任承担主体分类:政府环境责任,单位环境责任,企业环境责任,个人(家庭)环境责任等。

(三)确认环境责任的依据

第一是环境质量。环境质量是指自然环境的优劣程度或满足生态平衡、适宜人类生存需要的特征的总和。这些特征可以分成不同的类型,如空气质量、水体质量、土壤质量、气候质量(气温、湿度、紫外线强度等)等。环境质量由环境要素的品质和品质特征数量决定的。以空气为例,含氧量较高、有害气体成分少、能见度高、草木气息浓的空气就是高质量的空气。品质标准达到Ⅱ类以上的水体就是高质量的水。治理环境污染,保证适合于人类生存的环境质量,是人类影响环境活动过程中需要承担的责任。第二是生物多样性。物种的灭失是人类面临的三大环境问题[①]之一。保护生物多样性就是保护人类生存的环境不再恶化。第三是合理有效地开发利用自然资源。例如,在实现碳达峰与碳中和目标的过程中,调整能源结构,实现节能减排,就是对环境责任的承担。

如前所述,环境负债属于需要有人来偿还的环境责任。本书认为,人类对自然环境资源的开发利用要考虑到人类的子孙后代和适宜于人类生存的自然生态环境的延续,凡是对自然资源开发利用的结果有悖于此项要求的,都是一种负债。譬如,由于资源的开发而破坏植被,带来水土流失、荒漠化、沙尘暴、雾霾天、碳汇能力减弱等一系列灾害;兴建高耗能高污染企业带来有害气体排放、污染水源、污染土壤等等;生活垃圾处理不当带来的土壤、水体、空气污染等等。此外,还有造成生物多样性减少甚至于物种灭绝、生态平衡破坏等等一系列的环境灾难。对此,人们必须加以治理和改善。环境负债的实质是人类对于恢复和改善生态环境所承担的责任。

---

① 即气候变化、生物多样性消失、环境污染。

(四)环境负债分类

对环境负债的分类,可以从不同角度进行。从认识的统一程度看,环境负债分为确定性负债和非确定性负债。确定性负债是指能够确认债权人债务人、环境负债的具体内容和具体数量的环境负债,否则就是非确定性负债。确定性与非确定性环境负债的划分,反映出人类的认识水平和责任担当意识。例如,当多数人尚未意识到浅埋垃圾和向河流排放生活污水所造成的环境污染危害时,或此项环境污染未能形成共识,再或未能得到权威机构的确认时,其环境负债便是不确定的。可以预期,随着科学技术的发展和人类认识水平的提升,确定性的环境负债将会越来越多。环境负债是否确定,除了认识水平以外还与责任主体的担当意识有关。非确定性环境负债的存在,往往与责任主体不愿意承担责任有关。

"按照债务的性质及其对环境的影响结果看,环境负债可以分为四种类型:环境改善型负债,资源补偿型环境负债,环境恢复型负债,环境治理型负债。从长时间角度,环境负债分为前期(前人)环境负债、当期(当代人)环境负债、后期(后人)环境负债。从短时间角度,环境负债分为历史(往届政府管辖时期)形成的环境负债、现时(本届政府管辖时期)形成的环境负债和预计未来开发形成的环境负债。从空间角度或权益角度,环境负债可以分为直接受益人的环境负债和间接受益人的环境负债。从环境保护实践看,对环境负债的偿还,通常由三类责任主体来完成:一是政府,二是企事业单位,三是个人或家庭。"[①]

联合国关于企业环境负债的定义是:"企业发生的,符合负债确认标准,并与环境成本相关的义务。"[②]美国环境保护署将企业对环境应承担的负债分

---

① 杨世忠:《论环境负债的内涵、种类及其确认与计量》,《南京林业大学学报(人文社会科学版)》2018年第2期。

② 联合国国际会计和报告标准委员会:《环境成本和负债的会计与财务报告》,中国财政经济出版社2003年版,第8页。

为六种:"第一,合规性负债,即依据相关法规确认的有损于环境质量的行为责任;第二,补救性负债,即消除或拯救污染后果的责任;第三,违规性负债,即因破坏环境而承担的受处罚责任;第四,赔偿性负债,即因破坏环境而造成对相关人或组织的损害赔偿责任;第五,惩戒性负债,即不同于赔偿性负债的另一类对受害方的赔偿责任;第六,自然资源损害性负债,即因为损害公众自然资源而承担的赔偿责任。"[1]企事业单位偿还环境负债是通过计算与摊销环境成本来完成的,除了有关费用开支以外,接受罚款也是偿还环境负债的一种形式。

三、自然资源负债

(一)自然资源负债确认标准

如果说环境负债是环境责任的重要组成部分,那么自然资源负债就是资源环境负债的重要内容。本书的观点是:资源环境负债=自然资源负债+资源组合作用负债。其中,自然资源负债是指需要由一定主体承担的对自然资源耗损及其环境损失进行偿还的责任。这里涉及本书的两个观点。第一,自然资源负债必须有明确的权责归属对象——债权人,即自然资源的权属关系代理人(管理者),债权人对承担者(债务人)——核算主体具有自然资源资产的要求权;第二,自然资源负债必须有明确的对象物——自然资源资产,即自然资源负债的承载对象。对于可再生资源而言,自然资源负债的承载对象始终存在,无论自然资源负债的数量如何变化,也只会引起自然资源负债与自然资源权益之间的数量比例关系的改变,不会影响自然资源资产总体数量的变化。但是对于不可再生资源而言,一旦过度消耗,就不可能恢复,为了保证自然资源资产负债核算的平衡关系,需要进行债务处理(核销与转换)。确认自然资

---

[1] 美国环境保护署:《利益相关者行动议程:对环境成本的会计核算与资本预算的一项报告》(EPA,1994),见 https://www.epa.gov/。

源负债有质量标准和数量标准两种。质量标准反映自然资源的环境质量等级,例如水资源的环境质量等级分为Ⅰ类水、Ⅱ类水、Ⅲ类水、Ⅳ类水、Ⅴ类水、劣Ⅴ类水等。土地资源也同样有相应的质量等级。数量标准反映自然资源相对于人类合理利用(可持续发展)而言的数量界限,例如耕地数量标准(红线)、取水量标准、用水量标准、伐木数量标准等等。由于组织或主体的行为使环境质量等级下降,或超越对自然资源合理利用的数量标准,就形成了自然资源负债。对于逾越资源红线而消耗的自然资源,就是自然资源负债。环保部在2017年12月25日发布的《"生态保护红线、环境质量底线、资源利用上线和环境准入负面清单"编制技术指南(试行)》提出的"三线",就是确认资源环境负债和自然资源负债的标准。表2-2反映了资源消耗的红线。

表2-2 资源红线

资源种类	红线要求
林地和森林红线	全国林地面积不低于46.8亿亩,森林面积不低于37.4亿亩,森林蓄积量不低于200亿立方米
湿地	全国湿地面积不少于8亿亩
物种	确保各级各类自然保护区严禁开发,确保现有濒危野生动植物得到全面保护
荒漠植被	全国治理保护恢复植被的沙化土地面积不少于53万平方千米
耕地	到2020年,全国耕地保有量18.65亿亩;基本农田保护面积15.46亿亩;建设用地总规划4071.93万公顷(61079万亩)
水资源	2030年用水总量控制在7000亿立方米内;用水效率接近世界先进水平;工业用水增加小于40立方米;农田灌溉系数0.6之上;水质达标率在95%以上

资料来源:国土资源部《全国土地利用总体规划纲要(2006—2020)调整方案》和水利部《全国水资源综合规划(2010—2030)》。

资源环境负债并不是自然资源负债简单相加的结果。且不说由于自然资源的复杂多样性和人类技术手段的局限性使得自然资源负债的界定难于完全做到,就是自然资源耗费对于环境质量的影响也是难于进行直观计算的。拿破仑曾经说过:一个法国士兵远远不是一个马木留克骑兵的对手,但是十个法国士兵却可以轻松战胜十个马木留克骑兵。这里有组合效应,即"1+1>2"的效应。所以将自然资源耗损形成的负债简单相加是不可能等于资源环境负债的。其间的差额,主要是资源组合作用形成的负债,当然也不排除还有一部分未能得到确认的自然资源负债。

(二)表内自然资源负债

如前所述,并非所有的自然资源资产都能够纳入表内,同样道理,并非所有的自然资源负债都能进入核算主体的核算范围。由于存在责任划分方面及协议的各种争议和数据可得性等原因,会有许多的自然资源负债未能纳入核算范围。但这也不妨碍人们对自然资源负债的核算。只有得到公认和相关法规确认的自然资源负债能够纳入核算范围。自然资源负债的具体成因多种多样,这并不妨碍对自然资源负债的核算。企业负债的成因和负债种类亦多,如各种贷款、预收货款、应付货款、应付工资、应交税金、应付股利等等,同样并不妨碍企业负债的核算。

上述资源环境责任、资源环境负债、自然资源负债、表内自然资源负债四者的关系示意见图2-3。

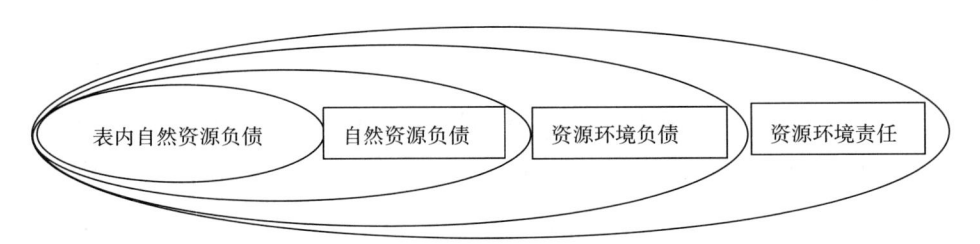

图2-3 资源环境责任与自然资源负债的关系

第四节　计量属性与价值评估

人类认识客观世界离不开对事物的分类与计量。除了要用各种标准或视角对自然资源进行分类以外,计量是对自然资源认识的必不可少的手段。计量属性与价值评估是计量的两种视角。根据计量单位的性质和特征,计量单位分为实物计量和价值计量。实物计量的确认依据是计量对象的物理化学属性,价值计量的确认依据是计量对象的社会经济属性。

一、实物计量

实物计量就是用实物单位来计量自然资源。自然资源种类繁多,实物计量单位极不统一。有用面积单位计量的,如平方千米、平方米、亩、公顷等;有用长度单位计量的,如尺、米、千米等;有用重量单位计量的,如克、公斤、吨等;有用体积单位计量的,如立方米、立方厘米等;也有用容积计量的,如斗、升、加仑等;还有根据对象物自然形体计量的,如匹、只、头、个、件、条、座等。这些都统称实物计量单位或物理计量单位。与之相对应的是价值计量单位或货币计量单位。

要将具有不同计量单位的自然资源进行汇总与平衡,就必须采用统一的计量单位。现实应用中的企业资产负债表的统一计量单位是货币单位。能够将具有不同计量属性的自然资源进行统一计量、进而实现报表汇总的计量单位,除了统一的原始计量单位以外,还可以采用自然资源当量或实物标准当量。标准当量是将不同的物理计量单位折算成为一个统一的物理计量单位。这里有两个层次:第一个层次是同一衡量对象及其方式下的统一标准。例如,对土地的衡量方式是面积,需要将不同的计量单位折算成统一的计量单位,如果统一的计量单位是平方千米,就要把用平方米、公顷、亩为计量单位的土地面积乘以一定的折算系数折算成平方千米。第二个层次是不同衡量对象及其方式下的统一标准。即规定标准当量为统一的计量单位,并设定每一种不同的计量标准与标准当量之间的换算系数,进行换算。例如,设定 1 标准当量＝1 平方千米＝1 吨＝1 立方米……需要列出换算表,进行换算。比例的设定,可依据行业惯例或资源的稀缺程度来进行。

就计量属性而言,编制实物型自然资源资产负债表有两种情形:情形之一,将计量单位相同的自然资源纳入同一报表,如水资源资产负债表的编制均以立方米(或吨)为计量单位,林木资源资产负债表均以立方米为计量单位,等等,这是最为方便的。情形之二,不同计量单位的自然资源编制同一张自然资源资产负债表,尤其是不同种类的自然资源资产负债表汇总为实物型的自然资源资产负债表,这就需要用到上述两个层次的折算。一是折算为统一的计量单位,如将不同的面积计量单位统一为平方米,或公顷,或平方千米,等等;二是折算为统一的资源当量单位。折算系数或比例的设定,需要事先统一标准。

举例说明。假定资源当量计量单位为 K,设每 K 相当于 1 平方米土地或水域面积,1 吨原油或煤矿石或金属矿石或建材等,1 克拉钻石,1 公斤黄金,1 立方米木材或天然气,等等。则可将不同计量单位的资源都用 K 来换算计量。如 15 公顷土地＝150000K[①],12 吨原油＝12K,等等。

二、价值计量

价值计量是用货币单位来统一对自然资源的计量。任何自然资源要成为自然资源资产必须有价值并且可计量。与实物型自然资源资产负债表相对应的是价值型自然资源资产负债表。SNA 和 SEEA 的自然资源核算,最终也是统一到经济价值。价值计量要解决两个问题,第一个是用什么货币单位来计量？在我国,用的是人民币计量单位,基本单位是元。如果核算主体购入了用其他国家的货币单位计量的自然资源资产,则需要将其换算成人民币单位。

[①] 1 公顷＝10000 平方米,15 公顷＝15×10000 平方米＝150000 平方米。

如某地方购入1000万美元的石油资源,假如人民币对美元的汇率是6.7∶1,则换算成人民币单位就是6700万元的石油资源。第二个问题是资源的价格几何?资源的价格是资源实物单位与货币单位的比值(比例关系)。如黄金价格是400元/克,则1公斤黄金的价值就是400000元。

三、价值评估

(一)价值评估的作用

价值评估具有双重作用:一是可以将不同实物计量单位的自然资源资产和权属统一为同样的货币计量单位,从而可以汇总、可以稽核、可以保证核算要素之间的平衡关系;二是能够衡量和体现自然资源资产的经济价值,为"绿水青山就是金山银山"做背书。

(二)价值评估方法选择

编制价值型自然资源资产负债表,离不开对自然资源资产的价值评估。由于自然资源的多样性及其价格影响因素的复杂性,对不同自然资源资产的价值评估方法及其评估结果也是不一致的。除非是交易完成时,否则任何自然资源资产的价格都只能是预估值。评估自然资源资产价值的方法很多,本书侧重于核算系统的构建和利用,不对自然资源资产的价格问题展开研究,仅将常用的方法列示在表2-3中。不同价值评估方法的评估结果是有差异的。究竟以谁为准或以何种组合为准,要看评估的主体、对象、目的、用途、技术条件和相关信息的质量与数量,最后根据这些约束条件来确定。

表2-3 自然资源资产价值评估方法

名称	含义
净价法	自然资源产品市场价格减去自然资源开发成本
收益现值法	将预计资源未来收益按现行价格折算成现值

续表

名称	含义
市场法	以自然资源的交易价格为准
成本加成法	以自然资源的获取所需要耗费的成本及其成本利润率来定价
边际成本法	以新增每单位资源所新增的成本来定价
机会成本法	以所放弃的资源用途收益为机会成本,来估价资源价值
重置成本法	以重新获取现时的自然资源所需要的成本为标准
影子价格法	针对现行市场价格缺陷进行修正的定价方法
旅行费用法	用消费者参观景点的旅行费用为基础来评估地质景观资源的价格
替代品法	用替代资源消费的物品价格来确认
意愿评估法	以调查消费者愿意支付的费用为依据来估价
补偿价格法	以恢复不可再生资源原有质量数量所需要的补偿费用为定价标准
区位价格法	类似于由于区位差异而形成的地租差异

资料来源:作者整理。

(三)价值实现

价值评估的结果并不等于价值实现。一般而言,上市公司的股票价值在不同的时点是不同的,持有上市公司股票的股东,只有在完成股票交割、获取价款收入的权益成立之时,股票的价值才算实现。所以,无论选择何种价值评估方法编制的自然资源资产负债的价值量表,都不是已经完成价值实现的自然资源资产负债的实际价值,它只是表明某政府机构管辖范围内的绿水青山实物量大约相当于多少金山银山的价值量。尽管如此,编制自然资源资产负债价值量表也非常有意义:除了可以为资源环境审计及领导干部自然资源资产离任审计提供依据以外,它甚至可以为实现"两个转化"提供依据。[①]

[①] 作者认为,自然资源资产负债表进而资源环境资产负债表能够为完成"绿水青山转化为金山银山"和"金山银山转化为绿水青山"(进行生态补偿或偿还资源环境负债)提供决策依据。

第五节 平衡公式与核算模式选择

一、SEEA平衡公式暨自然资源资产核算模式

自然资源资产核算模式(简称模式1)来自于联合国SEEA-2012对七类自然资源的核算模式,遵循的是账户核算平衡公式"自然资源资产期初存量+自然资源资产本期增加量=自然资源资产本期减少量+自然资源资产期末存量"(即四柱平衡)。根据账户记录编制的报表格式是矩阵式,纵向平衡关系为四柱平衡(期初存量+本期增加量=本期减少量+期末存量),横向平衡关系为分合平衡(见表2-4)。

表2-4 SEEA-2012自然资源资产报表(账户)基本格式

项目	矿产能源	土地	土壤	木材	水生物	水	其他生物
自然资源资产期初存量							
存量增加量							
存量增长							
发现新存量							
上调估价							
重新分类							
存量增加量共计							
存量减少量							
开采							
正常损失							
灾害性损失							
下调估价							
重新分类							
存量减少量共计							

续表

项目	矿产能源	土地	土壤	木材	水生物	水	其他生物
存量重新估价							
自然资源期末存量							

资料来源：联合国《环境经济核算框架体系 2012》(SEEA2012) 表 2.3。

SEEA-2012 的资源账户格式,可以编制出两种不同表格的矩阵式自然资源资产变动表。一种是主词栏不变,服从于"期初存量+本期增加量=本期减少量+期末存量"四柱平衡关系；宾词栏列示不同类别的自然资源（如表 2-4 所示）,右端增加合计栏,以汇总不同类别自然资源资产的价值量。另一种是主词栏特指某类自然资源资产,依然服从于"期初存量+本期增加量=本期减少量+期末存量"四柱平衡关系；但是宾词栏列示的是不同的管理部门（地区）,右端仍然设置合计栏,以汇总不同管理部门（地区）的自然资源资产价值量（如表 2-5 所示）。SEEA-2012 显然是配合国民经济核算体系（SNA）的,所以用的是价值量表。表 2-4 与表 2-5 的关系是：前者是总括,后者是分表；前者反映各类自然资源资产的存量分布及其增减数量,后者反映某类自然资源资产的存量在部门（地区）的分布及其增减数量。较之前者,后者更有利于分清责任。

表 2-5　SEEA-2012 自然资源资产报表（账户）基本格式

项目	部门1	部门2	部门3	部门4	……	合计
某类资源资产期初存量						
存量增加量						
存量增长						
发现新存量						
上调估价						
重新分类						
存量增加量共计						

自然资源资产负债核算

续表

项目	部门1	部门2	部门3	部门4	……	合计
存量减少量						
开采						
正常损失						
灾害性损失						
下调估价						
重新分类						
存量减少量共计						
存量重新估价						
该类资源期末存量						

资料来源：作者整理。

我国政府组织力量探索自然资源资产负债表的编制。在立足本国实际（侧重于水土林）、借鉴国际经验的前提下，于 2015 年 11 月推出了《试点方案》。根据试点方案，自然资源资产负债表的编制主体是政府，主要是市一级的地方政府。第一批试点地区是内蒙古自治区呼伦贝尔市、浙江省湖州市、湖南省娄底市、贵州省赤水市、陕西省延安市。2017 年年底，试点地区上报了本地区自然资源资产负债表，并总结了试点工作经验。2018 年 3 月，国家统计局试编了 2015 年全国自然资源资产负债表。后来试点不仅扩大到县级（如内蒙古自治区鄂托克前旗、深圳大鹏区、北京怀柔区等），而且扩大到省级（如贵州省、江西省、福建省）。规定报表的基本平衡关系为：期初存量＋本期增加量－本期减少量＝期末存量。对自然资源的分类，原则上采用国家标准（不按 SEEA 标准），若无国家标准，则暂时采用行业标准。数据来源于统计调查与行政记录。其计量属性以实物型为主，也有价值型。最后，将引起自然资源增减变化的影响因素分为自然因素和人为因素。

根据试点情况，主要编制出土林水三种六类的实物量表。即土地资源存量及变动表、土地质量等级及变动表、林木资源存量及变动表、森林资源质量

第二章　基本概念

及变动表、水资源存量及变动表、水资源质量及变动表。以土地资源为例,根据《土地利用现状分类》(CB/T21010-2007)分类标准,将土地分为耕地、园地、林地、草地、城镇村及工矿用地、交通运输用地、水域及水利设施用地、其他土地八类,每一类又可以编制根据管理部门(地区)的存量及变动表和质量及变动表。这就形成了一个报表体系。如果能够对各类资源进行价值评估,还可以编制出相应的价值量表(不含质量及变动表)。表2-6和表2-7是林木和森林资源报表格式。

表2-6　林木资源存量及变动表　　　　计量单位:公顷

项目	合计	天然林		人工林		其他林木
		公益林	商品林	公益林	商品林	
年初存量						
存量增加						
自然生长						
造林更新						
再分类						
存量减少						
采伐						
自然损失						
灾害损失						
毁林						
再分类						
年末存量						

资料来源:姚霖,《自然资源资产负债表编制理论与方法研究》,地质出版社2017年版,第77页。

表2-7　森林资源质量及变动表　　　　计量单位:立方米/公顷

项目	天然林单位面积蓄积量	人工林单位面积蓄积量
年初水平		
年内变动		
年末水平		

资料来源:姚霖,《自然资源资产负债表编制理论与方法研究》,地质出版社2017年版,第77页。

自然资源资产负债核算

在此核算模式下,除了基于四柱平衡关系的自然资源资产负债表,还有基于"资源使用=资源供应"平衡关系的自然资源资产平衡表(格式见表2-8)。表2-8体现了资源管理部门的监管视角。即从资源用途的合规性考虑,哪些土地资源的用途与规划相符,哪些不符。对于不符合规划用途的资源,需要重点关注,这有助于落实和追究资源环境责任。

表 2-8 土地资源资产平衡表——国土空间规划

资源使用(土地利用现状)			资源供应
项目	期初数	期末数	(国土空间规划)
符合规划用途			
不符合规划用途	农用地 建设用地 未利用地 小计		湿地
合计			
符合规划用途			
不符合规划用途	农用地 建设用地 未利用地 小计		耕地
合计			
……			
总计			总计

资料来源:徐子蒙等:《自然资源资产负债表理论与实践路径探析——以土地资源为例》,《测绘科学》2019 年第 44 卷第 12 期。

在自然资源资产核算模式下编制的自然资源资产负债表,其优点是:与现有自然资源核算体系衔接度好,平衡关系清楚,编表方法简单易学,且有政府文件背书,权威性高,易于推广应用;符合自然资源资产化管理要求;与联合国核算框架接轨,与现行国民经济核算体系之间的衔接度高;有多地试点经验,基层接受程度高;其资源质量附表能够为环境责任审计和生态文明建设绩效考核提供依据。缺点之一是名实不符(没有自然资源负债),因此耿建新等(2015)认为称作自然资源资产平衡表更合适;①缺点之二是不反映自然资源负债,不能通过报表编制来揭示资源环境负债、促进改善生态环境和可持续发展;缺点之三是未能明确自然资源的权属关系和资本化管理要求。尽管如此,在此核算框架下,加速了我国自然资源资产化管理进程,其报表体系极大地促进了对试点地区自然资源赋存、分布和开发利用及其质量变化情况的了解,在很大程度上达到了"清家底、明责任"的要求。

二、净资产平衡公式暨自然资源净资产核算模式

(一)净资产平衡公式

自然资源净资产核算模式(简称模式2)所依据的平衡公式是"自然资源资产-自然资源负债=自然资源净资产"。这个平衡关系显然是将自然资源资产一分为二,即自然资源负债和自然资源净资产。由于在自然资源资产核算框架下编制的自然资源资产负债表存在名实不符、不能反映自然资源负债的问题,所以大家开始把目光转向对自然资源负债和自然资源净资产的研究。

(二)模式1平衡公式与模式2平衡公式之间的关系分析

模式1的平衡公式是"自然资源资产期初存量+本期自然资源资产增加量=本期自然资源资产减少量+自然资源资产期末存量"。模式2的平衡公式是"自然资源净资产=自然资源资产-自然资源负债"。需要指出,模式2的平衡公式也是SNA资产负债表和政府资产负债表的平衡公式。

根据模式1的平衡公式,设本期自然资源的增减量分别为自然增减量和人为增减量,则该平衡公式可以表述为"自然资源资产期初存量+本期自然资源资产自然增量+本期自然资源资产人为增量-本期自然资源资产自然减量-本期自

---

① 耿建新等:《我国国家资产负债表与自然资源资产负债表的编制与运用初探——以SNA和SEEA为线索的分析》,《会计研究》2015年第1期。

然资源资产人为减量=自然资源资产期末存量"。经过整理,上式可以表述为"自然资源资产期初存量±本期自然资源资产自然变化量±本期自然资源人为变化量=自然资源资产期末存量"。从追究资源环境责任的角度,可以将"本期自然资源资产人为变化量"视为自然资源负债,当本期自然资源资产人为增量>本期自然资源资产人为减量,表明自然资源负债减少,减少额是二者之差;当本期自然资源资产人为增量<本期自然资源资产人为减量,表明自然资源负债增加,增加额是二者之差。这时,公式变形为"自然资源资产期末存量=自然资源资产期初存量±本期自然资源资产自然变化量-自然资源负债"。期末,将公式中"自然资源资产期初存量±本期自然资源资产自然变化量"视同为尚未扣除自然资源负债的自然资源资产,则公式中的"自然资源资产期末存量"就是扣除了自然资源负债之后的自然资源净资产。最终,"自然资源净资产(期末存量)=自然资源资产(期初存量±本期自然变化量)-自然资源负债(本期人为变化量)"。可见,模式1的平衡公式与模式2的平衡公式之间是可以相互转化的。

  正是由于模式1和模式2在平衡公式中存在可以相互转化的关系,模式2中的自然资源负债仅仅是自然资源资产的扣除项(类似于企业会计中固定资产核算的折旧),所以两种核算模式所依据的平衡关系都是单一维度平衡。不同的是,模式1是四柱平衡,模式2是三柱平衡。①

(三)模式2下的自然资源资产负债表格式

  在模式2下,自然资源资产负债表格式不仅有矩阵式而且有对称式。在矩阵式里,可以构建出两种形式。第一种形式,将三柱平衡(纵向)与四柱平衡(横向)相结合(以林木资源为例见表2-9),可以从静态与动态两个视角将

---

① 三柱平衡与四柱平衡均是反映同一对象在核算期间的数量变化规律。最早的三柱平衡是"收入-支出=余额",之后将"收入"分为"期初余额"和"本期增加额","支出"成为"本期减少额","余额"成为"期末余额",三柱平衡就转化为"期初余额+本期增加额=本期减少额+期末余额"的四柱平衡。

某部门（地区）自然资源资产负债的存量与变化量及其分布反映出来。第二种形式，从静态角度反映某类自然资源在不同经管单位的分布（见表2-10）。在对称式里，可以将模式3的平衡关系"自然资源资产＝自然资源负债+自然资源净资产"表格化（见表2-11）。

表2-9　林木资源资产负债表（通用）　　　　　计量单位：立方米

项目	期初存量	本期增加		本期减少		期末存量
		自然原因	人为原因	自然原因	人为原因	
林木资源资产						
商品林						
（天然商品林）						
公益林						
（保护地公益林）						
竹林						
其他林木						
林木资源资产合计						
林木资源负债						
超限额采伐林木						
盗伐林木						
自然灾害						
其他						
林木资源负债合计						
林木资源净资产						
商品林						
（天然商品林）						
公益林						
（保护地公益林）						
竹林						
其他林木						
林木资源净资产合计						

自然资源资产负债核算

表 2-10　林木资源资产负债表（部门）　　　计量单位：立方米

项目	A 部门	B 部门	C 部门	D 部门	E 部门	合计
林木资源资产						
商品林						
（天然商品林）						
公益林						
（保护地公益林）						
竹林						
其他林木						
林木资源资产合计						
林木资源负债						
超限额采伐林木						
盗伐林木						
自然灾害						
其他						
林木资源负债合计						
林木资源净资产						
商品林						
（天然商品林）						
公益林						
（保护地公益林）						
竹林						
其他林木						
林木资源净资产合计						

表 2-11　林木资源资产负债表（对称式）　　　计量单位：立方米

项目	期初存量	期末存量	项目	期初存量	期末存量
林木资源资产			林木资源负债		
商品林			超限额采伐林木		

续表

项目	期初存量	期末存量	项目	期初存量	期末存量
（天然商品林）			盗伐林木		
公益林			自然灾害		
（保护地公益林）			其他		
竹林			林木资源负债合计		
其他林木			林木资源净资产		
……			商品林		
			（天然商品林）		
			公益林		
			（保护地公益林）		
			竹林		
			其他林木		
			林木资源净资产合计		
林木资源资产总计			林木资源负债与净资产总计		

在对称式的表2-11中,持模糊属性观的同仁则用资产负债差额的名称来替代净资产。① 在模式2下,除了可以编制实物量表以外,同样也可以编制价值量表。除了反映自然资源资产负债数量情况以外,还可以编制质量及变动表等附表,以及补充文字说明,同样形成一个报表体系。模式2的优点是:第一,与联合国核算框架接轨,与现行国民经济核算体系之间的衔接度高;第二,符合自然资源资产化管理要求;第三,提出和明确了自然资源负债的概念,有利于促进落实环境责任,有利于开展环境责任审计和领导干部自然资源资产离任审计。模式2的缺点是:第一,尚处于试点阶段,并未得到政府主管部门的认可和推广应用;第二,核算对象(要素)之间仍然是单一维度的平衡,缺

---

① 杨艳昭等:《自然资源资产负债表编制的"承德模式"》,《资源科学》2017年第39卷第9期。

少对报告提供数据之间相互稽核的试算平衡。

三、资产权属平衡公式暨自然资源资产负债核算模式

亦称二维分类核算模式。2019年4月,国务院办公厅印发《关于统筹推进自然资源资产产权制度改革的指导意见》,指出"在福建、江西、贵州、海南等地探索开展全民所有自然资源资产所有权委托代理机制试点,明确委托代理行使所有权的资源清单、管理制度和收益分配机制"。这个文件突破了《试点方案》关于"编制自然资源资产负债表,不涉及自然资源的权属关系和管理关系"的限制,为开展自然资源产权关系的研究指明了方向。

二维分类核算模式(简称模式3)的平衡公式是"自然资源资产=自然资源权属"。模式3平衡公式左端为入表的自然资源资产。它是经过人类判断存在生态价值、社会(文化)价值和经济价值三重价值,并具有权属性、可计量性和动态性三个特征的自然资源。权属性表明自然资源资产是"有主"的自然资源,它是区分自然资源与自然资源资产(尤其是入账入表的自然资源资产)的根本标准。可计量性包括可知、可测和可计算,是指在人类现有认知水平和技术条件下能够认识到、测量到并且计算出数量的自然资源。动态性是指随着人类认识水准的提高和技术手段的进步,以及工作范围的扩大、工作程度加深而不断增加或减少的自然资源。

自然资源权属是指附着于自然资源资产之上的权益归属。它与自然资源资产相向而生、互相对应,是自然资源资产所承载的归属于一定主体的权益。在二维分类下所形成的数量关系就是"自然资源资产=自然资源权属"。根据核算主体与权益的归属关系,其所核算的自然资源资产的权益分别为"属他"和"属己"。"属他"是拟人化表述,实际上是自然资源负债,债主是自然界或人类的子孙后代。"属己"也是拟人化表述,指的就是核算主体所拥有或受托拥有的自然资源权益。所以,在能够确认和计量自然资源负债的前提下,总公式"自然资源资产=自然资源权属"可以表达为"自然资源资产=自然资源负

债+自然资源权益"。根据权责相随与权责相称的法则,平衡公式的右端便是对于左方自然资源资产的责任所在。

本书正是基于模式3来构建自然资源资产负债核算系统。

(一)资产权属平衡公式

即"自然资源资产=自然资源权属",这是二维分类平衡。对同一个核算对象用两种不同的分类方法去核算,不同分类汇总的数量必然相等。由于没有权属的自然资源不可能成为自然资源资产,所以附着于自然资源资产之上的各种权属之和必定等于具有权属的各种自然资源资产之和。

(二)自然资源资产负债核算模式

在"自然资源资产=自然资源权属"平衡公式统领之下构建的核算系统,称之为自然资源资产负债核算模式(简称模式3)。本书所进行的各类自然资源资产负债核算,正是根据资产权属二维分类平衡原理来展开的(详细内容见以后各章)。

四、三种核算模式之间的关系

综上所述,基于对核算要素相互之间数量关系的认识不同,而编制出了三种不同的自然资源资产负债表;继而以每一种自然资源资产负债表为统领,形成了三种不同类型的自然资源资产负债核算体系(见表2-12)。

表2-12 编制自然资源资产负债表的三种核算模式

核算模式	平衡公式	平衡特征	主表名称	账户设置	记账方法	编制主体
自然资源资产核算模式	期初存量+本期增量=本期减量+期末存量 资源使用=资源供应	单维要素四柱平衡	自然资源资产平衡表	单一性质的分层分类账户	单式记账	政府部门

自然资源资产负债核算

续表

核算模式	平衡公式	平衡特征	主表名称	账户设置	记账方法	编制主体
自然资源净资产核算模式	自然资源资产－自然资源负债＝自然资源净资产	单维要素四柱平衡	自然资源资产负债表	增设负债类备抵性质账户	单式记账	政府部门
自然资源权责核算模式	自然资源资产＝自然资源权属 或 自然资源资产＝自然资源负债＋自然资源权益	二维要素分类平衡	自然资源资产负债表	两类性质、结构相反的分层分类账户	复式记账	政府部门 资源型企事业单位

需要指出，三种不同类型的核算模式之间的关系并非完全相斥，反而是相容甚至递进的关系。首先，每一种核算模式里都不可避免地要编制要素变动表和要素质量表；其次，所有反映要素数量的报表均可编制实物型量表和价值型量表，计量属性相同；最后，每一种核算框架下的报表之间都存在汇总、合并、分解、补充等勾稽关系。模式1所核算的内容在其他模式里都不可或缺，没有模式1，其他两种框架便无从谈起。所以模式1是基础，国家应在大范围内推广应用之。至于后两种模式，可以在应用模式1的基础上继续开展试点工作，以进一步丰富和完善对自然资源资产负债的核算。相信随着数智化技术的发展，在我国建立和完善二维平衡乃至多维平衡的自然资源资产负债核算系统，为期不远。

为了探索自然资源资产负债表的编制，本章对与之相关的自然资源资产、自然资源权属、自然资源权益、自然资源资本、自然资源负债以及环境资产、环境成本、环境负债等一系列概念进行了梳理、研究和观点阐述。

我国在探索编制自然资源资产负债表进程中，根据对自然资源资产负债表平衡公式的不同理解和运用，形成了三种核算模式，即基于"资产来源＝资产占用"暨"期初存量+期内增量＝期内减量+期末存量"平衡公式的"自然资源资产核算模式"、基于"自然资源资产净值＝自然资源资产－自然资源负债"平衡公式的"自然资源净资产核算模式"、基于"自然资源资产＝自然资源权属"平衡公式的"自然资源资产负债核算模式"。前两种核算模式是目前试点比较广泛的两种模式。为开展领导干部自然资源资产离任审计和落实环境责任提供了依据。本书所构建的自然资源资产负债核算模式是第三种模式。

第三章 自然资源资产负债核算系统构建

第一节 核算框架系统及其平衡

一、核算主体、目的、原则与期间

（一）核算主体

自然资源资产负债核算离不开核算主体，即对自然资源资产负债实施监管权力的管理当局。管理当局的含义是广泛的，既可以是某一级政府组织也可以是承担资源环境责任的企业。本书研究的目的是编制和使用政府辖区范围内的自然资源资产负债表。因此，核算主体只能是政府而不能是企业。原因在于：

1. 企业的本质属性是"以资为本"并追逐盈利

现代企业尤其是现代公司制企业是以资为本、追逐权益增值的经济组织，其制度设计的先天基因决定了其经营的目的是为权益所有者赚钱。资本的本性是不断增值，哪里能够带来利润，资本就会流向哪里。企业是以所有者的权益为根本而建立起来的一整套财产关系权益体系。从法学角度看，企业是利益相关者的契约集合体。企业的全部资产，属于两种权益人。一种是债权人，一种是所有者。债权人对于企业的投入有多种形式:劳务、技术、原材料、零部件、设备、资金等等。尽管形式各异,但是有一点是共同的:企业必须按期偿还,以形成债权人的利益流入。无论企业经营状况如何,首先需要保证的就是债权人的权益。即便企业破产清算,首先需要赔偿的也是债权人的权益。所有者对企业的投入是权益。从承担风险的角度看,所有者承担的风险要比债权人大得多,按照风险与报酬成正比的逻辑,所有者对企业经营承担的风险最大,理应获得最终的剩余分配权。不仅如此,还要获得相应的知情权、决策权、控制权、监督权以及企业最终收益的分配。这些权利的行使,都朝着一个方向:股东权益最大化。在资本主义生产方式下,权益所有者为了实现资本增值最大化的目标,不仅不会考虑超出其利益边界以外的社会责任,而且还有转嫁环境成本的动机与行为。马克思之所以作出社会主义生产方式要取代资本主义生产方式的论断,恰恰是看到了"以资为本"的企业制度设计的先天不足和利益偏狭。这种为使少数人和当代人获益、不惜掠夺资源、污染环境、损害多数人和子孙后代利益的生产方式不可持续。

作为对资本主义的超越,社会主义社会的生产目的是不断满足人民群众日益增长的物质和精神方面的需求。从理论上说,当企业的权益所有者成为全体公民的时候,企业追逐所有者权益最大化的行为就会与全体公民的根本利益相一致。但实际上,由于不同的企业在社会分工体系中的地位和作用不同,劳动的复杂程度和满足市场需求的程度不同,企业之间的利益差别将长期存在。会计的视角仍然会受制于企业的"单位利益"。何况中国还处于社会主义初级阶段,在没有全面超越资本主义发达国家之前的现实社会里,资本的规则仍然存在。只要是企业,不论是民营企业还是国有企业,抑或混合所有制企业、外资企业,均属于"以资为本"的制度设计,企业所追逐的仍然是一年一度短期的、看得见的经济利益,惠及社会大众的生态利益和社会利益,并不是企业追逐的主要目标。只要改善生态环境和社会环境能够给企业带来看得见的经济利益,企业的积极性是可以期待的。但如果改善生态环境和社会利益不能给企业带来看得见的经济利益,甚至还会影响到企业经济利益的暂时减少,企业的积极性便不可预期。这时,需要通过企业外部的社会和政府的力量来矫正企业的行为。企业作为微观环境会计主体具有先天的局限性,除非有强制性的社会规制来确认企业的环境责任和环境成本,否则其对环境责任与环境成本的充分承担将是不可预期的。资源过度开发和环境污染的现状已经充分地证明了这一点。

2. 政府的本质属性是"以民为本"并承担"五位一体"建设的历史责任

自新中国成立起,以全心全意为人民服务为宗旨的执政党将政府命名为人民政府。改革开放以来,国家将建设资源节约型、环境友好型社会定为基本国策。党的十八大确立了建设中国特色社会主义的"五位一体"总体布局,宣示了执政党的历史使命。① 我国自然资源的终极所有权属于全体人民,由政府代为行使其管辖权。在政府管辖权范围内的自然资源及其权益增减变动的知情权,理应由政府来掌控并加以落实。开展自然资源资产负债核算并编制自然资源资产负债表,就是为全体公民实现对自然资源的所有权和政府代表人民行使管辖权的体现。自然资源具有地理区域属性,从政府组织的管理范围看,对区域内资源具有管辖权的是政府。因此,各级政府应当成为宏观环境会计的主体。层级低的政府,如最基层的政权,虽然管辖范围小,但是仍然可以对其管辖权限范围内的自然资源及其环境实施管控。层级高的政府,需要在辖区范围内协调各地区对环境资源的开发、利用和环境治理。

中国是坚持走社会主义道路的国家,执政的中国共产党坚持"立党为公,执政为民",党的十八届三中全会《决定》对强化自然资源环境管理又提出了明确要求,所以,只有真正对人民负责的、"以民为本"的政府才有可能和必须成为自然资源资产负债核算的主体。

---

① 即经济建设、政治建设、文化建设、社会建设、生态文明建设。

第三章　自然资源资产负债核算系统构建

（二）核算目的

对政府管辖范围内的自然资源资产及其权责关系的赋存状态和增减变化进行系统、全面、及时的确认、计量、记录和报告，以利于政府主管部门及时了解和掌握自然资源及其权责关系的"家底"，分清和追溯有关责任主体的环境责任，作出资源开发利用和改善生态环境的正确决策。

（三）核算原则

1. 真实性原则

核算原则是对核算信息质量的要求。《中华人民共和国会计法》对会计信息质量的要求是"真实、完整"，我国《企业会计准则》对会计信息质量的要求是"真实可靠，内容完整"。朱镕基同志破例给国家会计学院的题词是"不做假账"（2001），其实质也是要求会计信息真实。《中华人民共和国统计法》对统计资料的质量要求是"真实性、准确性、完整性和及时性"。可见真实性是管理当局或信息使用者对决策或实施管理所依据信息质量的第一位要求或根本要求。此项原则要求如实地对自然资源资产及其权责关系进行确认、计量、记录和报告，其中包含着在核算过程中任何一个环节的信息都必须具有可稽核、可追溯与可论证的特征。

2. 全面性原则

不照搬《会计法》要求的"内容完整"，是因为对自然资源资产负债的核算还处于探索阶段，国际国内对自然资源及其权责的认识与分类很不统一，谁都没有能够提供一套内容完整的核算指标体系。并且由于人类对自然界的认识在不断发展，获取自然资源信息的技术手段也在不断改进，对自然资源的核算内容还在不断增加或改变，核算系统不成熟，提"内容完整"为时尚早。但是，要求尽可能地做到"内容全面"是必需的。管理当局需要对辖区范围内的自然资源资产及其权责关系有全面的了解。

3. 重要性原则

自然资源资产种类繁多，计量复杂，而且还处于不停的变化过程。虽然要求核算覆盖全面，但也做不到事无巨细和十分精确。如果不分轻重缓急地进行全面细致核算，尤其是对动植物资源和海洋资源的全面细致核算，不仅要耗费大量人力物力，而且短时期内也不可能完成。这就需要根据一定的标准分出轻重缓急和重要程度，对信息核算的详尽程度、报告的频繁程度要有重点地进行。将有限的人力物力资源用于优先考虑的自然资源资产及其权责关系。

4. 动态性原则

一是随着人类对自然界的认识在不断发展和获取自然资源信息的技术手段以及工作效率的不断改进，入表核算内容会不断丰富、深化、细化与简化；二是随着环境的变化或人类开发利用自然资源的方式发生变化，以及追溯环境责任的要求和政策变化，对入表内容的结构、指标计算口径、计算办法甚至核算期间也要进行相应地调整。

5. 可比性原则

虽然入表核算的具体内容、指标计算方法和口径会发生变化，但是保持一段时期内的稳定不变是必需的，一是为了将不同区域具有相同名称的指标加以汇总，二是能够掌握不同时期具有相同名称的指标的变化情况。同一名称的核算报表及其指标，即便是不同区域或不同时期，其含义、计算口径、计算方法、分类与汇总程序要相互一致并相互可比。

6. 平衡性原则

按照复式记账的逻辑，自然资源资产负债表的编制过程必须遵循平衡性原则，始终保持多个方面的数量关系平衡，即二维分类平衡，分层分类核算与汇总分类平衡，四柱结算与跨期变动平衡，复式记账与账户记录试算平衡，自然资源资产来源与应用去向平衡，以及多维分类的平衡。

（四）核算期间

自然资源资产负债核算期间的确认要从两个视角来看。一是战略视角，二是日常管理视角。战略视角要求从自然资源的生长周期或自然环境的自我修复周期与人类代际更替之间的关系来看,如何在"三力协调、三生共赢"①的前提下,使自然资源资产负债核算的周期能够与之相合,算的是大账和长远之账。核算期间可根据区域发展的长期规划期确定。日常管理视角要求核算期间要根据政府考核生态文明建设绩效、追溯环境责任、领导干部离任审计、领导班子任职、主管部门向人大代表报告的期间来定。核算期间的划分既可以是定期也可以是不定期的。不同类别自然资源的核算期间可以不同,但要能够相互衔接。

二、核算要素之间的平衡关系

(一) 总平衡公式及其方法逻辑

无论是编制自然资源资产负债表抑或是构建自然资源资产负债核算系统,根本的问题就是解决如何反映核算对象的基本属性及其数量关系,即构建出基本的平衡公式。面对自然资源资产负债核算的千头万绪和《决定》既要厘清家底又要明确责任的自然资源资产管理要求,从历史与逻辑相统一的角度看,只有将"自然资源资产=自然资源权属"作为构建自然资源资产负债核算系统框架的逻辑起点,才能做到化繁为简、以简驭繁、纲举目张。其根据有三:

1. "自然资源资产=自然资源权属"反映了自然资源资产的本质属性

将等式右端的各种有分歧的表述归纳为权属,不仅可以消弭分歧而且更能够揭示本质。同理,自然资源权属与自然资源资产相向而生、互相对应,是自然资源资产所承载的归属于一定主体的权力与利益,其本质是附着于自然

---

① "三力协调"是指物质生产力、人类繁殖力、环境生产力三者相协调,"三生共赢"是指生活、生产、生态三者共赢。见叶文虎:《可持续发展的新进展》第 3 卷,科学出版社 2010 年版,第 22—23 页。

资源资产之上的人们之间的利益关系。其特性是与自然资源资产如影随形,自然资源资产在,自然资源权属在;自然资源资产无,自然资源权属无。"自然资源资产=自然资源权属"的现实意义在于:地球上的资源不具有人类权属关系的只有南极北极地区、公海和各国领空之上大气层部分,只要是在各国的领土领空领海范围内,自然资源都具有权属关系。

2. "自然资源资产=自然资源权属"反映了二维分类的方法逻辑

二维分类是对同一对象物进行的二重分类,或者是一体两面。它不仅表明资产与权属之间"你中有我,我中有你"的同构关系,而且成为复式记账法下账户结构设置的依据和对核算对象进行多层次多重分类的基础。按照中国古代先哲的层次分类逻辑,①公式左端的自然资源资产可以进行新的二维分类,两种分类的最终结果要相等。以林木资源为例,我国的林木资源按照自然属性分为乔木林、竹林、经济林、灌木林四类;②按照社会经济用途分为生态公益林(包括防护林和特殊用途林)和商品林(包括用材林、薪炭林、经济林)五类,③前四类的林木数量与后五类的林木数量要相等。公式右端的自然资源权属同样可以进行新的二维分类,两种分类的最终结果也要相等。如根据对自然资源资产的索取权性质的不同分为自然资源负债与自然资源权益(其中根据所有权关系的不同分为全民所有和集体所有),根据使用和监管权的承担主体分为不同的责任单位,两种分类的结果之和相等。综合起来,由二维分类平衡扩展为四维分类平衡。以此类推,便有多维分类平衡。辅之以信息化技术,就能适应自然资源资产负债核算对象的多种分类多个层级的核算。图3-1是基于二维分类平衡的四维分类示意。根据《易经》的逻辑,这种分类可以不断地重复下去,在信息技术发达的今天,在事先设计的平衡关系的制约

---

① 即《易经》的逻辑:"太极生两仪,两仪生四象,四象生八卦,八卦重大成"。
② 林业部、国家技术监督局:《林业资源分类与代码 森林类型》(GB/T14721.1-93),1993年11月21日批准,1994年10月1日实施。
③ 中华人民共和国国家质量监督检验检疫总局、中国国家标准化管理委员会:《森林资源规划设计调查技术规程》(GB/T26424-2010),2011年6月1日实施。

下,再复杂的核算对象都能够利用细小的数据颗粒加以描述。所以,在自然资源种类层次繁多的情况下,抓住"资产=权属"这个总纲,就能厘清资源资产与资源权属之间的关系,借助于现代信息化技术,构建起从二维分类到多层次多维分类的资产负债核算系统,从而实现《决定》提出的"清家底、明责任"的时代要求。

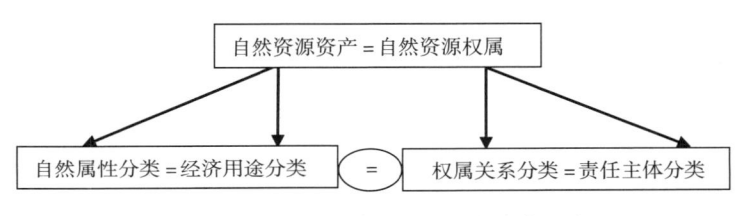

```
         自然资源资产 = 自然资源权属
        ↙    ↓              ↓    ↘
自然属性分类=经济用途分类  =  权属关系分类=责任主体分类
```

图 3-1 从二维分类平衡到多维分类平衡

3. "自然资源资产=自然资源权属"反映了权属主体的责任所在和提供了资源环境责任的审计依据

资产作为权属的承载物,一方面是权属主体的利益所在,另一方面也是权属主体的责任所在。根据权责相随、权责对称的法则,等式左端的资产是右端权责的具体对象,等式右端的权属是左端资产所承担的责任所在。凡是能够给使用者带来益处的客观因素都可以称之为资源,但是只有具备一定产权关系的资源才可以被称作资产。"无主"的资源不是资产。失去了对象物的权属是落空的权属,并不存在。根据经典资产负债表的逻辑,自然资源权属分成非核算主体拥有和核算主体拥有两部分。非核算主体拥有就意味着这部分自然资源的要求权为"他人"拥有。这个"他人"虽然也不排除具体的自然人及其代表,但更多的却是来自于核算主体之外的资源环境责任。抽象的"他人"是大自然,大自然对核算主体拥有自然资源资产的要求权具体化为自然资源负债——其实质是核算主体所承担的改善生态环境的责任和保证可持续发展所需自然资源的责任。扣除了"自然资源负债"以后的自然资源权属,属于核算主体拥有的权益所在,可以定名为"自然资源权益"。其统属关系:自然资源权属=自然资源负债+自然资源权益。与经典的资产负债核算系统类似,建立在"自然资源资产=自然资源权属"基础之上的自然资源资产负债核算系统,为自然资源资产责任追溯和环境责任审计提供了依据。

(二) 自然资源资产负债核算的平衡关系

1.总平衡公式的具体应用形式

当自然资源负债得以公认并纳入资产负债核算系统时,基本平衡公式就变形为"自然资源资产=自然资源负债+自然资源权益"。根据此公式组织核算并编制的报表,是名副其实的自然资源资产负债表。如果称"自然资源资产=自然资源权属"为基本平衡公式,则"自然资源资产=自然资源负债+自然资源权益"就是应用平衡公式。自然资源纷繁复杂,人类对其认识和管理是通过分类分级的方法进行的。不同类别与层级的核算对象之间均存在一定数量平衡关系。"自然资源资产=自然资源权属"是核算系统总平衡公式,它从理论层面解释了庞大自然资源资产负债核算的根基所在,是整个核算系统的最高层次的平衡关系。"自然资源资产=自然资源负债+自然资源权益"也是核算系统的平衡公式,不同的是,它是从操作层面统领了整个核算系统。即两个公式分别成为自然资源资产负债核算系统的平衡公式,一个具有理论指导意义,一个具有应用统领意义。这是最高层次的平衡,它从根本上规定和制约着核算系统中其他平衡关系。

2.其他平衡关系

在总平衡关系的统御下,自然资源资产负债核算所依据的平衡关系还有分层分类核算与汇总分类平衡、四柱结算与跨期变动平衡、复式记账与试算平衡、投入产出或来源去向平衡、资产原值与资产净值的平衡。(1)分层分类核算与汇总分类平衡是会计与统计共同的方法特征。自然资产负债表的左右两方均根据分层分类的方法来反映核算对象的数量。自然资源种类繁多层次亦多,分层分类方法仍然是最基本的核算方法——将自然资源分成若干大类,大类之下分成小类,小类之下分成细类,如此类推。对每一类资源的分层分级,已有现成的国家标准,可以直接利用。(2)四柱结算与跨期变动平衡自我国宋代以来得到了广泛应用。其平衡公式为"期初结余+本期收入-本期支出=期末结余",它反映了核算对象(例如某项资产)在不同时期之间数量增减变化的规律,所形成的是数量跨期变动平衡。这是每一个核算科目或具体核算账户在期初期末结算时必须遵循的数量平衡关系。据此平衡关系能够进行定期的账户结算和编制自然资源资产变动表或自然资源权属变动表。(3)复式记账平衡。对于每一笔记账事项,均在两个或两个以上的账户(科目)中予以记录,记录的数额(金额)相等,方向相反。记账规则因记账符号的不同而不同。其中,复式借贷记账法的记账规则是"有借必有贷,借贷必相等";复式收付记账法是"有收必有付,收付必相等";复式左右记账法是"有左必有右,左右必相等"。由于是同一事项,涉及账户双方所记录的事项方向相反、数额相等。由此而形成的记账凭证、账簿记录和资产负债表的某方结存额和发生额与另一方相等的结果,就是试算平衡。本书所指的资产负债核算的方法逻辑,是建立在基本公式基础之上的账户结构设计与复式记账规则。(4)"投入=产出"或"来源=使用"的平衡关系,是自然资源资产负债核算系统中多栏式明细账和矩阵式报表(账户)必须遵循的基础。(5)资产原值与资产净值的平衡关系表述为"自然资源资产原值-自然损耗(折耗)=自然资源资产净值"。现实中,自然资源的损耗不可避免,不仅有人为的因素,更有自然的因素。例如水量的蒸发、树木的倒伏等等。计算自然资源损耗或折旧,了解自然资源的现有价值,必然遵循此平衡关系。

第二节 核算要素分类分级与科目设置

一、自然资源资产分类分级与科目设置

分类是人类认识客观世界的钥匙。中国人对自然资源的认识始于对天地

之分。远古时代的祖先将能够感知的大自然分为乾坤,利用层层相叠的二维分类建立起《易经》的分类与平衡体系。再往后是"金木水火土"的五行分类与相生相克。及至明代李时珍的《本草纲目》,已载药物1897种,标志着中国古人对自然资源中药用植物的分类已经达到了很高的水准。在西方,为人所推崇的自然资源分类出自法国人乔治·布封(Georges Louis Leclerc de Buffon,1707—1788)。布封将地球自然界分为动物、植物、矿物三大类和土地、空气、水。① 联合国SNA将自然资源资产分为具有经济价值的土地、水资源、非培育性森林和矿藏。② 联合国SEEA-2012将自然资源资产分为矿产和能源资源、土地、土壤资源、木材资源、水生资源、其他生物资源(不包括木材和水生资源)、水资源七类(见表3-1)。③

表3-1 SEEA-2012对自然资源资产的分类

第一层次	第二层次
矿产和能源	5类:石油、天然气、煤和泥炭、非金属矿产、金属矿产
土地	根据用途分为7类:农业用地、林业用地、水产用地、建设和相关区域用地、维护和恢复环境功能用地、别处未作分类的其他用途土地、未使用土地。此外还有内陆水域,其中包括用作水产养殖或者容留设施的内陆水域、用于维护和恢复环境功能的内陆水域、别处未予分类的其他用途内陆水域、未使用的内陆水域。 根据覆盖物分成14类:人工地表(包括城市和相关区域),草本作物,木本作物,多种或分层作物,草地,树木覆被区,红树林,灌木覆被区,水生或定期淹没的灌木和/或草本植被,天然植被稀少的区域,陆地荒原,永久积雪和冰川,内陆水体,近岸水体和潮间带
土壤	根据各国各地实际情况决定。根据世界土壤数据库可以分为28个主要土壤分组,土壤的等级通常从属性(例如碳含量)、生产能力(例如用于农业)和/或它们在一段时间内的退化趋势方面予以评定

① [法]乔治·布封:《自然史》,陈焕文译,江苏人民出版社2011年版,第377页。
② European Communities, "International Monetary Fund, Organization for Economic Co-operation and Development, United Nations and World Bank", *System of National Accounts 2008*, New York: United Nations Publication, 2009.10.15.
③ Commission of the European Communites, Food and Agriculture Organization, International Monetary Fund, Organization for Co-operation and Development, United Nations, World Bank, *System of Environmental-Economic Accounting 2012*, New York: United Nations Publication, 2014.

续表

第一层次	第二层次
木材	分为人工培育木材和天然木材,其中又分为可用与不可用两种
水生物	分为人工培育水生资源和天然水生资源两部分,其中又可分为淡水鱼类,海河洄游鱼类,海鱼类,甲壳类,软体类,鲸、海豹和其他水生哺乳动物,其他水生动物,其他水生动物产品,水生植物
水	主要是内陆水体,分为地表水(人工水库、湖泊、河流、冰川、雪和冰),地下水,土壤水
其他生物	分为天然生物资源与培育生物资源,主要是人工培育的动植物,包括牲畜、小麦和水稻等一年生作物,以及诸如橡胶园、果园和葡萄园中的多年生作物等。相当于我国的农牧业

资料来源:根据联合国 SEEA-2012 整理。

本书纳入核算系统的自然资源资产是天然或者人工形成的,由自然资源权益主体拥有或控制的,预期会带来经济效益、社会效益和生态效益的自然资源。由于自然资源存在形态和特征的复杂性,哪些自然资源需要进行资产化管理,纳入自然资源资产负债核算,哪些自然资源并不需要或暂时不具备纳入自然资源资产负债核算系统的条件(例如可计量性),需要根据核算主体的认识和管理要求来确认。

对自然资源资产的分类通常有三种。

(一) 根据人类对自然资源的干预的程度分类

将其分为原始自然资源和人为自然资源两大类。原始自然资源亦称天然资源,是指天然存在于客观世界中的一切物质,如原始森林、处女地等;人为自然资源是指经过人工开发利用的自然资源。就人类社会发展的进程来看,在可视可感觉范围内真正属于天然自然资源的部分,在我们居住的地球上越来越少;经过人类干预或开发利用的自然资源则越来越多。如果对后者进一步分类,则可以分成纯人工产品和经过人工干预的产品。凡是其生命周期都由人类控制的资源,如人工种植的林木花草、农作物、人工饲养的牲畜家禽及各种动物等,属于纯人工产品,不应纳入自然资源资产的范围。只有那些虽然经过人为干预,但是基本上以自然形态存在的物体,如水体(不因其是存在于水库或渠道而改变自然资源属性)、山体(不因是否经过开发而改变自然属性)、放归自然的鱼类和动物、草原、森林(包括退耕还林部分)、沙漠、湿地(不因是否曾经开发过而改变)等等。

(二) 根据资源形态的转化方式分类

将其分为可再生资源和不可再生资源两类。可再生资源是指人类可以循环利用的自然资源,如地表水、林木、草原等;不可再生资源亦称耗竭性资源,是指人类加工利用之后不能够还原回初始形态的资源,如石油资源、矿产资源等。

(三) 根据自然资源的存在方式及其政府管理职能分类

1. 土地资源分类

根据《中华人民共和国土地管理法》,土地资源分为农用地、建设用地和未利用地三类。① 农用地是指直接用于农业生产的土地,包括耕地、林地、草地、农田水利用地、养殖水面等;建设用地是指建造建筑物、构筑物的土地,包括城乡住宅和公共设施用地、工矿用地、交通水利设施用地、旅游用地、军事设施用地等;未利用地是指农用地和建设用地以外的土地。根据国家标准《土地利用现状分类》(GB/T21010-2017)分类,土地资源项下的一级类有耕地、园地、林地、牧草地、商服用地、工矿仓储用地、住宅用地、公共管理与公共服务用地、特殊用地、交通运输用地、水域与水利设施用地、其他土地。②

---

① 《中华人民共和国土地管理法》第四条,2019年8月26日修正。
② 国土资源部、国家质量监督检验检疫总局、国家标准化管理委员会:《土地利用现状分类》(GB/T 21010-2017),国家标准化管理委员会官网,http://openstd.samr.gov.cn。

2. 矿产资源分类

根据《中华人民共和国矿产资源法实施细则》，①矿产资源分为能源矿产、金属矿产、非金属矿产、水气矿产四类。其中，能源矿产下面分为煤、煤成气、石煤、油页岩、石油、天然气、油砂、天然沥青、铀、钍、地热。金属矿产分为铁、锰、铬、钒、钛；铜、铅、锌、铝土矿、镍、钴、钨、锡、铋、钼、汞、锑、镁；铂、钯、钌、锇、铱、铑；金、银；铌、钽、铍、锂、锆、锶、铷、铯；镧、铈、镨、钕、钐、铕、钇、钆、铽、镝、钬、铒、铥、镱、镥；钪、锗、镓、铟、铊、铪、铼、镉、硒、碲。非金属矿产分为金刚石、石墨、磷、自然硫、硫铁矿、钾盐、硼、水晶（压电水晶、熔炼水晶、光学水晶、工艺水晶）、刚玉、蓝晶石、硅线石、红柱石、硅灰石、钠硝石、滑石、石棉、蓝石棉、云母、长石、石榴子石、叶蜡石、透辉石、透闪石、蛭石、沸石、明矾石、芒硝（含钙芒硝）、石膏（含硬石膏）、重晶石、毒重石、天然碱、方解石、冰洲石、菱镁矿、萤石（普通萤石、光学萤石）、宝石、黄玉、玉石、电气石、玛瑙、颜料矿物（赭石、颜料黄土）、石灰岩（电石用灰岩、制碱用灰岩、化肥用灰岩、熔剂用灰岩、玻璃用灰岩、水泥用灰岩、建筑石料用灰岩、制灰用灰岩、饰面用灰岩）、泥灰岩、白垩、含钾岩石、白云岩（冶金用白云岩、化肥用白云岩、玻璃用白云岩、建筑用白云岩）、石英岩（冶金用石英岩、玻璃用石英岩、化肥用石英岩）、砂岩（冶金用砂岩、玻璃用砂岩、水泥配料用砂岩、砖瓦用砂岩、化肥用砂岩、铸型用砂岩、陶瓷用砂岩）、天然石英砂（玻璃用砂、铸型用砂、建筑用砂、水泥配料用砂、水泥标准砂、砖瓦用砂）、脉石英（冶金用脉石英、玻璃用脉石英）、粉石英、天然油石、含钾砂页岩、硅藻土、页岩（陶粒页岩、砖瓦用页岩、水泥配料用页岩）、高岭土、陶瓷土、耐火黏土、凹凸棒石黏土、海泡石黏土、伊利石黏土、累托石黏土、膨润土、铁矾土、其他黏土（铸型用黏土、砖瓦用黏土、陶粒用黏土、水泥配料用黏土、水泥配料用红土、水泥配料用黄土、水泥配料用泥岩、保

---

① 国务院：《中华人民共和国矿产资源法实施细则》（国务院令第 152 号），1994 年 3 月 26 日。转引自国土资源部门户网站，http://f.mlr.gov.cn/201702/t20170206_1436814.html。

温材料用黏土)、橄榄岩(化肥用橄榄岩、建筑用橄榄岩)、蛇纹岩(化肥用蛇纹岩、熔剂用蛇纹岩、饰面用蛇纹岩)、玄武岩(铸石用玄武岩、岩棉用玄武岩)、辉绿岩(水泥用辉绿岩、铸石用辉绿岩、饰面用辉绿岩、建筑用辉绿岩)、安山岩(饰面用安山岩、建筑用安山岩、水泥混合材用安山玢岩)、闪长岩(水泥混合材用闪长玢岩、建筑用闪长岩)、花岗岩(建筑用花岗岩、饰面用花岗岩)、麦饭石、珍珠岩、黑曜岩、松脂岩、浮石、粗面岩(水泥用粗面岩、铸石用粗面岩)、霞石正长岩、凝灰岩(玻璃用凝灰岩、水泥用凝灰岩、建筑用凝灰岩)、火山灰、火山渣、大理岩(饰面用大理岩、建筑用大理岩、水泥用大理岩、玻璃用大理岩)、板岩(饰面用板岩、水泥配料用板岩)、片麻岩、角闪岩、泥炭、矿盐(湖盐、岩盐、天然卤水)、镁盐、碘、溴、砷。水气矿产分为地下水、矿泉水、二氧化碳气、硫化氢气、氦气、氡气。

3. 海洋资源分类

根据国家标准《海洋及相关产业分类》并结合《中华人民共和国矿产资源法实施细则》(1994),海洋资源分为八大类:海洋生物资源、海洋能源矿产、海滨矿产、深海矿产、海洋化学资源、海水资源、海洋能量资源、海洋空间资源。①

4. 地质遗迹资源分类

根据我国《地质遗迹调查规范》,地质遗迹资源分为基础地质、地貌景观和地质灾害三大类,地层剖面、岩石剖面、构造剖面、重要化石产地、重要岩矿石产地、岩土体地貌、水体地貌、火山地貌、冰川地貌、海岸地貌、构造地貌、地震遗迹、地质灾害遗迹13类,以及46亚类。②

5. 水资源分类

根据国家《地表水环境质量标准》(GB3838-2002),"地表水质量分为Ⅰ类水,Ⅱ类水,Ⅲ类水,Ⅳ类水,Ⅴ类水。按地表水的存在形态分为湖泊水库存

---

① 中华人民共和国国家质量监督检验检疫总局、中国国家标准化管理委员会:《海洋及相关产业分类》(GB/T20794-2006),2006年12月29日。
② 国土资源部:《地质遗迹调查规范》(DZ/T 0303-2017),2017年3月6日发布,第4页。

水,江河沟渠存水,降水量等。"①

6. 生物资源分类

生物资源是生物圈中一切动、植物和微生物组成的生物群落的总和。生物资源包括动物资源、植物资源和微生物资源三大类,其中,动物资源包括陆栖野生动物资源、内陆渔业资源、海洋动物资源。植物资源包括森林资源、草地资源、野生植物资源和海洋植物资源。微生物资源包括细菌资源、真菌资源等。从研究和利用角度,通常分为林木资源、草场资源、林地(湿地)资源、栽培作物资源、水产资源、驯化动物资源、野生动物资源、遗传基因(种质)资源等。也可按照界、门、纲、目、科、属、种的层次展开。其中,在"界"这一层次,通用的是美国生物学家魏泰克1969年提出的"五界分类系统",即原核生物界、原生生物界、植物界、菌物界、动物界。亦可根据重要性原则,按照农林牧渔加其他分类的方式展开。

自然资源资产科目的设置可以根据不同的分类进行,在科目设置的基础上根据记账方法要求配置相应的账户,从而形成相互并列与分层(统属)的账户体系。由于我国政府管理自然资源的纵向职责分工是依据自然资源的种类进行的,因此在探索编制自然资源资产负债表的过程中,可以根据公认的分类进行编制,如《土地资源资产负债表》《矿产资源资产负债表》《海洋资源资产负债表》《地质遗迹资源资产负债表》《水资源资产负债表》《森林资源资产负债表》等等。对一级科目(账户)的设置可以从第二级分类展开。以土地资源资产分类为例,一级科目(账户)可以设置为农用地、建设用地和未利用地三个科目;在农用地科目下又可设置耕地、林地、草地、农田水利用地、养殖水面等二级科目,以此类推,形成土地资产的账户体系。如果要与联合国的核算账户体系对接,则要对土地资产进行重新分类,形成新的"索引"系统。要注意

---

① 国家环保总局、国家质量监督检验检疫总局:《地表水环境质量标准》(GB3838-2002),2002年4月28日发布,国家标准化管理委员会官网,http://openstd.samr.gov.cn。

的是：对同类资产的不同分类，容易造成账户登记中的重复或遗漏。

二、自然资源负债分类分级与科目设置

自然资源负债的一般定义是：需要由一定主体承担的对自然资源耗损及其环境损失进行偿还的责任。在这个定义下，自然资源负债分为得到确认并且具有承载对象和不具有承载对象的两种。前者属于表内自然资源负债，可以纳入自然资源资产负债核算，后者不能纳入或暂时不能纳入资产负债核算。表内自然资源负债的承载对象是指自然资源资产，例如，水体、林木、矿产等等。承载对象是客体，它区别于自然资源负债的债务人，债务人是承担偿还自然资源负债的责任主体，实际上就是核算主体。用日常经济生活中的事例来说，甲向乙借钱，甲就成为负责偿还乙借款的债务人，借款就是甲的债务承载对象或承载体。

由于自然资源资产存在形态和特征的复杂性和自然资源负债的成因不同，自然资源的负债也有不同的分类和具体内容。具体的自然资源负债需要根据人们对于自然资源资产耗费的认识和管理需要来确定。本书所指的自然资源负债是附着于自然资源资产之上的债务责任——其实质是欠大自然或子孙后代的债务。

本书根据三种分类标准对自然资源负债进行分类。

（一）根据负债的承担载体分类

自然资源负债可以分为土地资源负债、矿产资源负债、海洋资源负债、水资源负债、森林资源负债等等。此种分类与前述自然资源资产分类相同。

（二）根据负债的责任主体分类

自然资源负债分为政府承担的自然资源负债、企事业单位承担的自然资源负债、居民承担的自然资源负债。

(三) 根据负债的性质分类

可以分为耗竭性负债、损害性负债、降等性负债。耗竭性负债是指对于资源的开发利用超过了管理红线或底线要求的部分(即超采部分),需要在明确责任的基础上加以处理。损害性负债是指在资源的开发利用过程中造成了生态环境破坏、污染了环境而需要减少污染或消除污染、改进资源利用方式而形成的负债。降等性负债是指对资源的开发利用不当而形成的资源质量下降而要求责任主体恢复或提升资源质量而形成的负债。

在自然资源资产负债核算系统里,既要核算承载债务的客体,又要根据责任归属核算债务分担的具体责任者,科目(账户)的设置和报表项目的列示必须有所考虑,尤其是要有责任的承担者。例如,对于侵蚀了耕地的事项,在自然资源负债的科目(账户)里既要反映出责任者又要反映出其侵蚀耕地的数量。以企业对于负债的核算为例,设置科目(账户)既要核算负债的内容(借款抑或应付款等)又要核算负债的债权人。如果本核算主体充当的是债权人角色,则此项债权要纳入自然资源资产科目(账户),对方(债务人)纳入自然资源负债科目(账户)核算。

三、自然资源权益分类分级与科目设置

从数量上看,自然资源权益是自然资源权属扣除自然资源负债之后的余额。从内容上看,则是附着于自然资源资产之上的净权属。对其分类:

(一) 根据权属(益)的承担载体分类

自然资源权属(益)分为矿产资源权属(益)、土地资源权属(益)、水资源权属(益)、森林资源权属(益)等等。此种分类与自然资源资产分类相对应。

（二）根据权属（益）的性质分类

自然资源权属（益）分为自然资源所有权（可以分类分级），矿产资源的矿业权（分为探矿权和采矿权），水资源的经营权、调水权、取水权、用水权、排放权等，林业资源的培育权、采伐权、经营权等，土地资源的使用权、承包权、经营权等，海洋资源的捕捞权、养殖权、航行权、停泊权等，地质遗迹资源的经营权等。

根据我国的制度背景和完善国家治理的要求，对全民所有的自然资源资产要实行分级委托代理制度。即全国人民代表大会相似于上市公司的股东大会，全国人大常委会相似于董事会，政府自然资源主管部门相似于公司经理层。以此逻辑，自然资源部受托于全国人大对我国领土范围内的自然资源实行统一管理。在国家层面，政府主管部门接受的是全民所有自然资源资产的一级所有权。在省（自治区、直辖市）层面，政府主管部门接受的是全民所有自然资源资产的二级所有权。在地级市层面，政府主管部门接受的是全民所有自然资源资产的三级所有权。在县级市（区）层面，政府主管部门接受的是全民所有自然资源资产的四级所有权。

权益类科目的设置与负债类科目一样，既要考虑权益承载的客体，更要考虑权益受托的主体，即责任主体。

第三节 记账方法及其运行

一、记账方法暨账户结构

（一）复式记账法

当自然资源资产核算演进到需要核算其权属的时候，单式记账的逻辑就要被复式记账逻辑所取代。因此，本书构建的自然资源资产负债核算系统采用的是复式记账法。目前世界通用的复式记账法是借贷记账法,即以"借贷"二字为记账符号,以"有借必有贷,借贷必相等"为记账规则的复式记账法。借贷记账法源于 15 世纪的意大利银行记账实践,因此将"借贷"二字作为记账符号沿用至今。其优点是已经得到了广泛的普及,几乎所有具有上岗资格的会计人员都能掌握。由于借贷记账法的"借贷"二字只是表示记账方向的符号,已经失去了原有的借贷二字的含义。初学者容易造成误解,且不便于理解,而中国人对左右的字义理解和实际记账的方向又保持一致。所以本书特意推出此种记账方法,作为对借贷记账法的替代。

左右记账法①是基于"资产=权属"平衡公式,以"左右"二字为记账符号,以"有左必有右,左右必相等"为记账规则,对每一项核算事项均在两个及两个以上的账户进行记录,并设置账户结构相反的两类科目来进行核算的方法。

左右记账法下,根据资产类科目设置的账户,增加记左方,减少记右方,盘存在左方;根据权属类科目设置的账户,增加记右方,减少记左方,盘存在右方。即对于每一项需要核算的涉及自然资源资产或权属的事项,都要在互相对应的两个及两个以上的账户中入账,而且左方数额必须与右方数额相等。

(二) 账户结构

根据"自然资源资产=自然资源权属"的二维平衡关系式,在左右复式记账法下,等式两端的账户结构必须相反,才能保持无论根据何种事项所做的核算分录的记账结果都保持平衡。图 3-2 是两大类账户的结构。

两类账户之间的平衡关系②:

自然资源资产类账户的期初存量(左方)=自然资源权属类账户的期初存量(右方)。

---

① 汪致正:《改编〈会计学原理〉初探——左右记账法的基本知识与运用》,《财会学习》2011 年第 5 期。

② 不含本类账户内部的增减发生额。

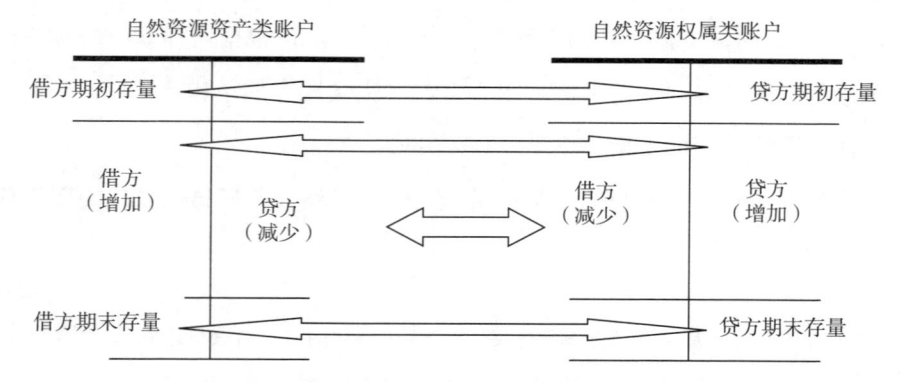

自然资源资产负债核算

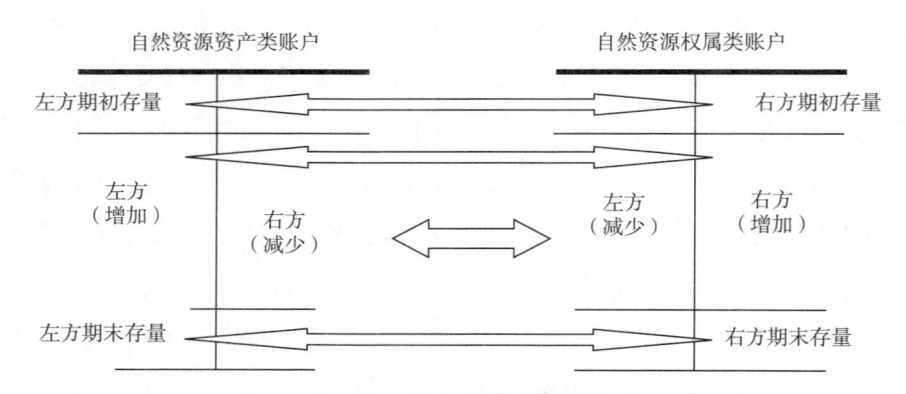

图 3-2　自然资源资产类账户与自然资源权属类账户结构

自然资源资产类账户的本期增加数量（左方）＝自然资源权属类账户的本期增加数量（右方），同时涉及两类账户时。

自然资源资产类账户的本期减少数量（右方）＝自然资源权属类账户的本期减少数量（左方），同时涉及两类账户时。

自然资源资产类账户的期末存量（左方）＝自然资源权属类账户的期末存量（右方）。

就发生额来说（含本类账户内部的增减发生额），所有账户的左方发生额＝所有账户的右方发生额。

如果采用借贷记账法，则等式两端两大类账户结构便如图 3-3 所示。

图 3-3　借贷记账法下自然资源资产类账户与自然资源权属类账户结构

二、核算事项类型与试算平衡

(一) 无负债条件下的业务类型及其平衡关系

假如没有自然资源负债,则自然资源权属=自然资源权益。在此条件下所有涉及自然资源资产或权属的事项可以归结为四种类型:

第一种类型,是自然资源资产类科目之间的此增彼减,增减数额相等,并未引起"自然资源资产=自然资源权属"关系式左端总数的改变,自然不会破坏等式的平衡关系。例如,退耕还林,从耕地改为林地,如果不涉及所有权关系的变更,就只是农用地科目内部的此增彼减,即"农用地——林地"记增加(左方),"农用地——耕地"记减少(右方),土地资源资产暨农用地总量不变。

第二种类型,是自然资源权属类科目之间的此增彼减,增减数额相等,也未引起"自然资源资产=自然资源权属"关系式右端总数的改变,自然不会破坏等式的平衡关系。例如,将部分集体所有的农用地划转为国有建设用地,此时右记"建设用地权益——国有"账户,左记"农用地权益——集体所有"账户,土地资源权属总量不变。

第三种类型,是自然资源资产类科目与自然资源权属类科目同时增加,等式两端增加的数额相等,也不会破坏平衡关系。例如,新增铁矿产储量,此时左记矿产资源资产中的"金属——铁"账户,右记矿产资源权属中的"金属权益——铁——国有"账户,左右数额相等。虽然入账的矿产资源增加了,其资产方和权属方同时增加,平衡关系还是不变。

第四种类型,是自然资源资产类科目与自然资源权属类科目同时减少,等式两端减少的数额相等,也不会破坏平衡关系。例如,某油田经过开采储量下降,此时左记"能源权益——石油——国有"账户,右记"能源——石油"账户,左右数额相等。虽然入账的石油资源减少了,其资产方和权属方同时减少,平衡关系仍然不变。

（二）有负债条件下的业务类型及其平衡关系

此时的二维平衡关系就变成：自然资源资产＝自然资源负债＋自然资源权益。

涉及自然资源资产与权属的事项可以归结为八种类型：

第一种类型，是自然资源资产类账户之间的此增彼减，增减数额相等，并未引起"自然资源资产＝自然资源负债＋自然资源权益"关系式左端总数的改变，不破坏等式的平衡关系。

第二种类型，是自然资源负债类账户之间的此增彼减，增减数额相等，并未引起"自然资源资产＝自然资源负债＋自然资源权益"关系式右端总数的改变，不破坏等式的平衡关系。

第三种类型，是自然资源权益类账户之间的此增彼减，增减数额相等，并未引起"自然资源资产＝自然资源负债＋自然资源权益"关系式右端总数的改变，不破坏等式的平衡关系。

第四种类型，是自然资源权益类账户与自然资源负债类账户之间此增彼减，增减数额相等，也不增加"自然资源资产＝自然资源负债＋自然资源权益"关系式的右端总数，平衡关系不变。例如，矿山超采，在未得到有关部门处理之前，对于超采部分需要左记"某矿产资源权益——国有"，右记"某矿产资源负债——责任单位"。

第五种类型，是自然资源资产类账户与自然资源负债类账户同时增加，增加数额相等，不会引起"自然资源资产＝自然资源负债＋自然资源权益"关系式两端总数的改变，平衡关系不变。例如，经过清产复查，发现某地方某种矿产资源储量瞒报，为了明确责任，在没有得到有关部门确认批准时，左记"某矿产资源资产"账户，右记"某矿产资源负债——责任单位"。

第六种类型，是自然资源资产类账户与自然资源权益类账户同时增加，增加数额相等,不会引起"自然资源资产=自然资源负债+自然资源权益"关系式两端总数的改变,平衡关系不变。例如,经过勘查,发现在大江入海口新增滩涂面积,此时左记"未利用地——滩涂"账户,右记"未利用地权益——国有"账户。

第七种类型,是自然资源资产类账户与自然资源负债类账户同时减少,等式两端减少数额相等,也不改变"自然资源资产=自然资源负债+自然资源权益"的平衡关系。上例矿山超采部分俟责任追溯处理完毕,左记"某矿产资源负债——责任单位",右记"某矿产资源资产——该矿种"。

第八种类型,是自然资源资产类账户与自然资源权益类账户同时减少,等式两端减少数额相等,也不改变"自然资源资产=自然资源负债+自然资源权益"的平衡关系。如耗竭性资源经过开采,储量减少,则资产和权属都要减少。右记耗竭性矿产资源资产类账户,左记耗竭性矿产资源权益类账户。

（三）试算平衡

理论推导成立并不意味着实际操作结果就能够保证平衡,需要经过试算,一旦发现有彼此应该相等而未相等之处,就是错漏之所在,需要进行稽核纠偏处理。

因为采用的是复式记账,对每一项涉及自然资源资产及其权责关系的事项都要在两个及以上的核算账户中加以反映,并且要做到"有左必有右,左右必相等",所以,从填制记账凭证并据以入账开始,每一笔账的左方数额与右方数额总是相等的,导致所有的账户记录的左方数额与右方数额也是相等的。利用此规律,定期将所有核算事项的记录编制成表,可以检验记录是否有所遗漏,记账是否正确;也可以将一定时期内所有核算账户的期初期末左右方余额和本期左右方发生额分别进行汇总,看看左方数额与右方数额是否相等,以此来检验核算过程的正确性。即在自然资源资产负债核算过程中,对每一项涉

自然资源资产负债核算

及自然资源资产及其权责关系的事项,都应用复式记账的方法,在两个及以上的核算账户中进行左右相反的记录,从而保证在凭证、账簿、报表三个层面都做到左右相等。以此避免错漏,保证账实相符、账证相符、账表相符。表3-2就是试算平衡表格式,其中每一栏的左方合计数都以相邻栏的右方合计数相等。

表3-2 自然资源资产负债试算平衡表(格式)

核算账户名称	期初余额		本期发生额		期末余额	
	左方	右方	左方	右方	左方	右方
一、自然资源资产类账户						
1.						
……						
二、自然资源负债类账户						
1.						
……						
三、自然资源权益类账户						
1.						
……						
总计						

(四) 不同核算主体之间账户记录的稽核

SEEA-2012的四式记账解决的是两个不同的责任主体在物质资源交易过程中的相互入账及其对应关系问题。我国自然资源资产负债核算体系建立起来以后,不同核算单位的相关账户之间也存在相互对应的关系。这种对应关系是责任转移和分担之所在。

1. 具有统属关系的不同核算主体之间账户稽核

路径有"自上而下"和"自下而上"两种。"自上而下"是根据政府部门的账户记录下达"对账单",根据对账及其处理结果,下达"未达账项入账通知单"或"调账通知单",受托责任单位以此调账。"自下而上"是根据受托责任单位(如矿山企业)的实际资源增减量上报政府监管部门,根据对账及其处理结果,委托单位以此调账。通过"自上而下"抑或"自下而上"路径进行对账,均以反映实际资源品种数量质量变化信息的产生源头为通知方,另一方为被通知方。无论是"自上而下"抑或"自下而上"路径,最终的调账决定权在政府主管部门。

2. 具有交易关系的不同核算主体之间账户稽核

不同核算主体之间因为自然资源交易事项入账,各自账户记录同样需要相互核对。方法之一是,交易事项发生以后,在未经双方核对认可之前,可以各自记入过渡性账户(待处理账户),俟双方对账认可,再进行调账。方法之二是,交易事项发生以后,在未经双方核对认可之前不入账,待双方对账认可再入账;但是在期末结算时,也要暂时记入待处理账户,以便编制报表,期初再用红字冲回。

三、核算凭证暨账簿登记

(一) 原始凭证

自然资源资产负债核算的起点是涉及自然资源及其权属关系变化的事项,对事项的记录便是原始凭证。原始凭证是对自然资源核算要素进行确认和计量的结果,是具有法律效力的书面证明。尽管其具体内容和形式格式多种多样,但是必须具备的要素是自然资源的名称、种类、增加或减少的数量、计量方法、时间、地点(位置)、经手人、审核人、主管等。如果涉及价值核算的话,还应包括估价的依据和金额。纸质原始凭证作为记账凭证的附属材料,也要随之分类装订存档。

（二）记账凭证

记账凭证是根据记账规则对原始凭证记录的事项作出的核算分录，它是登记账簿的依据。根据左右或借贷复式记账的规则，核算人员要将原始凭证所记录的具体事项在两个及两个以上的核算科目中予以反映。记账凭证的要素有涉及的核算科目（及其子目细目）名称、记账的方向（左方或右方）、记账的数量、对记账事项的简要说明（摘要）、日期、编号、责任人等等。记账凭证也是核算分录。每一笔分录所涉及的两个及以上核算科目互为对方科目，对方科目所记录的事项，其记账方向相反，数量相等。例如，地质队经过勘探发现新增煤炭储量300万吨，以每吨500元计算，合计150000万元（15亿元）。政府主管部门根据新增储量报告（原始凭证）在入账之前填制记账凭证：左记"能源——煤炭"15亿元，右记"能源权益——受托单位——煤炭"15亿元。

（三）账簿与账户

账簿是自然资源资产负债核算信息的物质载体。根据核算科目在账簿中设立的记录空间称为账户。核算科目是账户的名称，如"能源"就是矿产资源资产负债核算系统中的矿产资源资产类一级科目的名称，亦称"能源"账户。登记账簿是传统核算方法之一，登记账簿的依据是记账凭证。将记账凭证反映的自然资源资产负债变化分门别类地登记到账簿里，有利于连续、系统、综合地反映出某项自然资源资产或权属的赋存与变动情况。

第四节 报表系统暨报表格式

一、自然资源资产负债核算报表系统构成

自然资源资产负债核算报表系统由主表、分表和子表构成。主表是自然

资源资产负债表,分表是同一层次的自然资源资产变动表和自然资源权属变动表,子表是下一层次的自然资源资产负债表、自然资源资产变动表和自然资源权属变动表。从我国对自然资源分类管理的现实出发,自然资源资产负债核算报表体系分别由《水资源资产负债表》《森林资源资产负债表》《土地资源资产负债表》《矿产资源资产负债表》《海洋资源资产负债表》和《地质遗迹资源资产负债表》等报表组成。同时,由《自然资源资产变动表》《自然资源权属变动表》构成其分表。如《土地资源资产负债表》的分表是《土地资源资产变动表》《土地资源权属变动表》。

作为主表的《自然资源资产负债表》的平衡关系是"自然资源资产=自然资源权属"或"自然资源资产=自然资源负债+自然资源权益"。

作为分表的《自然资源资产变动表》和《自然资源权属变动表》的平衡关系是四柱平衡,即"期初存量+本期增量=本期减量+期末存量"。《自然资源资产变动表》依据"期初存量+本期增量=本期减量+期末存量"平衡关系解释《自然资源资产负债表》左端的期初数与期末数之间的差异。《自然资源权属变动表》解释《自然资源资产负债表》右端的期初数与期末数之间的差异。

子表则是主表下一层级的自然资源报表。以《土地资源资产负债表》及其分表为例,其子表由《农用地资产负债表》及其分表、《建设用地资产负债表》及其分表、《未利用地资产负债表》及其分表组成。

报表之间具有相互联系的勾稽关系,形成层次分明的报表体系。每一层次每张报表所列示的项目,均有对应的账户记录。账户体系根据复式记账原理和自然资源及其权益分类核算要求设置。核算凭证则依据自然资源变化的事项来填制。上述报表系统示意图见图3-4。

自然资源资产负债核算

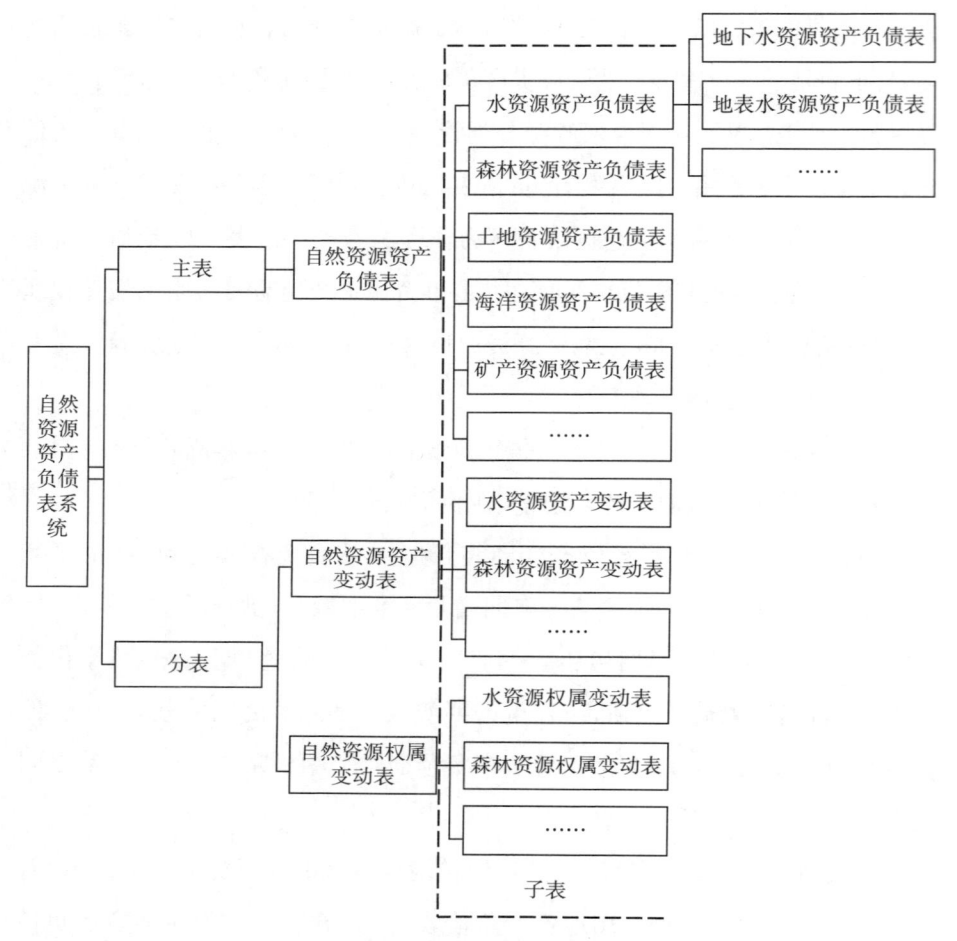

图 3-4　自然资源资产负债表系统层级

二、报表格式及选择

自然资源资产负债核算系统可选择的报表格式主要有对称式、分部式、多栏式（棋盘式）和矩阵式四种。

（一）对称式报表

通常,资产负债表采用对称式报表格式。即左边主词栏排列资产项目,右边主词栏排列负债和权益项目,宾词栏是期初期末的存量,这是典型的公式表格化,适用于宾词栏目少的编报。其格式见表3-3。

表3-3 自然资源资产负债表(对称式)

自然资源资产	期初存量	期末存量	自然资源负债与权益	期初存量	期末存量
自然资源资产总计			自然资源负债与权益总计		

(二) 分部式报表

当宾词栏目占用篇幅较大,可以采用分部式报表。这种报表适用于不同核算期核算结果的比较分析。报表的平衡关系在主词栏体现。其格式见表3-4。

表3-4 自然资源资产负债表(分部式)

项目/各年期末存量	2020	2021	2022	2023	2024	2025
某项自然资源资产						
……						
自然资源资产总计						
某项自然资源负债						
……						
自然资源负债合计						
某项自然资源权益						
……						
自然资源权益合计						
自然资源负债与权益总计						

（三）多栏式（棋盘式）报表

这是多栏式账户（明细账）结构的表格化。主词栏项目不显示平衡关系，但是每一列数据的纵向合计数（表格底部）经过横向汇总之后，要与每一行数据横向合计数（表格右端）经过纵向汇总之后的数字相等。这种格式既适合于项目增长或项目减少的原因分析又适合于来源去向平衡分析。其格式见表3-5 和表3-6。

表3-5 自然资源负债原因分析表（格式）

项目＼原因	原因1	原因2	原因3	原因4	合计
项目1					
项目2					
项目3					
合计					

表3-6 水资源资产流量表

	地表水						地下水	流出合计
	河流	湖泊	水库	渠道	冰雪	其他		
河流								
湖泊								
水库								
渠道								
冰雪								
其他								
地下水								
流入合计								

(四) 矩阵式报表

这是应用广泛的报表格式。根据主词栏项目之间与宾词栏项目之间的数量平衡关系的不同,矩阵式表格的主要特点是主词栏和宾词栏都有各自的平衡关系(主宾双平衡),具体形式则有多种组合。典型如 SNA 的资产负债表:主词栏平衡关系是"资产=负债+净值",宾词栏平衡关系是"来源=去向",格式见表3-7。再如本书的《自然资源资产变动表》(格式)(见表3-8),主词栏自然资源资产分类分级的汇总平衡,宾词栏是每一项自然资源资产的四柱平衡。

表3-7 SNA-2008 的资产负债表格式

资产与负债项目	非金融企业	金融企业	政府部门	居民部门	非营利机构	国内合计	国外	总计
1. 非金融资产								
1.1 非金融生产资产								
1.1.1 固定资产								
……								
2. 金融资产								
2.1 货币黄金和SDRs								
……								
3. 金融负债								
……								
4. 净值								

表3-8 自然资源资产变动表(格式)

项目	期初	期内增加		期内减少		期末

三、自然资源资产负债表

这是自然资源资产负债核算系统的主要报表,在核算系统中居于统帅地位。整个核算系统的最终成果都要汇总到这张报表里。该报表是静态报表或称时点报表,反映的是在某一时点——通常是期初或期末的自然资源资产、自然资源负债与自然资源权益的赋存和分布状态。报表以"自然资源资产=自然资源负债+自然资源权益"关系式为基础来编制,或称为该公式的表格化。报表的格式可以采用对称式和排列式两种。

对称式报表的左边,是自然资源资产的排列,右边是自然资源权属的排列。以某地区《自然资源资产负债表》(价值量表)为例,左边是该地区自然资源资产类别,右边是该地区自然资源负债和权益。左边的排列顺序可以考虑按照自然资源资产的形态变动性自上而下进行排列,右边自然资源权属则是负债在上、权益在下排列。其中,在自然资源负债中,各类别根据对环境恢复或治理的紧迫程度进行自上而下排列;在自然资源权益中,各类别根据地方政府的权益大小进行排列,权益小的在上,权益大的在下。权益大小的判断:只具有所有权不具有使用权为权益小,既有所有权又有使用权为权益大。对称式报表能够直观地反映等式两边的平衡关系,在资源种类和负债权益不很复杂的情况下,便于读者一目了然,统揽全局(见表3-9)。

表3-9 (地区)自然资源资产负债总表　　　　　单位:亿元

资产	行次	期初值	期末值	权属	行次	期初值	期末值
自然资源资产				自然资源负债			
本级存量				水资源负债			
水资源资产				森林资源负债			
森林资源资产				土地资源负债			
土地资源资产				矿产资源负债			
矿产资源资产				其他负债			

续表

资产	行次	期初值	期末值	权属	行次	期初值	期末值
其他				负债合计			
本级存量合计				自然资源权益			
委托经管				水资源权益			
下级行政单位				森林资源权益			
A企业				土地资源权益			
甲事业单位				矿产资源权益			
……				其他			
委托经管合计				权益合计			
资产总计				权属总计			

排列式报表是按照自然资源资产—自然资源负债—自然资源权益的顺序，自上而下进行排列。其优点是可以反映更多的纵向栏目信息，如不同计量单位列示、不同时点数量列示等。缺点是平衡关系不直观。表3-10是排列式土地资源资产负债表格式。

表3-10　土地资源资产负债表　　　　　　　　单位：公顷/万元

项目	期初数		期末数	
	面积	价值	面积	价值
一、土地资源资产				
（一）农用地				
1. 耕地				
2. 林地				
……				
（二）建设用地				
1. 住宅用地				
2. 工矿用地				
……				

自然资源资产负债核算

续表

项目	期初数		期末数	
	面积	价值	面积	价值
(三)未利用地				
土地资源资产总计				
二、土地资源负债				
(一)逾越安全红线负债				
1.侵占耕地				
其中:某责任单位				
……				
(二)逾越生态红线负债				
1.侵占林地				
……				
土地资源负债合计				
三、土地资源权益				
(一)农用地				
1.集体所有				
……				
2.国家所有				
其中:某农场使用				
(二)建设用地				
1.住宅用地				
其中:某开发商开发				
……				
土地资源权益合计				
土地资源负债与权益总计				

分类编表,可以采用相同的实物计量单位;将不同类型的资源合并编表,则需要用资源当量或货币单位来进行统一核算。

四、自然资源资产变动表

自然资源资产变动表是一张时期报表(动态报表),反映报告期辖区范围内自然资源资产的总量增减变动与结构变动情况。根据"期初存量+本期增加量=本期减少量+期末存量"平衡公式编制。报表左方是自然资源资产项目,接下来是期初余额、本期增加额和本期减少额,最后是期末余额。自然资源资产变动表格式也分并列式和排列式两种。表3-11是并列式,根据重要性原则,按照自然资源资产的大类、子类和个别重要资源分项反映。表3-12是参照SEEA-2012的排列式。

表3-11 矿产资源资产变动表(并列式)

项目	期初	期内增加数				期内减少数				期末
		新发现	向上重估	重新分类	其他	开采	灾害损失	向下重估	重新分类	
一、能源										
(一)煤炭										
(二)石油										
(三)天然气										
……										
二、金属矿产										
(一)黑色金属										
1.铁										
2.锰										
(二)有色金属										
1.黄金										
2.铜										
(三)非金属矿产										

自然资源资产负债核算

续表

项目	期初	期内增加数				期内减少数				期末
		新发现	向上重估	重新分类	其他	开采	灾害损失	向下重估	重新分类	
1. 石墨										
2. 钾盐										
……										
矿产资源资产合计										

表3-12 矿产资源资产变动表(排列式)

	矿产资源资产变动表(A级:商业上可开发资源)				
	石油（千桶）	天然气（立方米）	煤炭（千吨）	非金属矿产(吨)	金属矿产（吨）
矿产资源资产期初存量					
存量增加					
新发现					
向上重估					
重新分类					
存量增加合计					
存量减少					
开采					
灾难性损失					
向下重估					
重新分类					
存量减少合计					
矿产资源资产期末存量					

五、自然资源权属变动表

自然资源权属变动表亦称自然资源负债权益变动表,是一张时期报表

(动态报表),它反映报告期间的自然资源权属总量(或自然资源负债权益总量)增减变化与结构变动情况。根据"期初存量+本期增加量=本期减少量+期末存量"平衡公式编制。报表格式亦有并列式和排列式两种。以并列式为例。报表左端上下依次排列的是负债项目和权益项目,横向排列的是期初数量、本期增加数和本期减少数,最后是期末数量。自然资源权属变动表是对明细分类核算的各项负债和权益的总括反映。根据重要性原则,按照自然资源负债和权益的大类、子类和个别重要资源分项反映如表 3-13 所示。

表 3-13　自然资源负债权益变动表

项目	期初	期内增加数				期内减少数					期末
		新发现	重估	向上重估	其他	自然灾害	开发开采	人为超采	向下重估	人为损害	
一、一级科目资源负债											
(一)二级科目资源负债											
其中:企业承担											
事业单位承担											
政府承担											
……											
一级科目自然资源负债合计											
……											
二、一级科目资源权益											
(一)二级科目资源权益											
1.权属之一											
其中:国有											

续表

项目	期初	期内增加数				期内减少数					期末
		新发现	重估	向上重估	其他	自然灾害	开发开采	人为超采	向下重估	人为损害	
使用单位											
2. 权属之二											
其中:国有											
开发单位											
一级科目自然资源权益合计											
矿产资源负债与权益合计											

六、自然资源资产负债表在自然资源资本化过程中的应用

（一）自然资源资本化的现实意义

人类对自然资源的开发利用早已从原始社会的直接消费发展到了具有经营性质的开发利用方式。正是由于自然资源开发利用的经营性质，才决定了我国从对自然资源实行专门化管理阶段发展到了对自然资源实施资产化管理的阶段。中共中央、国务院印发的《生态文明体制改革总体方案》指出："树立自然价值和自然资本的理念，自然生态是有价值的，保护自然就是增值自然价值和自然资本的过程，就是保护和发展生产力，就应得到合理回报和经济补偿。"[①]从工商管理视角看，经营自然资源的第一种形态是产品经营，即通过人类的劳动将自然资源转化为购买者用于消费的商品。例如从天然河流或湖泊中取水用于销售，从原始森林中采伐木料用于出售。经营自然资源的第

---

① 中共中央、国务院:《生态文明体制改革总体方案》,《领导干部自然资源资产离任审计法律法规汇编》,中国时代经济出版社 2018 年版,第 1347 页。

二种形态是资产经营,即根据人类的劳动以及权属关系将自然资源转化为购买者用于生产的手段,例如土地出租、鱼塘外包。经营的第三种形态是产权经营,即根据人们对自然资源的权属关系将自然资源转化为利益相关者共享的价值源泉,例如土地入股、林地入股、矿业权入股等。在经营的三种形态中,产权经营是最高形态。产权经营的实质,就是通过对自然资源权属关系的调整和权益的分配,来促使自然资源实现价值增长和持续利用。根据马克思的理论,资本是能够带来剩余价值的价值。将具有特定权属关系的自然资源资产投入产权经营,从而谋求自然资源价值的增值,就是自然资源开发利用的资本化。现阶段对我国自然资源实行资本化管理,其意义非同寻常。

1. 自然资源资本化是广大农民增加财产性收入的必由之路

虽然我国经过生产资料的社会主义改造和改革开放以来的长足发展,已经消除了绝对贫困、全面建成了小康社会,成为全球第二大经济体并正在迅速接近成为全球第一大经济体,但是自然资源开发利用效率低、人均 GDP 不高、财富分配两极化趋势、中产阶级人口比重低、内需消费能力不足等问题依然存在。因此,进入全面建设现代化国家的新阶段,党中央不失时机地作出了走共同富裕之路的重大决策。事实上,要提高广大低收入群体的收入水平,尤其是农民的收入水平,光靠农民小家小户经营农产品是不够的,光靠提高农民外出打工的薪酬水平也是不够的。只有提高农民的经营性收入和财产性收入,盘活农村集体所有的自然资源,实行自然资源(尤其是土地资源)的产权经营才有可能使更多的农民群众进入中产阶级行列。

2. 自然资源资本化是绿水青山变成金山银山的价值实现

习近平总书记指出"绿水青山就是金山银山"。我们体会这里有两层含义:第一,绿水青山就是自然资本,只有将其投入经营才会变成金山银山;第二,绿水青山作为自然资本,必须保值增值,保证自然资本的可持续利用。有道是"留得青山在,不怕没柴烧""有恒产者有恒心"。通过制度设计和政策出台,对集体所有的自然资源,采取自然人按份共享(编制农村集体经济组织的自然资源资产负债表)、法人财产统一经营(含农产品经营、农业资产经营和土地资源产权经营,并编制企业资产负债表)的方式,建立和健全对应于土地资源资本化的市场机制,这才是提高农民的经营性收入和财产性收入,克服土地资源产权分散化与企业科学化集约化经营之间的矛盾,从根本上保障农民权益,建设美丽乡村,改善生态环境,扩大内需市场的有效途径。

　　自然资源资本化及对应市场机制建设当然不仅仅限于农村土地资源,其原理可以扩大到所有的自然资源。政府或乡村作为自然资源资本的所有者,对自然资源资本化经营的根本要求是保值增值,具体经营方式则多种多样。作为自然资源所有者,在经营实体中扮演的角色是投资人——有限制条件的普通股投资人、优先股投资人、可转换债权投资人、债权投资人等等,具体应该是哪一种投资人,要因地制宜,不搞"一刀切"。

(二) 自然资源资本在自然资源资产负债表中的体现

　　自然资源资本亦称自然资本或生态资本,它是具有保值增值属性的自然资源资产。自然资源资本具有资本属性——是自然资源资产的价值增长之本。西方经济学家根据资本在创造财富中的作用提出资本存在三种形态:自然资本、物质资本和人力资本。"经营自然资本的目的,是使其获得最大限度的增值"[①]。在对称式自然资源资产负债表中,自然资源资本属于自然资源权益中用于进行产权经营(投资)的部分。换句话说,在自然资源资产负债表中的自然资源权益里,就包含着自然资源资本——可以用于进行产权经营的那一部分自然资源权益。以农村集体土地资源为例,其报表格式见表 3-14 和表 3-15。

---

① 张白玲:《自然资本核算的理论与实务研究》,《会计之友》2007 年第 6 期下。

表 3-14　××村土地资源资产负债表

土地资源资产	期初		期末		土地资源权属	期初		期末	
	实物量	价值量	实物量	价值量		实物量	价值量	实物量	价值量
一、耕地					一、土地资源负债				
1. 自营					……				
2. 委托经营					合计				
二、宅基地					二、土地资源权益				
1. 自营					1. 耕地权益				
2. 委托经营					各户份额				
三、集体建设用地					集体共有				
1. 自营					2. 宅基地权益				
2. 委托经营					3. 集体建设用地权益				
四、林地					4. 林地权益				
1. 自营					各户份额				
2. 委托经营					集体共有				
总计					总计				

表 3-14 是农村集体经济组织（特别法人）的土地资源资产负债表,其中的土地资源权益性质是集体所有。表 3-14 左端委托经营的土地资源资产就是从村集体所有者权益中划出来进行产权经营的部分（土地资源资本化部分）。表 3-15 是公司的资产负债表。表 3-15 中右端受托经营土地资源属于公司投资人权益,它应与左端的土地资源资产对应。至于公司是否由当地村民组建或是与外来资本合资组建,属于具体的资本经营问题,不在如何编制报表的研究范围之内。两个经济主体的报表之间应相互勾稽,定期或不定期、全部或部分在清查土地资源资产时要对账。入账通知单无论是公司致村集体抑或村集体致公司均无不可。推而广之,国家所有的自然资源进行产权经营时,

自然资源资产负债核算

亦可照此编表。即政府编制的自然资源资产负债表中委托资源型企业经营的国有自然资源资本,应在企业的资产负债表得以反映并且相互对应。

表 3-15　××公司资产负债表　　　　　　　　单位:万元

资产	期初余额	期末余额	负债与所有者权益	期初余额	期末余额
一、流动资产			一、流动负债		
……			……		
二、固定资产			二、长期负债		
……			……		
三、土地资源资产			三、受托经营土地资源		
……			……		
四、长期投资			四、所有者权益		
……			……		
五、无形资产					
……					
总计			总计		

　　构建自然资源资产负债核算系统首先要解决谁是核算主体的问题。本书将核算主体确定为政府自然资源主管部门,并论述了确认的理由——政府主管部门受托管理自然资源,拥有自然资源的所有者代理权及其管辖权。明确了核算的目的——清家底、明责任;提出了核算的原则——真实性、全面性、重要性、动态性、可比性、平衡性;探讨了核算的期间——与区域发展战略规划相适应,与日常考核与述职相适应。

　　本核算系统以"自然资源资产=自然资源权属"总平衡公式为主线,围绕等式两端的核算对象展开。先是分析等式左端的自然资源资产的分类,并基于分类及其层级设置核算科目,再根据科目设置账户。然后分析右端的自然资源负债的分类和自然资源权益的分类,根据分类及层级设置核算科目(账户)。等式两端的核算科目确定以后,就要设置相应的账户并规定账户结构。

在复式左右记账法下，自然资源资产类账户的左方登记资产的存量与增量，右方登记资产的减量，余额在左方，代表资产存量。自然资源负债类账户和自然资源权益类账户的右方记录存量和增量，左方登记减量，余额在右方，代表权属存量。

在没有自然资源负债的条件下，所有涉及自然资源资产和权属的事项一共有四种类型。在有自然资源负债的条件下，涉及自然资源资产和权属的事项有八种类型。根据复式记账法的记账规则来登记账簿，均不会破坏"自然资源资产＝自然资源负债＋自然资源权益"的平衡关系。不仅如此，汇总所有核算科目的左方期初存量一定与右方期初存量相等，汇总所有核算科目的左方发生额一定与右方发生额相等，汇总所有核算科目的左方期末存量一定与右方期末存量相等，在编制报表之前用这三种平衡关系可以检验登账的正确性。这就是试算平衡。

通过试算平衡的检验，才可从技术的角度来保证账户设置和应用的正确性。账户记录的结果要汇总列示于报表。自然资源资产负债表是整个核算系统的统领。由于这张表所反映的是期初和期末的自然资源资产与权属的存量，期初期末存量之间的差异从何而来，利用自然资源资产负债表本身是解答不了的。所以就要设置两张分表——《自然资源资产变动表》和《自然资源权属变动表》——来解释自然资源资产和权属的变量。与自然资源的分类分层相对应，每一个核算层级的自然资源资产负债表均可以由下一个层级的自然资源资产负债子表汇总而成。

我国实现共同富裕必须提高广大农民群众的财产性收入，在农村土地资源和森林资源资本化的过程中，土地资源资产负债表和森林资源资产负债表将发挥巨大作用。

在此核算系统框架之下，可以构建水资源资产负债核算系统、森林资源资产负债核算系统、土地资源资产负债核算系统、矿产资源资产负债核算系统、海洋资源资产负债核算系统、地质遗迹资源资产负债核算系统等。

第四章 水资源资产负债核算系统

第一节 水资源核算要素的分类分级及其科目设置

一、水资源资产的分类分级与科目设置

水资源资产是广义水资产(Water Assets)的组成部分。广义水资产的范畴包括水体资产、水域资产、水利资产、水环境容量等。其中水体资产就是通常所谓的水资源资产。其定义是:权属关系明确并具有生态、社会和经济价值的可计量可获取的水资源,包括降水形成的赋存于江河湖库中的地表水,赋存于地下含水层中的地下水,赋存于冰川、雪和冰、土壤中的水等,可以用水的实物量(数量及质量)和价值量来衡量。水域资产是指水体岸线(如河流岸线和湖泊水库岸线)、水体容积、水体汇流区域等。水利资产包括水利工程设施(如大坝、堤防、水电站、节制闸等)、水务设施(如自来水厂、供水管网、水塔、增压设备等)、水的监测计量设施及水利(水务)工程设施运营管理的配套设施等。水环境容量则主要指水资源资产所具有的容纳污染物而仍可维持其主要功能不受影响的能力。狭义水资产则只是具有经济资产属性的那部分水资源。这些具有经济资产属性的水资产,有些已经完全纳入 SNA 经济统计体系

中,如作为固定资产的大坝、堤防、水电站设施、节制闸、自来水厂、供水管网、水塔等;有些虽然具有经济资产属性,但其具体经济价值尚未得到确认,如地表水、地下水等。

水资源资产是水资源资产负债核算的第一要素,首先要进行分类分级。对水资源的分类分级可以根据水资源管理要求从不同的角度进行。根据《国务院关于实行最严格水资源管理制度的意见》,用水量和水质量是进行水资源资产核算的两个关键要素。前者与水资源的开发利用效率密切相关,后者与水生态环境的好坏密切相关。因此,对水资源资产的核算要考虑用水量和水质量两个方面。

除去海洋资源和大气层中的气态水,联合国的 SEEAW-2012 根据水资源的存在形态将陆地水资源分为地表水、地下水和土壤水三类。① 认为地表水是指以流动或蓄积状态存在于陆地表面的水,分为人工水库、湖泊、河川溪流、冰川、雪和冰。地下水是指蓄积在地下含水层中的水。土壤水是指土壤最上层或近地面通风带中悬浮的水分,能在蒸散作用下进入大气。并且认为水质是水体具有的化学特性(含有硝酸盐、溶解氧等)、物理特性(温度、传导性等)、水形态特性(水流、河流持续性、沉积等)和生物特性(细菌、植物群、鱼类等)的集中表现,可将地表水体分为五个生态状况级别:优良、良好、中等、较差、差。

我国财政部等部门(2016)认定"水资源税的征税对象为地表水和地下水。地表水是陆地表面上动态水和静态水的总称,包括江、河、湖泊(含水库)、雪山融水等水资源。地下水是埋藏在地表以下各种形式的水资源。地表水分为农业、工商业、城镇公共供水、水力发电、火力发电贯流式、特种行业及其他取用地表水。地下水分为农业、工商业、城镇公共供水、特种行业及其

---

① 联合国:《水环境经济核算体系》(SEEAW-2102),联合国 2012 年版,6.12—6.23。

自然资源资产负债核算

他取用地下水。特种行业取用水包括洗车、洗浴、高尔夫球场、滑雪场等取用水"①。这种划分,并没有将水质量因素考虑进去。

按照国家的水质标准分类,分为五个质量等级(见表4-1),重要涉水指标见表4-2。

表4-1 国家水质标准及其用途

水质标准	主要用途
Ⅰ类水	主要适用于源头水、国家自然保护区
Ⅱ类水	主要适用于集中式生活饮用水地表水源地一级保护区、珍稀水生生物栖息地、鱼虾类产卵场、仔稚幼鱼的索饵场等
Ⅲ类水	主要适用于集中式生活饮用水地表水源地二级保护区、鱼虾类越冬场、洄游通道、水产养殖区等渔业水域及游泳区
Ⅳ类水	主要适用于一般工业用水区及人体非直接接触的娱乐用水区
Ⅴ类水	主要适用于农业用水区及一般景观要求水域

资料来源:作者根据国家水质标准 GB 3838-2002 整理。

表4-2 重要涉水指标

指标类型	政府统计公报②	水资源公报③	生态建设④
水资源量	水资源总量	降水,地表水,水库,湖泊,地下水,水资源总量	
水资源开发利用	用水量,生活用水,工业用水,农业用水,生态补水	供水量,用水量,耗排水量	主要河流年水消耗量,地下水超采率

---

① 财政部、国家税务总局、水利部:《水资源税改革试点暂行办法》(财税〔2016〕55号),2016年5月9日。
② 国家统计局:《2018年度统计公报》,见 http://www.stats.gov.cn/tjsj/tjgb/ndtjgb/。
③ 中华人民共和国水利部:《2018年中国水资源公报》,见 http://www.mwr.gov.cn/。
④ 国家环境保护总局:《生态县、生态市、生态省建设指标(试行)》(环发〔2003〕91号),2003年5月23日。

续表

指标类型	政府统计公报	水资源公报	生态建设
水资源效率	万元 GDP 耗水,万元工业增加值用水,人均用水	用水指标*	单位 GDP 水耗
水资源质量		河流水质,湖泊水质,水库水质,水功能区水质,省界断面水质,浅层地下水水质,集中式饮用水水源地水质	水环境质量,城镇生活污水集中处理率,工业用水重复率,城市生活污水集中处理率,城市生活污水排放总量(万吨),工业用水重复率,旅游区环境达标率,集中式饮用水源水质达标率,村镇饮用水卫生合格率,农村污灌达标率,城市水功能区水质达标率,酸雨频率,降水 pH 值年均值

注:用水指标宜采用人均用水量和单位国内(地区)生产总值用水量两个指标。单项用水指标分为农业用水指标、工业用水指标、城镇公共用水指标、居民生活用水指标和牲畜用水指标等。统计工业用水重复利用率、农业灌溉渠系水利用系数和城市供水管网漏失率,反映用水效率。

考虑到既要与国际通行做法接轨,又要符合中国实际,本书对水资源资产的分类分级和科目设置如表4-3所示。科目及代码说明:W 为水资源资产代码,W1 为地表水代码,W2 为地下水代码,W3 为用水单位代码。W = W1+W2+W3。W1-1 为河流,W1-2 为湖泊,W1-3 为水库,W1-4 为渠道(含输水管网),W1-5 为其他水体,W1 = (W1-1)+(W1-2)+(W1-3)+(W1-4)+(W1-5)。W2-1 为浅层地下水,W2-2 为深层地下水,W2-3 为地下热水,W2 = (W2-1)+(W2-2)+(W2-3)。W1-111 为 W1-11 中的 I 类水,W1-112 为 W1-11 中的 II 类水,W1-113 为 W1-11 中的 III 类水,W1-114 为 W1-11 中的 IV 类水,W1-115 为 W1-11 中的 V 类水,W1-11 = (W1-111)+(W1-112)+(W1-113)+(W1-114)+(W1-115)。余类推。W3 是 W1 和 W2 的备抵科目,表示 W1 和 W2 的耗用去向。通常期末无余数。根据此科目系统设置账户,可以提供存在于不同状态的水体质量、数量、存量和增减变量数据。

表 4-3 水资源资产科目表

一级编码	一级水资源资产科目	二级编码	二级水资源资产科目	三级编码	三级水资源资产科目
W1-1	河流	W1-11	××河	W1-111	Ⅰ类水
W1-1	河流	W1-11	××河	W1-112	Ⅱ类水
W1-1	河流	W1-11	××河	W1-113	Ⅲ类水
W1-1	河流	W1-11	××河	W1-114	Ⅳ类水
W1-1	河流	W1-11	××河	W1-115	Ⅴ类水
W1-1	河流	W1-12	×××河	W1-121	水质类别
W1-2	湖泊	W1-21	××湖	W1-211	水质类别
W1-2	湖泊	W1-22	×××湖	W1-221	水质类别
W1-3	水库	W1-31	××水库	W1-311	水质类别
W1-3	水库	W1-32	×××水库	W1-321	水质类别
W1-4	渠道	W1-41	××渠道	W1-411	水质类别
W1-4	渠道	W1-42	×××渠道	W1-421	水质类别
W1-5	其他水体	W1-51	××××	W1-511	水质类别
W2-1	浅层地下水	W2-11	××区域	W2-111	水质类别
W2-2	深层地下水	W2-21	××区域	W2-211	水质类别
W2-3	地下热水	W2-31	××区域	W2-311	水质类别
W3	用水去向	W3-1	生活饮用水		
W3	用水去向	W3-2	其他生活用水		
W3	用水去向	W3-3	工业用水		
W3	用水去向	W3-4	水力发电用水		
W3	用水去向	W3-5	农业用水		
W3	用水去向	W3-6	城市绿化用水		
W3	用水去向	W3-7	其他用水		
W3	用水去向	W3-8	……		

二、水资源负债的分类分级与科目设置

水资源负债反映人类社会活动对水资源数量、水环境质量和水生态系统

的不利影响,包括水资源过度消耗、水环境损害和生态用水挤占等方面。水资源负债是在经济社会已发生的涉水活动中形成的,针对上述不利影响需承担的补偿、恢复或修复的现时义务。与金融负债中以货币为唯一的度量单位不同,在水市场尚未形成的现实条件下,水资源负债可以以水资源实物量单位为出发点,进而价值化;水资源负债内容涵盖水体和水环境两个方面,需要将水资源消耗、水环境损害和水生态效益纳入资产负债表,从而为构建体现生态文明的经济社会评价体系奠定基础。水资源负债的本质是核算主体所承担的现实义务(责任)。负债就要偿还,这里有面向水体的偿还,如超耗部分;有面向水环境的偿还,如排污超标治理;还有向涉水事项往来的相关方的债务偿还。根据前述对于自然资源负债的研究和水资源负债的讨论,本书对水资源负债的定义是:由于用水量超标或水质不达标以及需要恢复或改善水生态环境而应由核算主体承担的水资源环境责任。基于水资源的社会属性,确认核算主体水资源负债的依据是以《水法》等现实法规政策所划定的界限。根据国务院划定的三条红线,即用水量红线、用水效率红线和功能区水质红线,可以从实物量和价值量两个方面来反映核算主体承担的水资源负债。

表4-4是本书提出的实物型水资源负债分类分级和科目设置。

表4-4 水资源负债科目表

一级编码	一级水资源负债科目	二级编码	二级水资源负债科目	三级编码	三级水资源负债科目
D1	超耗水量	D1-1	责任单位1	D1-11	河流
D1	超耗水量	D1-1	责任单位1	D1-12	湖泊
D1	超耗水量	D1-1	责任单位1	D1-13	水库
D1	超耗水量	D1-1	责任单位1	D1-14	渠道
D1	超耗水量	D1-1	责任单位1	D1-15	地下水
D1	超耗水量	D1-2	责任单位2	……	……
D2	挤占水量	D2-1	责任单位1	D2-11	河流
D2	挤占水量	D2-1	责任单位1	D2-12	湖泊

续表

一级编码	一级水资源负债科目	二级编码	二级水资源负债科目	三级编码	三级水资源负债科目
D2	挤占水量	D2-1	责任单位1	D2-13	水库
D2	挤占水量	D2-1	责任单位1	D2-14	渠道
D2	挤占水量	D2-1	责任单位1	D2-15	地下水
D2	挤占水量	D2-2	责任单位2	……	……
D3	超标排污	D3-1	责任单位1	D3-11	河流
D3	超标排污	D3-1	责任单位1	D3-12	湖泊
D3	超标排污	D3-1	责任单位1	D3-13	水库
D3	超标排污	D3-1	责任单位1	D3-14	渠道
D3	超标排污	D3-1	责任单位1	D3-15	地下水
D3	超标排污	D3-2	责任单位2	……	……
D4	待处理负债	D4-1	超耗水量	D4-11	地表水
D4	待处理负债	D4-1	超耗水量	D4-12	地下水
D4	待处理负债	D4-2	挤占水量	D4-21	地表水
D4	待处理负债	D4-2	挤占水量	D4-22	地下水
D4	待处理负债	D4-3	超标排放污水	D4-31	地表水
D4	待处理负债	D4-3	超标排放污水	D4-32	地下水

注：D为水资源负债,D1超耗水量。D2挤占水量。D3超标排放污水。D4为待处理负债,即处于待处理状态但还未落实水资源环境责任的负债,本书将水质下降或提升而形成的负债也放于此。数量关系：D=D1+D2+D3+D4。超耗水量根据各单位用量指标与实际用水量的差量确认；挤占水量根据计划用水结构和实际用水结构的差量确认,借用水量亦可包含在内；超标排放污水根据环保部门的污水排放标准确认。根据此科目系统设置账户,可以提供在核算主体管辖范围内各所属责任主体对水资源环境承担的负债内容及其存量和变量。

三、水资源权益的分类分级与科目设置

我国《水法》规定水资源属于国家所有。[①] 水资源的产权由所有权、监管权、取水权、用水权、排污权、经营权组成。其中,所有权是基础权利,其他均为派生权利。各级政府专职管理机构代表资源所有者行使监管权,并赋予涉水

---

① 《中华人民共和国水法》第三条,2016年7月2日修订。

单位(个人)取水权、用水权、排污权、经营权(发放相关的许可证)。政府财税部门行使课税或收费权。目前,政府对水资源监管权分割为四部分:水利部在行使水资源的开发利用规划权的同时行使自上而下的直接监管权,自然资源部代表国家对水资源确权并对其开发利用实施监管,生态环保部门行使面对水资源环境的监测权,审计部门行使面对领导干部的环境责任履行监督权。本书对水资源权益不作细分,统一设定为拥有权(含使用权、经营权)。同时也假设下级机构和企事业单位不核算水资源资产及权属。

本书从政府专业职能管理的角度提出实物型水资源权益的分类分级与科目设置(见表4-5)。

表4-5 水资源权益科目表

一级编码	一级水资源权益科目	二级编码	二级水资源权益科目	三级编码	三级水资源权益科目
R1	本级机构	R1-1	河流		
R1	本级机构	R1-2	湖泊		
R1	本级机构	R1-3	水库		
R1	本级机构	R1-4	渠道		
R1	本级机构	R1-5	浅层地下水		
R1	本级机构	R1-6	深层地下水		
R1	本级机构	R1-7	地下热水		
R2	下级行政机构	R2-1	行政机构1	R2-11	河流
R2	下级行政机构	R2-1	行政机构1	R2-12	湖泊
R2	下级行政机构	R2-1	行政机构1	R2-13	水库
R2	下级行政机构	R2-1	行政机构1	R2-14	渠道
R2	下级行政机构	R2-1	行政机构1	R2-15	浅层地下水
R2	下级行政机构	R2-1	行政机构1	R2-16	深层地下水
R2	下级行政机构	R2-1	行政机构1	R2-17	地下热水
R2	下级行政机构	R2-2	行政机构2	……	……
R3	涉水企业	R3-1	涉水企业1	R3-11	河流
R3	涉水企业	R3-2	涉水企业2	R3-22	湖泊

续表

一级编码	一级水资源权益科目	二级编码	二级水资源权益科目	三级编码	三级水资源权益科目
R3	涉水企业	R3-3	涉水企业3	R3-33	水库
R3	涉水企业	R3-4	涉水企业4	R3-44	渠道
R3	涉水企业	R3-5	涉水企业5	R3-55	浅层地下水
R3	涉水企业	R3-6	涉水企业6	R3-66	地下热水
R3	涉水企业	R3-7	涉水企业7	……	……
R4	涉水事业单位	R4-1	涉水事业单位1	R4-11	河流
R4	涉水事业单位	R4-2	涉水事业单位2	R4-22	湖泊
R4	涉水事业单位	R4-3	涉水事业单位3	R4-33	水库
R4	涉水事业单位	R4-4	涉水事业单位4	R4-44	渠道
R4	涉水事业单位	R4-5	涉水事业单位5	R4-55	浅层地下水
R4	涉水事业单位	R4-6	涉水事业单位6	R4-66	地下热水
R4	涉水事业单位	R4-7	涉水事业单位7	……	……
R5	用水单位	R5-1	××责任单位	……	……

注：R为权益，R1为本级机构，R2为下级行政机构，R3为涉水企业，R4为涉水事业单位，R5为用水单位。R＝R1+R2+R3+R4，表明水资源权益分布。根据表4-5的科目系统设置账户，可以提供在核算主体管辖范围内的各责任主体负责的各种类型水资源权益的存量与变量。

第二节 水资源资产负债核算的账户结构与账簿登记

一、水资源资产负债核算的账户分类及其结构

根据二维分类的复式记账原理，水资源资产负债核算账户设置为两大类。一大类是水资源资产类账户，另一大类是水资源权属类账户。两大类账户的核算结果保持平衡，即水资源资产类账户的期初期末存量合计＝水资源权属类账户的期初期末存量合计。与"水资源资产＝水资源权属"的二维分类总公式相对应。等式右端的水资源权属进一步分为水资源负债和水资源权益。该

公式变为"水资源资产=水资源负债+水资源权益"。

在保持"水资源资产=水资源负债+水资源权益"平衡的条件下,等式两端的账户增加与减少的数字要对等,账户结构相反。

左右记账法和借贷记账法均为复式记账方法。根据前述,本书对水资源的核算采用左右记账法[①],便于非会计专业人士理解。

(一) 水资源资产类账户结构

根据水资源资产类科目设置相应的盘存类账户,左方为增加,右方为减少,余额在左方。在此结构下,水资源资产类账户记录的对象,其存量和变量之间符合"核算期初存量+核算期内增加数量=核算期内减少数量+核算期末存量"的四柱平衡关系,即"水资源资产期初左方存量+水资源资产核算期内左方发生数量=水资源资产核算期内右方发生数量+水资源资产核算期末左方存量"或"水资源资产期末左方存量=水资源资产核算期初左方存量+水资源资产核算期内左方发生数量-水资源资产核算期内右方发生数量"。

(二) 水资源负债类账户结构

根据水资源负债类科目设置相应的盘存类账户,右方为增加,左方为减少,余额在右方。在此结构下,水资源负债类账户记录的对象,其存量和变量之间符合"核算期初存量+核算期内增加数量=核算期内减少数量+核算期末存量"的四柱平衡关系,即"水资源负债期初右方存量+水资源负债核算期内右方发生数量=水资源负债核算期内左方发生数量+水资源负债核算期末右方存量"或"水资源负债期末右方存量=水资源负债核算期初右方存量+水资源负债核算期内右方发生数量-水资源负债核算期内左方发生数量"。

[①] 汪致正:《改编〈会计学原理〉初探——左右记账法的基本知识与运用》,《财会学习》2011年第5期。

(三) 水资源权益类账户结构

根据水资源权益类科目设置相应的盘存类账户,右方为增加,左方为减少,余额在右方。在此结构下,水资源权益类账户记录的对象,其存量和变量之间符合"核算期初存量+核算期内增加数量=核算期内减少数量+核算期末存量"的四柱平衡关系,即"水资源权益期初右方存量+水资源权益核算期内右方发生数量=水资源权益核算期内左方发生数量+水资源权益核算期末右方存量"或"水资源权益期末右方存量=水资源权益核算期初右方存量+水资源权益核算期内右方发生数量-水资源权益核算期内左方发生数量"。

二、水资源资产负债核算要素的变化类型及其核算分录

根据水资源资产、水资源负债和水资源权益三类核算要素之间的数量依存关系,涉及其数量变化的涉水事项有八种类型(水资源资产增减×水资源负债增减×水资源权益增减=2×2×2=8)。

第一种类型,是水资源资产类账户之间的此增彼减,增减数额相等,并未引起"水资源资产=水资源负债+水资源权益"关系式左端总数的改变,不破坏等式的平衡关系。例如从地下抽水到沟渠,左记"渠道"账户,右记"浅层地下水"账户。

第二种类型,是水资源负债类账户之间的此增彼减,增减数额相等,并未引起"水资源资产=水资源负债+水资源权益"关系式右端总数的改变,不破坏等式的平衡关系。例如先前经环保部门监测发现的水质下降数据尚未落实责任,但负债类账户必须有所登记,此时查清应由 A 单位承担,则要做转账登记,左记"待处理负债"账户,右记"超标排放污水——A 单位"账户。

第三种类型,是水资源权益类账户之间的此增彼减,增减数额相等,并未引起"水资源资产=水资源负债+水资源权益"关系式右端总数的改变,不破坏等式的平衡关系。例如本级机构将某河段的经营权委托给 B 企业,

要进行不同责任单位之间的转账,左记"本级机构"账户,右记"涉水企业"账户。

第四种类型,是水资源资产类账户与水资源权益类账户同时增加,增加数额相等,不会破坏"水资源资产=水资源负债+水资源权益"关系式,两端总数的改变,平衡关系不变。例如从辖区之外新增来水,本辖区的水资源资产和水资源权益同时增加,左记"水库——A水库"账户,右记"涉水事业单位——某单位——A水库"账户。

第五种类型,是水资源资产类账户与水资源负债类账户同时增加,增加数额相等,不会破坏"水资源资产=水资源负债+水资源权益"关系式,两端总数的改变,平衡关系不变。例如本辖区向邻近地区借水,左记"水库"账户,右记"挤占水量——某涉水单位"账户。

第六种类型,是水资源权益类账户与水资源负债类账户之间此增彼减,增减数额相等,也不增加"水资源资产=水资源负债+水资源权益"关系式的右端总数,平衡关系不变。例如出现排污超标情况,水资源权益减少,水资源负债增加,左记"涉水企业——某企业",右记"超标排放污水——某企业"。再如经过治理,水质改善,水资源负债减少,水资源权益增加,左记"超标排放污水——某企业"账户,右记"涉水事业单位——某单位——水库"账户。

第七种类型,是水资源资产类账户与水资源负债类账户同时减少,等式两端减少数额相等,也不改变"水资源资产=水资源负债+水资源权益"的平衡关系。例如归还邻近地区的借水,左记"挤占水量——某单位"账户,右记"水库——某水库"账户。

第八种类型,是水资源资产类账户与水资源权益类账户同时减少,等式两端减少数额相等,也不改变"水资源资产=水资源负债+水资源权益"的平衡关系。例如水量蒸发或流失,左记"本级机构——湖泊"账户,右记"湖泊"账户。

核算主体涉水事项引起的核算要素变化,离不开这八种类型。

第三节 水资源资产负债核算的表系结构与报表

一、水资源资产负债核算的表系结构

本书设计的水资源资产负债核算系统的报表分为主表、分表、子表、辅助表四个层次。主表为《水资源资产负债表》，亦可分为《水资源资产负债实物量表》和《水资源资产负债价值量表》两张。分表为《水资源资产变动表》和《水资源负债与权益变动表》。子表为下级机构报送的《水资源资产负债表》《水资源资产变动表》和《水资源负债与权益变动表》。辅助表为《账户记录试算平衡表》《水资源资产流量表》《水资源资产质量表》（见图4-1）。

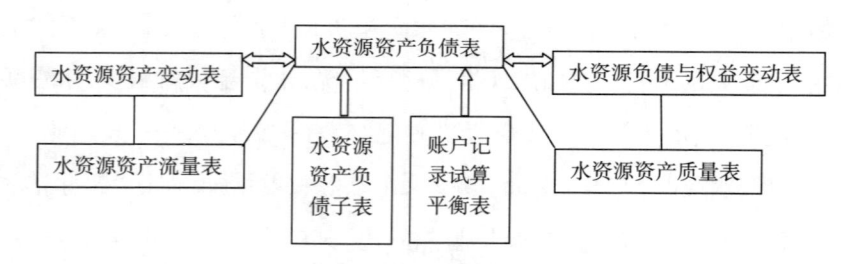

图4-1 水资源资产负债核算的表系结构

二、水资源资产负债核算的辅助报表格式

（一）账户记录试算平衡表

核算期末，将所有账户初步轧账之后的数据填入试算平衡表，以此检验左方数与右方数（或借方数与贷方数）是否相符。如相符，说明记账数据无误（不排除入错账户的可能）。如不相符，说明记账过程中有错漏，需要进一步稽核（见表4-6）。

表 4-6 账户记录试算平衡表

科目编码	科目名称	期初余数		本期发生数		期末余数	
		左方	右方	左方	右方	左方	右方
W1-1	河流						
W1-2	湖泊						
W1-3	水库						
W1-4	渠道						
W1-5	其他水体						
W2-1	浅层地下水						
W2-2	深层地下水						
W2-3	地下热水						
W3	用水去向						
D1	超耗水量						
D2	挤占水量						
D3	超标排污						
D4	待处理负债						
R1	本级机构						
R2	下级行政机构						
R3	涉水企业						
R4	涉水事业单位						
R5	用水单位						

（二）水资源资产流量表

水资源资产流量表是用物理单位计量的流量表。本表是棋盘格式,主词栏是水体的各种流出去向,宾词栏是水体的各种流入来源。本表反映水的循环。纵横相加结果要相等。如果不等,说明计算有误（见表 4-7）。

表 4-7 水资源资产流量表　　　　　　　　　　单位:万立方米

	地表水						地下水	流出合计
	河流	湖泊	水库	渠道	冰雪	其他		
河流		40	800	200			50	1090
湖泊	100							100
水库	800			300				1100
渠道	400		200					600
冰雪								
其他								
地下水	60			60				120
流入合计	1360	40	1000	560			50	3010

（三）水资源资产质量表

对区域内各种水体质量的衡量标准是《地表水环境质量标准》(GB 3838-2002)[1]和《地下水质量标准》(GB/T14848-2017)[2],本表亦是棋盘式,主词栏是各种水体,宾词栏是水体的质量,用不同等级质量百分比反映水资源质量(见表4-8)。

表 4-8 水资源资产质量表　　　　　　　　　　单位:%

水体＼标准	Ⅰ类	Ⅱ类	Ⅲ类	Ⅳ类	Ⅴ类	劣Ⅴ类	合计
河流							100
湖泊							100
水库							100

---

[1] 国家环保总局、国家质量监督检验检疫总局:《地表水环境质量标准》(GB3838-2002), 2002 年 4 月 28 日发布。

[2] 中华人民共和国国家质量监督检验检疫总局　中国国家标准化管理委员会:《地下水质量标准》(GB/T14848-2017),2017 年 10 月 14 日发布。

续表

水体 \ 标准	Ⅰ类	Ⅱ类	Ⅲ类	Ⅳ类	Ⅴ类	劣Ⅴ类	合计
渠道							100
其他							100
浅层地下水							100
深层地下水							100

三、水资源资产负债核算的分表格式

（一）水资源资产变动表

作为《水资源资产负债表》的第一张分表，《水资源资产变动表》是动态报表，它反映区域内核算期初期末的水资源资产存量及其差异，以及核算期内发生的增加与减少的变量。该表编制的数量关系基础是四柱平衡，即"水资源资产期初存量+水资源资产本期增加数=水资源资产本期减少数+水资源资产期末存量"。报表格式见表4-9。

表4-9 水资源资产变动表　　　　单位：万立方米

| 指标名称 | 地表水 | | | | | 浅层地下水 | 深层地下水 | 合计 |
	河流	湖泊	水库	渠道	其他			
期初存量								
存量增加								
降水								
回归水								
区域外流入								
存量减少								
生活用水								
工业用水								
农业用水								

续表

指标名称	地表水					浅层地下水	深层地下水	合计
	河流	湖泊	水库	渠道	其他			
生态用水								
其他用水								
蒸发								
流出区域外								
期末存量								

（二）水资源负债与权益变动表

《水资源资产负债表》的第二张分表是《水资源负债与权益变动表》，该表也是一张动态报表，反映核算期间内水资源负债与权益存量及其增减变动情况。该表编制的数量关系基础也是四柱平衡，即"水资源负债与权益期初存量+水资源负债与权益本期增加数=水资源负债与权益本期减少数+水资源负债与权益期末存量"。该表的格式见表4-10。

表4-10 水资源负债与权益变动表　　　　　　　　单位：万立方米

项目	期初存量	期内增加数			期内减少数				期末存量
		河流	湖泊	水库	河流	湖泊	水库	渠道	
一、水资源负债									
（一）超耗用水									
1.×责任单位									
2.××责任单位									
……									
（二）挤占用水									
1.×责任单位									
2.××责任单位									

续表

项目	期初存量	期内增加数			期内减少数				期末存量
		河流	湖泊	水库	河流	湖泊	水库	渠道	
……									
(三)超标排污									
1.×责任单位									
2.××责任单位									
……									
(四)待处理负债									
1.××事项									
……									
二、水资源权益									
1.××机构									
2.××涉水企业									
3.××涉水事业单位									
4.××用水单位									
……									
水资源负债与权益合计									

在实际应用当中，主词栏没有必要将所有分类分级的负债类项目和权益类项目全部列出，宾词栏也同样。凡是在核算期间没有发生对存量影响事项的项目，可以不填入。

四、水资源资产负债表格式及编制

《水资源资产负债表》是水资源资产负债核算的总表。它是"水资源资产=水资源负债+水资源权益"公式的表格化，是静态报表。将《水资源资产变动表》的各项水资源资产的期初存量和期末存量列入《水资源资产负债表》的

自然资源资产负债核算

左端,即用水资源资产类账户的左方余额填入;将《水资源负债与权益变动表》各项水资源负债项目和权益项目的期初存量和期末存量列入《水资源资产负债表》的右端,即用水资源负债类和权益类账户的右方余额填入。换句话说,《水资源资产负债表》期初期末数之间的差异原因,分别由《水资源资产变动表》和《水资源负债与权益变动表》来说明。《水资源资产负债表》的格式见表4-11。

表4-11 水资源资产负债实物量表　　　　　　　　单位:万立方米

水资源资产	期初存量	期末存量	水资源负债与权益	期初存量	期末存量
一、地表水			一、水资源负债		
(一)河流			(一)超耗水量		
1.×河			1.××机构		
2.××河			2.××涉水企业		
……			3.××涉水事业单位		
(二)湖泊			4.××用水单位		
1.×湖			……		
2.××湖			(二)挤占水量(含借用)		
……			1.××机构		
(三)水库			2.××涉水企业		
1.×水库			3.××涉水事业单位		
2.××水库			4.××用水单位		
……			……		
(四)渠道			(三)超标排放污水		
1.×渠			1.××机构		
2.××渠			2.××涉水企业		
……			3.××涉水事业单位		
(五)其他			4.××用水单位		
……			……		
二、地下水			(四)待处理负债		
(一)浅层地下水			1.××事项		
1.×区块			……		
2.××区块			二、水资源权益		

续表

水资源资产	期初存量	期末存量	水资源负债与权益	期初存量	期末存量
……			(一)本级受托		
(二)深层地下水			(二)委托单位		
1.×区块			1.××机构		
2.××区块			2.××涉水企业		
(三)地下热水			3.××涉水事业单位		
1.用水去向			4.××用水单位		
……			……		
水资源资产合计			水资源负债与权益合计		

五、水资源资产负债核算报表合并

如果下级机构在企事业单位也开展水资源资产负债核算,则在编制本级机构的报表之前,还有一个将下级机构报表合并的事项需要处理。例如,需要根据下级机构和委托涉水事业单位报送的《水资源资产负债表》《水资源资产变动表》《水资源负债与权益变动表》来与本级核算的账户数字稽核,然后再编制本级的报表。这里需要注意的是,并非所有下级机构报送的同名称指标数字都能够汇总。除了下级机构相互之间水资源互相借用需要抵消以外,通常的存量指标可以汇总。除了流出和流入本级机构管辖区域的水流以外,通常的下级机构相互之间的水流互动指标不能相加,只能抵消。委托涉水企业和用水单位,即可与下级机构报送同样报表,也可仅报送需要汇总的有关项目。

还需要注意的是,在下级机构与企事业单位开展水资源资产负债核算的情况下,本级水资源权益不再分设下级机构与企事业单位科目与项目,而是将其移到左边,即设置水资源资产类科目(委托单位名称)。相对应地,在下级机构的资产负债表里,左方是受托监管或经营的水资源资产,右方是受托的水资源权益。

六、水资源资产负债核算的价值量表

如前所述,水资源具有经济价值。联合国 SEEAW-2012 认为水资源的经济价值包括使用价值和非使用价值。使用价值分为直接使用价值、间接使用价值和期权价值。直接使用价值是"消耗性的水资源直接使用,如农业投入、制造业和家庭用水;以及非消耗性的直接用水,如水力发电、游憩、航海和文化活动"。间接使用价值是"水提供的间接环境服务,如:废物处置、栖息地和生物多样性保护以及水文功能"。期权价值是"保持今后直接或间接用水这一期权所具有的价值"。非使用价值分为馈赠价值(留给子孙后代)和存在价值(保持生态系统)。①

根据先实物核算后价值核算的原则,上述核算系统没有价值量表。如果编报价值量表,需要将实物量表中涉及的水资源资产、水资源负债和水资源权益三个要素中的每一种具体要素的价格确认下来。确认水资源要素价格的前提是对水资源要素的价格进行评估。联合国 SEEAW-2012 推荐的水资源价值计量方法是竞争背景下的平均或边际价格法(属于市场定价范畴)。生产用水的计价方法有:"残值法(余值法)、净收入变化法、生产函数法、数学规划模型法、水权出售和租赁法、特征定价法、自来水公用事业机构销售的需求函数法"。消费用水的计价方法有:"水权出售和租赁法、自来水公用事业机构销售的需求函数法、数学规划模型法、选择成本法、或有计值法"。② 我国学者沈菊琴等(1998)认为水资源资产的价值评估方法有现行市价法、重置成本法、收益现值法、等效替代法四种。③ 杨美丽等(2002)认为水资源定价的方法有边际成本定价法、影子价格法、成本核算法、边际社会机会成本定价法,也是四种。④ 朱婷等(2018)提出的四种方法是市场法、恢复费用法、支付意愿法和

---

① 联合国:《水环境经济核算体系》(SEEAW-2102),联合国 2012 年版,8.27,第 123 页。
② 联合国:《水环境经济核算体系》(SEEAW-2102),联合国 2012 年版,8.27,第 123 页。
③ 沈菊琴等:《试谈水资源资产及其价值评估》,《人民黄河》1998 年第 20 卷第 7 期。
④ 杨美丽等:《论水资源的资产属性与资产化管理》,《山东社会科学》2002 年第 3 期。

成本法。① 朱靖等(2019)建议选用模糊综合评价法。模糊综合评价法包含水资源价值核算方法模型和水资源定价模型,能够从多维度、多因素评价水资源价值和定量分析水资源价值。② 本书认为,对不同的水资源资产价值应有不同的评价方法,但是定价的基础应该是成本,尤其是重置成本,最后确认的则是通过市场机制决定的价格(其实质是平均社会成本)。至于水资源负债,可以直接以本机构管辖范围内的所有委托机构与单位的各种应付环境成本汇总得出。如"应付水资源税""应付水污染损失""应付水污染治理成本""应付超载补偿成本""应付水生态恢复成本""应付水生态维护成本"等等。水资源权益的价值量则取决于水资源资产价值和水资源负债价值的差量,即水资源权益价值量=水资源资产价值-水资源负债价值。报表格式见表4-12。

表4-12 水资源资产负债价值量表   单位:万元

水资源资产	期初余额	期末余额	水资源负债与权益	期初余额	期末余额
一、地表水			一、水资源负债		
(一)河流			(一)超耗水量		
1.×河			1.应付水资源税		
2.××河			2.应付超标使用费		
……			3.应付超耗罚款		
(二)湖泊			4.应付超载补偿成本		
1.×湖			……		
2.××湖			(二)挤占水量(含借用)		
……			1.应付水生态维护成本		
(三)水库			2.应付水资源使用费		
1.×水库			3.应付水资源税		

---

① 朱婷、薛楚江:《水资源资产负债表编制与实证》,《统计与决策》2018年第24期。
② 朱靖等:《四川省水资源资产负债表编制研究》,《人民黄河》2019年第41卷第9期。

续表

水资源资产	期初余额	期末余额	水资源负债与权益	期初余额	期末余额
2.××水库			4.应付水资源管理费		
……			……		
(四)渠道			(三)超标排放污水		
1.×渠			1.应付生态恢复费		
2.××渠			2.应付超标排放罚款		
……			3.应付水污染损失		
(五)其他			4.应付水污染治理成本		
……					
二、地下水			(四)待处理负债		
(一)浅层地下水			1.×事项预计费用		
1.×区块			2.××事项预计费用		
2.××区块			……		
……			二、水资源权益		
(二)深层地下水			(一)本级受托		
1.×区块			(二)委托单位		
2.××区块			1.××机构		
(三)地下热水			2.××涉水企业		
(四)用水去向			3.××涉水事业单位		
1.生活用水			4.××用水责任单位		
……			……		
水资源资产合计			水资源负债与权益合计		

第四节 水资源资产负债核算举例

一、背景设定与涉水事项及其核算分录

设某政府机构负责 A 区域的水资源管理。各项水资源和水负债及权益

的年初存量(余额)见表 4-14—表 4-17 的期初存量(余额)栏。

年内发生下列涉水事项及其核算分录：

(1)甲水库向自来水厂供水 10 万立方米,向农业部门供水 30 万立方米。

①左:用水去向——生活饮用水　10 万立方米

　　　　——农业用水　30 万立方米

　右：水库——×水库　40 万立方米

②左:涉水事业单位——×水库管理所　40 万立方米

　右：用水单位——自来水厂　10 万立方米

　　　　——农业部门　30 万立方米

(2)城镇某供水站获准抽用地下水,合计 40 万立方米。

左:本级机构　40 万立方米

　右:涉水事业单位——供水站　40 万立方米

(3)供水站向有关用水单位供水,供应生活用水 5 万立方米,用于工业 20 万立方米,绿化用水 15 万立方米。

①左:涉水事业单位——供水站　40 万立方米

　右：用水单位——自来水厂　5 万立方米

　　　　——×企业　20 万立方米

　　　　——环卫公司　15 万立方米

②左:用水去向——生活用水　5 万立方米

　　　　——工业用水　20 万立方米

　　　　——绿化用水　15 万立方米

　右:浅层地下水　40 万立方米

(4)经人举报,发现河流出现污染状况,初步审查是×企业违规超标排放所致,预估该企业违规排放 6 万立方米。

①左:用水单位——×企业　6 万立方米

　右:待处理负债——×企业违规　6 万立方米

②左:河流——××河 6万立方米

　　右:用水去向——工业用水 6万立方米

(5)经环保部门查实,×企业超标排放污水5万立方米,责令缴纳罚款并治理和改善水质。

①左:待处理负债——×企业违规 6万立方米

　　右:超标排放污水——×企业 5万立方米

　　　　用水单位——×企业 1万立方米

②左:用水去向——工业用水 1万立方米

　　右:河流——××河 1万立方米

(6)×企业缴纳罚款并完成河道清理并采取措施恢复河流水质。

左:超标排放污水——×企业 5万立方米

　　右:本级机构——××河 5万立方米

(7)本级机构将流经景区的河段委托某旅游公司来经营,该河段水资源存量50万立方米。

左:本级机构——景区河段 50万立方米

　　右:涉水企业——旅游公司 50万立方米

(8)由于年内降雨量增加,水库存水库容增加100万立方米。该水库管理所是事业单位。

左:水库——×水库 100万立方米

　　右:涉水事业单位——×水库管理所 100万立方米

(9)上游河流来水120万立方米。

左:河流——××河 120万立方米

　　右:本级机构 120万立方米

(10)由于本区域工业用水增加,挤占了下游区域的用水20万立方米。

①左:用水去向——工业用水 20万立方米

　　右:河流——××河 20万立方米

②左:本级机构——××河　20万立方米

　　右:挤占水量——×企业　20万立方米

(11) 经过上级协调,本区域向下游地区放水85万立方米,其中含补放被挤占之水15万立方米。

①左:本级机构——××河　85万立方米

　　右:河流——××河　85万立方米

②左:挤占水量——×企业　15万立方米

　　右:用水单位——×企业　15万立方米

(12) 根据水文站观测数据,委托下级机构管辖区域内湖泊水位有所下降,由此减少80万立方米的湖泊存水。

左:下级行政机构——×湖泊　80万立方米

　　右:湖泊——×湖泊　80万立方米

(13) 本区域内河流用于农业灌溉25万立方米。

①左:用水去向——农业用水　25万立方米

　　右:河流——××河　25万立方米

②左:本级机构——××河　25万立方米

　　右:用水单位——农业部门　25万立方米

(14) 排水企业从下水管网收集废水35万立方米。

左:用水去向——废水回收　35万立方米

　　右:涉水企业——排水公司　35万立方米

(15) 排水企业将废水处理达标以后回排地下20万立方米,回排渠道15万立方米。

①左:浅层地下水　　20万立方米

　　渠道　　　　　15万立方米

　　右:用水去向——废水回收　35万立方米

②左:涉水企业——排水公司　35万立方米

右：本级机构——浅层地下水　20万立方米

　　涉水事业单位——渠道管理所　15万立方米

(16) 核销当期用水消耗。

左：用水单位——自来水厂　15万立方米

　　　　——农业部门　55万立方米

　　　　——×企业　　30万立方米

　　　　——环卫公司　15万立方米

右：用水去向——生活饮用水　15万立方米

　　　　——农业用水　55万立方米

　　　　——工业用水　30万立方米

　　　　——绿化用水　15万立方米

二、核算期末账户记录

根据(1)—(16)项涉水事项及其核算分录登记账簿并于期末轧账如下(计量单位：万立方米)。

左方　　河流——××河　　右方		左方　　水库——××水库　　右方	
期初存量　200		期初存量　800	
(4)-② 　6 (9)　　　120	(5)-② 　 1 (10)-① 　20 (11)　　 85 (13)　　 25	(8) 100	(1)-① 　40
本期发生　126	131	本期发生　100	40
期末存量　195		期末存量　860	

左方　　浅层地下水　　右方		左方　　渠道　　右方	
期初存量　1200		期初存量　20	
(15)-① 　20	(3)-② 　40	(15)-① 　15	

续表

左方	浅层地下水	右方	左方	渠道	右方
本期发生 20		40	本期发生 15		
期末存量 1180			期末存量 35		

左方	湖泊——××湖	右方	左方	其他水体	右方
期初存量 1000			期初存量 30		
本期发生	(12)	80	本期发生		
期末存量 920			期末存量 30		

左方	深层地下水	右方	左方	地下热水	右方
期初存量 1800			期初存量 400		
本期发生			本期发生		
期末存量 1800			期末存量 400		

左方	用水去向——生活饮用水	右方	左方	用水去向——农业用水	右方
期初存量			期初存量		
(1)-① 10 (3)-② 5	(16)	15	(1)-① 30 (13) 25	(16)	55
本期发生 15		15	本期发生 55		55
期末存量 0			期末存量 0		

左方	用水去向——工业用水	右方	左方	用水去向——城市绿化	右方
期初存量			期初存量		
(3)-② 20 (5)-② 1 (10)-① 20	(4)-② 6 (16) 30		(3)-② 15	(16)	15
本期发生 41	36		本期发生 15	15	
期末存量 5			期末存量 0		

自然资源资产负债核算

左方	用水去向——废水回收	右方	左方	挤占水量——×企业	右方
期初存量			期初存量		
（14） 35	（15） 35		（11） 15	（10）-② 20	
本期发生 35	35		本期发生 15	20	
期末存量 0			期末存量	5	

左方	待处理负债	右方	左方	超标排污——×企业	右方
期初存量	30		期初存量		
（5）-① 6	（4）-① 6		（6） 5	（5）-① 5	
本期发生 6	6		本期发生 5	5	
期末存量	30		期末存量	0	

左方	本级机构——××河	右方	左方	用水单位——×企业	右方
期初存量	200		期初存量		
（2） 40 （7） 50 （10）-② 20 （11）-① 85 （13）-② 25	（6） 5 （9） 120		（4）-① 6 （16） 30	（3）-① 20 （5）-① 1 （11） 15	
本期发生 220	125		本期发生 36	36	
期末存量	105		期末存量	0	

左方	下级行政机构——湖泊	右方	左方	本级机构——地下水	右方
期初存量	1000		期初存量	3000	
（12） 80				（15）-② 20	
本期发生 80			本期发生	20	
期末存量	920		期末存量	3020	

第四章 水资源资产负债核算系统

左方 涉水事业单位——水库管理所 右方		左方 涉水企业——排水公司 右方	
期初存量	800	期初存量	
(1)-② 40	(8) 100	(15)-② 35	(14) 35
本期发生 40	100	本期发生 35	35
期末存量	860	期末存量	0

左方 涉水企业——旅游公司 右方		左方 涉水事业单位——供水站 右方	
期初存量	400	期初存量	
	(7) 50	(3) 40	(2) 40
本期发生	50	本期发生 40	40
期末存量	450	期末存量	0

左方 涉水事业单位——渠道管理所 右方		左方 用水单位——自来水厂 右方	
期初存量	20	期初存量	
	(15)-② 15	(16) 15	(1)-② 10 (3)-① 5
本期发生	15	本期发生 15	15
期末存量	35	期末存量	0

左方 用水单位——农业部门 右方		左方 用水单位——环卫公司 右方	
期初存量		期初存量	
(16) 55	(1)-② 30 (13)-② 25	(16) 15	(3)-① 15
本期发生 55	55	本期发生 15	15
期末存量	0	期末存量	0

三、核算期末账户记录试算平衡

根据各账户期初余数和核算期内记入账户的分录,进行期末轧账处理并

自然资源资产负债核算

编制试算平衡表如表 4-13 所示。

表 4-13 核算期内账户记录试算平衡表　　　单位：万立方米

科目编码	科目名称		期初存量		本期发生		期末存量	
	一级科目	二级科目	左方	右方	左方	右方	左方	右方
W1-1	河流		200		126	131	195	
W1-2	湖泊	×湖泊	1000			80	920	
W1-3	水库	×水库	800		100	40	860	
W1-4	渠道		20		15		35	
W1-5	其他水体		30				30	
W2-1	浅层地下水		1200		20	40	1180	
W2-2	深层地下水		1800				1800	
W2-3	地下热水		400				400	
W3	用水去向	生活饮用水	0		15	15	0	
W3	用水去向	农业用水	0		55	55	0	
W3	用水去向	工业用水	0		41	36	5	
W3	用水去向	绿化用水	0		15	15	0	
W3	用水去向	废水回收	0		35	35	0	
D1	超耗水量			0				0
D2	挤占水量	×企业		0	15	20		5
D3	超标排污	×企业		0	5	5		0
D4	待处理负债	水污染		30	6	6		30
R1	本级机构	河流	200	220	125		105	
R1	本级机构	地下水	3000			20	3020	
R2	下级行政机构	×湖泊	1000	80			920	
R3	涉水企业	×旅游公司	400			50	450	
R3	涉水企业	排水公司	0		35	35	0	
R3	涉水事业单位	供水站	0		40	40	0	
R4	涉水事业单位	×水库管理所	800	40	100		860	
R4	涉水事业单位	×渠道管理所	20			15	35	
R5	用水单位	自来水厂			15	15		
R5	用水单位	农业部门			55	55		

续表

科目编码	科目名称		期初存量		本期发生		期末存量	
	一级科目	二级科目	左方	右方	左方	右方	左方	右方
R5	用水单位	×企业			36	36		
R5	用水单位	环卫公司			15	15		
合计			5450	5450	984	984	5425	5425

四、《水资源资产负债表》及其分表编制

根据核算期账户记录试算平衡结果，编制该机构《水资源资产负债表》及其分表《水资源资产变动表》《水资源负债与权益变动表》如表4-14—表4-16所示。

表4-14 水资源资产负债实物量表　　　　　　　　单位：万立方米

水资源资产	期初存量	期末存量	水资源负债与权益	期初存量	期末存量
一、地表水			一、水资源负债		
（一）河流			（一）超耗水量		
1.×河	200	195	（二）挤占水量		
（二）湖泊			×企业		5
1.×湖	1000	920	（三）超标排放污水		
（三）水库			×企业		
1.×水库	800	860	（四）待处理负债		
（四）渠道			本级机构	30	30
1.×渠	20	35	水资源负债合计	30	35
（五）其他	30	30	二、水资源权益		
（六）用水去向		5	（一）本级机构		
地表水合计	2050	2045	1.河流	200	105
二、地下水			2.地下水	3000	3020
（一）浅层地下水			（二）下级行政机构		
1.×区块	1200	1180			

自然资源资产负债核算

续表

水资源资产	期初存量	期末存量	水资源负债与权益	期初存量	期末存量
(二)深层地下水			湖泊	1000	920
1.×区块	1800	1800	(三)涉水企业		
(三)地下热水	400	400	旅游公司	400	450
地下水合计	3400	3380	排水公司		
			(四)涉水事业单位		
			×水库管理所	800	860
			×渠道管理所	20	35
			供水站		
			水资源权益合计	5420	5390
水资源资产合计	5450	5425	水资源负债与权益合计	5450	5425

表4-15 水资源资产变动实物量表　　　　　单位:万立方米

指标名称	地表水					浅层地下水	深层地下水	地下热水	合计
	河流	湖泊	水库	渠道	其他	用水			
期初存量	200	1000	800	20	30	1200	1800	400	5450
存量增加									
降水			100						100
回归水				15		20			35
区域外流入	120								120
区域内新增	5				5				10
存量减少									
生活用水			10			5			15
工业用水	20					20			40
农业用水	25		30						55
生态用水						15			15
其他用水									
蒸发			80						80
流出区域外	85								85
期末存量	195	920	860	35	30	1180	1800	400	5425

第四章 水资源资产负债核算系统

表 4-16 水资源负债与权益实物量变动表　　　单位:万立方米

项目	期初存量	期内增加数					期内减少数					期末存量
		河流	水库	回归水	地下水	授权	用水	河流	授权	地下水	蒸发	
一、水资源负债												
(一)超耗用水												
(二)挤占用水												
1.×企业		20					15					5
(三)超标排污												
1.×企业		5					5					
(四)待处理负债												
1.水污染	30											30
2.×企业		6					6					0
二、水资源权益												
1.本级机构	3200	125			20			130	50	40		3125
2.下级行政机构	1000										80	920
3.涉水企业——旅游公司	400					50						450
4.涉水企业——排水公司				35			35					0
5.涉水事业单位——水库管理所	800		100				40					860
6.涉水事业单位——渠道管理所	20			15								35
7.涉水事业单位——供水站					40		40					0
水资源负债与权益合计	5450	156	100	50	60	50	115	156	50	40	80	5425

本章根据水资源的赋存状态和用水去向对水资源资产进行分类分层并设立相应的核算科目,根据国务院划定的用水量红线、用水效率红线和功能区水质红线对水资源负债进行分类分层并设立相应的核算科目,根据水资源的权

自然资源资产负债核算

属关系对水资源权益进行分类分层并设立相应的核算科目。以"水资源资产＝水资源权属"为基本公式,即"水资源资产＝水资源负债＋水资源权益",利用复式记账方法暨不同类别账户结构,进行二维分类核算。整个核算过程强调的是基于涉水事项及其核算分录而登记账簿、期末轧账对账,进行试算平衡,最后才进入报表编制流程。本部分以某区域的政府主管机构为报表编制主体,根据水资源的存在形态和利用过程,预想了覆盖8种变化类型的16项涉水事项,利用会计核算原理设计了水资源资产负债核算的账户系统和报表系统,并进行了模拟核算,最终编制出该区域的《水资源资产负债表》及其分表《水资源资产变动表》和《水资源负债与权益变动表》。

第五章　森林资源资产负债核算系统

第一节　森林资源核算要素的分类分级及其科目设置

一、森林资源资产的分类分级与科目设置

（一）林地与林木的分类

根据《中华人民共和国森林法》，"森林，包括乔木林、竹林和国家特别规定的灌木林。按照用途可以分为防护林、特种用途林、用材林、经济林和能源林。林木，包括树木和竹子。林地，是指县级以上人民政府规划确定的用于发展林业的土地。包括郁闭度0.2以上的乔木林地以及竹林地、灌木林地、疏林地、采伐迹地、火烧迹地、未成林造林地、苗圃地等"[1]。

根据林木资源的自然属性，我国的林木资源采用三级分类[2]，由高层到低层分别为森林植被型、森林类型组和森林类型。代码设定五位数，代表不同

---

[1] 《中华人民共和国森林法》，2019年12月28日修订，第八十三条。
[2] 林业部、国家技术监督局：《林业资源分类与代码　森林类型》（GB/T14721.1-93），1993年11月21日批准，1994年10月1日实施。

的层级。第1位和第2位是森林植被型,第3位是森林类型组,第4位和第五位是森林类型。位于第1位(第一层级)的是"乔木林、竹林、经济林、灌木林"四大类。位于第2位(第二层级)是"乔木林"中的"针叶林、针阔混交林、落叶阔叶林、落叶常绿阔叶混交林、常绿阔叶林、季雨林和雨林、亚高山矮曲林、红树林与珊瑚岛常绿林"8类;"灌木林"中的"针叶灌木林、常绿叶灌木林、落叶阔叶灌木林、常绿阔叶蔺木林"4类。位于第三层级的就多了,"乔木林"下面有"落叶松林组"等48组,"竹林"下面有"大径竹林""小径竹林""竹木混交林"3类,"经济林"下面有"油料林"等8类,"灌木林"下面有"圆柏灌木林"等20组。到了第四层级,"乔木林"下面有"兴安落叶松林"等399种树林,"竹林"下面有"毛竹林"等46种竹林,"经济林"下面有"胡桃林"等48种树林,"灌木林"下面有"高山柏灌木林"等172种。再往下到第五层次,则是难以计数的具体的树木。可见,林木资源尤其是乔木资源,其特点是种类繁多层次多。

根据林木资源的社会属性,按2010年出台的国家标准①,森林分为生态公益林和商品林两类。生态公益林是以保护和改善人类生存环境、维持生态平衡、保存物种资源、科学实验、森林旅游、国土保安等需要为目的的林木和林地。按有关要求划分为特殊保护、重点保护和一般保护三个保护等级。按事权等级划分为国家公益林和地方公益林。商品林是以生产木材、竹材、薪材、干鲜果品和其他工业原料等为主要经营目的的林木、林地。同时将有林地、疏林地和灌木林地根据经营目标的不同分为防护林、特种用途林、用材林、薪炭林和经济林五个林种和23个亚林种(见表5-1)。

---

① 中华人民共和国国家质量监督检验检疫总局、中国国家标准化管理委员会:《森林资源规划设计调查技术规程》(GB/T26424-2010),2011年1月14日发布,2011年6月1日实施。

表 5-1 森林资源分类

类别	种别	亚种
一、生态公益林	（一）防护林	水源涵养林
		水土保持林
		防风固沙林
		农田牧场防护林
		护岸林
		护路林
		其他防护林
	（二）特种用途林	国防林
		实验林
		母树林
		环境保护林
		风景林
		名胜古迹和革命纪念林
		自然保护区林
二、商品林	（三）用材林	短轮伐期工业原料用材林
		速生丰产用材林
		一般用材林
	（四）薪炭林	薪炭林
	（五）经济林	果树林
		食用原料林
		林化工原料林
		药用林
		其他经济林

资料来源：《森林资源规划设计调查技术规程》（GB/T26424-2010）。

（二）森林资源资产核算科目

资产是具有社会属性的概念,因此森林资源资产核算必定是从森林资源社会属性的角度来进行分类核算的。根据 2010 年出台的国家标准,林业部门制定了《国家森林资源连续清查技术规定》并组织了第十八次森林资源连续清查。本书认为可以据此来设置森林资源资产核算的科目。森林资源资产由林木资源资产、林地资源资产和森林生态资产构成。由于森林生态资产的价值更多地体现为生态价值,所以本书暂不将其纳入资产负债核算范围。纳入森林资源资产核算范围的林地资源资产的计量单位采用面积(公顷),林木资源资产的计量单位采用体积(立方米)。由于生态公益林和商品林位于分类的顶层且数目少,并且与下一层次分类对应关系清晰,所以不必设置核算账户,需要时直接汇总下级核算结果即可。本书在进行林地与林木分类的前提下根据林种分别设置林地类的"防护林地""特种用途林地""用材林地""薪炭林地""经济林地"五个一级科目和"待处理林地"一级科目;林木类的"防护林木""特种用途林木""用材林木""薪炭林木""经济林木"五个一级科目和"待处理林木"一级科目。分别根据亚林种在五个林种一级科目下面设置"水源涵养林"等 23 个二级科目和在两个待处理一级科目下面设置 23×2 个或有二级科目。根据核算主体的管理要求,还可以在二级科目下面设置明细科目。森林资源资产核算科目设置见表 5-2。

表 5-2 森林资源资产核算科目表

类别	一级科目	二级科目	三级科目
林地资源资产	防护林地	水源涵养林地	具体林地类型
		水土保持林地	具体林地类型
		防风固沙林地	具体林地类型
		农田牧场防护林地	具体林地类型
		护岸林地	具体林地类型

续表

类别	一级科目	二级科目	三级科目
林地资源资产	防护林地	护路林地	具体林地类型
		其他防护林地	具体林地类型
	特殊用途林地	国防林地	具体林地类型
		实验林地	具体林地类型
		母树林地	具体林地类型
		环境保护林地	具体林地类型
		风景林地	具体林地类型
		名胜古迹和革命纪念林地	具体林地类型
		自然保护区林地	具体林地类型
		短轮伐期工业原料用材林地	具体林地类型
		速生丰产用材林地	具体林地类型
		一般用材林地	具体林地类型
		薪炭林地	具体林地类型
		果树林地	具体林地类型
		食用原料林地	具体林地类型
		林化工原料林地	具体林地类型
		药用林地	具体林地类型
		其他经济林地	具体林地类型
		（同上）	具体林地类型
林木资源资产	防护林木	水源涵养林木	具体林木类型
		水土保持林木	具体林木类型
		防风固沙林木	具体林木类型
		农田牧场防护林木	具体林木类型
		护岸林木	具体林木类型
		护路林木	具体林木类型
		其他防护林木	具体林木类型
	特殊用途林木	国防林木	具体林木类型
		实验林木	具体林木类型

续表

类别	一级科目	二级科目	三级科目
林木资源资产	特殊用途林木	母树林木	具体林木类型
		环境保护林木	具体林木类型
		风景林木	具体林木类型
		名胜古迹和革命纪念林木	具体林木类型
		自然保护区林木	具体林木类型
	用材林木	短轮伐期工业原料用材林木	具体林木类型
		速生丰产用材林木	具体林木类型
		一般用材林木	具体林木类型
	薪炭林木	薪炭林木	具体林木类型
	经济林木	果树林木	具体林木类型
		食用原料林木	具体林木类型
		林化工原料林木	具体林木类型
		药用林木	具体林木类型
		其他经济林木	具体林木类型
	待处理林木	（同上）	具体林木类型

注：根据森林资源的社会属性与计量属性，将森林资源资产分为林地资源资产和林木资源资产两类。可以形成两类不同的资产负债核算平衡系统，即林地资源资产负债核算系统和林木资源资产负债核算系统。林地资源的三级科目可以根据具体的林种设置，如乔木林地、灌木林地、疏林地、未成林造林地、宜林荒山荒地、其他林地等。林木资源的三级科目亦可根据具体林种设置，如竹林、苹果树、茶叶、咖啡等。待处理林地或待处理林木是指林地或林木遭到损害或超采，有待于恢复或改善的部分，它们与森林资源负债相对应。

二、森林资源权属的分类分级与科目设置

（一）森林资源权属

森林资源权属包括所有权和使用权（经营权）。据宪法，我国森林资源的所有权权属分为全民所有和集体所有。[①] 政府主管部门则将森林资源分为林

---

① 《中华人民共和国宪法》，2018年3月11日修正。

地和林木。规定林地的权属分国有和集体,林木的权属分国有、集体(农村集体经济组织所有)和个体(农户自营、农户联营、合资、合作、合股等)。[①]

根据资产定义的逻辑:资产必定"有主","无主"不是资产。我国的森林资源资产都是有权属的,从数量关系看"森林资源资产=附着于森林资源资产之上的权属",即"森林资源资产=森林资源权属"。例如,某地有1万公顷林地,其中7000公顷为生态公益林地,3000公顷为商品林地;8000公顷为国有林地,2000公顷为集体林地,则"7000公顷生态公益林地+3000公顷商品林地=国有林地8000公顷+集体林地2000公顷"。等式左边表述的是林地资源资产,等式的右边表述的是林地资源权属。二者关系符合"森林资源资产=森林资源权属"基本公式。根据责随权走、责权相称的逻辑,森林资源的权属所在就是森林资源的责任所系。如前所述,森林资源负债的实质是核算主体所承担的现实责任,所以,森林资源负债与森林资源权属之间的关系就是一种包含与被包含的关系,即森林资源负债是森林资源权属的备抵项。仍以上述为例,1万公顷的林地被火烧毁1000公顷(其中国有和集体所有各占1/2),需要恢复之,上述平衡公式就变成"1万公顷林地资产=国有林地7500公顷+集体林地1500公顷+待恢复的国有林地500公顷+待恢复的集体林地500公顷"。待恢复的火烧林地,就是森林资源负债。

(二) 森林资源负债及其核算科目

仍以上述为例,除非人们将1000公顷被烧毁的林地改做其他用途,从而减少了1000公顷的森林资源资产,使其权属也相应减少,否则其等式两端的平衡关系就要求保持不变。等式的左端,因为发生了火灾可以将被毁林地资产改成待恢复(待处理)林地,林地面积总数不变;等式的右端则根据负债的实质和责权相称的逻辑改成负债,虽然原有的权属关系没有变化,但是权属关

[①] 中华人民共和国国家标准:《森林资源连续清查技术规定》(GB/T 38590-2020)。

系里面的结构变化了。森林资源资产里面的待处理(待恢复)资产对应的是森林资源权属里的森林资源负债。可见,森林资源的林地资产如果扣除1000公顷待恢复的林地,就是现存的林地净资产;森林资源的林地权属如果扣除了1000公顷的森林资源负债,就是现存的林地净权属。为了与企事业单位的资产负债核算相一致,我们此处将净权属表述为权益,即森林资源权益。所以,基本公式"森林资源资产=森林资源权属"就变成了"森林资源资产=森林资源负债+森林资源权益"。

清楚了森林资源负债与森林资源权属的关系,就可以确认森林资源负债的内容及其分类。

根据可持续发展和生态文明建设的根本要求和政府对森林资源的具体管理要求,森林资源负债是指责任主体所承担的维持、恢复或改善森林资源功能的现实义务,包括逾越生态红线过度采伐的森林和转变林地的用途、森林火灾造成毁损林地的修复、更新造林的预期任务、法定的赔偿、对森林资源保护不到位而接受的处罚等等。确认森林资源负债离不开森林资源管理的相关法规。依据《森林法》①第十五条"森林、林木、林地的所有者和使用者应当依法保护和合理利用森林、林木、林地,不得非法改变林地用途和毁坏森林、林木、林地"、第四十九条"县级以上人民政府林业主管部门应当有计划地组织公益林经营者对公益林中生态功能低下的疏林、残次林等低质低效林,采取林分改造、森林抚育等措施,提高公益林的质量和生态保护功能"和第五十四条"国家严格控制森林年采伐量"的规定,对于违规占用和改变用途的林地、人为毁坏的林地、应提高质量与功能的林地、超额采伐和盗伐的林木、应更新和营造的林木,等等,均为森林资源负债的项目。根据张卫民等(2019)的研究②,可以考虑分别林地和林木设置的森林资源负债的一级科目

---

① 《中华人民共和国森林法》,2019年12月28日修订。
② 张卫民、李晨颖:《森林资源资产负债表核算系统研究》,《自然资源学报》2019年第34卷第6期。

为"应造林采伐迹地""应造林火烧迹地""应退还违规占用林地""应补偿总量低于红线的林地""应改善功能的林地""其他应恢复的林地""超限额采伐量""盗伐林木量""自然灾害损失林木""人为损害林木""其他应恢复林木""应更新改造林木"等12个,其下按照责任单位或个人设置二级科目,再其下按照林地或林木的具体内容设置三级或明细科目。森林资源负债科目表见表5-3。

表5-3 森林资源负债核算科目表

类别	一级科目	二级科目	三级科目
林地资源负债	应造林采伐迹地	某责任主体	某具体林地
	应造林火烧迹地	某责任主体	某具体林地
	应退还违规占用林地	某责任主体	某具体林地
	应补偿总量低于红线的林地	某责任主体	某具体林地
	应改善功能的林地	某责任主体	某具体林地
	其他应恢复的林地	某责任主体	某具体林地
林木资源负债	超限额采伐林木	某责任主体	某项具体林木
	盗伐林木	某责任主体	某项具体林木
	应恢复灾害损失林木	某责任主体	某项具体林木
	应恢复人为损害林木	某责任主体	某项具体林木
	其他应恢复林木	某责任主体	某项具体林木
	应新营造林木	某责任主体	某项具体林木
	应更新改造林木	某责任主体	某项具体林木

注:与森林资源资产相对应,将森林资源负债分成林地资源负债和林木资源负债两类。林地资源负债和林木资源负债的一级科目根据其名称就可理解,确认的依据是森林资源管理的相关法规。二级科目是根据林业资源管理部门辖区范围内的具体责任单位名称来确认,如某林场或某企业或某级政府等。三级科目反映的是负债的具体内容,可与资产方面的分类相对应。

(三)森林资源权益及其核算科目

附着于森林资源资产的权属扣除森林资源负债之后就是森林资源净权属,即森林资源权益。根据国家宪法和森林法,森林资源权属主要是所有权和

自然资源资产负债核算

使用权。按照分级所有和权责相随的原则,森林资源的权益及其核算科目设置如表 5-4 所示。

表 5-4 森林资源权益核算科目

类别		一级科目	二级科目
林地资源权益	本级监管国有林地资源	本级直接监管国有林地	
		委托下级监管国有林地	下级单位名称
		委托林场经营林地	林场名称
		委托国家公园管理林地	国家公园名称
		委托企业经营林地	企业名称
		委托事业单位监管林地	事业单位名称
	集体所有林地资源	集体监管林地	集体单位名称
		集体委托经营林地	经营单位名称
林木资源权益	本级国有林木资源	本级直接监管国有林木	
		委托下级监管国有林木	下级单位名称
		委托林场经营林木	林场名称
		委托国家公园管理林木	国家公园名称
		委托企业经营林木	企业名称
		委托事业单位监管林木	事业单位名称
	集体所有林木资源	集体所有林木	集体组织名称
	个人所有林木资源	个人所有林木	具体个人名称
	其他主体所有林木资源	其他主体所有林木	具体主体名称

注:同样与森林资源资产相对应,将森林资源权益分成林地资源权益和林木资源权益两类。林地资源权益的一级科目"本级监管国有林地"是在本级政府辖区范围内受上级行政部门委托监管的国有林地。根据具体的监管或使用(经营)权限,在一级科目下面分设二级科目如表 5-4 第三栏所示。如果本级政府层级不高且委托单位不多,亦可根据受托单位名称将其设为二级科目。至于明细分类核算,可通过在账户里设置多栏式账页来进行。

第二节 森林资源资产负债核算的账户结构与账簿登记

一、森林资源资产负债核算的账户分类及其结构

根据二维分类的复式记账原理，森林资源资产负债核算账户设置为两大类。一大类是森林资源资产类账户，另一大类是森林资源权属类账户。两大类账户的核算结果保持平衡，即森林资源资产类账户的期初期末存量合计=森林资源权属类账户的期初期末存量合计。与"森林资源资产=森林资源权属"的二维分类总公式相对应。等式右端的森林资源权属进一步分为森林资源负债和森林资源权益。该公式变为"森林资源资产=森林资源负债+森林资源权益"。

在保持"森林资源资产=森林资源负债+森林资源权益"平衡的条件下，等式两端的账户增加与减少的数字要对等，账户结构相反。

（一）森林资源资产类账户结构

根据森林资源资产类科目设置相应的盘存类账户，左方为增加，右方为减少，余额在左方。在此结构下，森林资源资产类账户记录的对象，其存量和变量之间符合"核算期初存量+核算期内增加数量=核算期内减少数量+核算期末存量"的四柱平衡关系，即"森林资源资产期初左方存量+森林资源资产核算期内左方发生数量=森林资源资产核算期内右方发生数量+森林资源资产核算期末左方存量"或"森林资源资产期末左方存量=森林资源资产核算期初左方存量+森林资源资产核算期内左方发生数量-森林资源资产核算期内右方发生数量"。

（二）森林资源负债类账户结构

根据森林资源负债类科目设置相应的盘存类账户,右方为增加,左方为减少,余额在右方。在此结构下,森林资源负债类账户记录的对象,其存量和变量之间符合"核算期初存量+核算期内增加数量=核算期内减少数量+核算期末存量"的四柱平衡关系,即"森林资源负债期初右方存量+森林资源负债核算期内右方发生数量=森林资源负债核算期内左方发生数量+森林资源负债核算期末右方存量"或"森林资源负债期末右方存量=森林资源负债核算期初右方存量+森林资源负债核算期内右方发生数量−森林资源负债核算期内左方发生数量"。

（三）森林资源权益类账户结构

根据森林资源权益类科目设置相应的盘存类账户,右方为增加,左方为减少,余额在右方。在此结构下,森林资源权益类账户记录的对象,其存量和变量之间符合"核算期初存量+核算期内增加数量=核算期内减少数量+核算期末存量"的四柱平衡关系,即"森林资源权益期初右方存量+森林资源权益核算期内右方发生数量=森林资源权益核算期内左方发生数量+森林资源权益核算期末右方存量"或"森林资源权益期末右方存量=森林资源权益核算期初右方存量+森林资源权益核算期内右方发生数量−森林资源权益核算期内左方发生数量"。

二、森林资源资产负债核算要素的变化类型及其核算分录

根据森林资源资产、森林资源负债和森林资源权益三类核算要素之间的数量依存关系,涉及其数量变化的涉林事项有八种类型(森林资源资产增减×森林资源负债增减×森林资源权益增减＝2×2×2＝8)。

（一）林地资源资产负债核算要素的变化类型及其核算分录

第一种类型,是林地资源资产类账户之间的此增彼减,增减数额相等,并未引起"林地资源资产＝林地资源负债＋林地资源权益"关系式左端总数的改变,不破坏等式的平衡关系。例如从将薪炭林地改为经济林地,左记"经济林地"账户,右记"薪炭林地"账户。

第二种类型,是林地资源负债类账户之间的此增彼减,增减数额相等,并未引起"林地资源资产＝林地资源负债＋林地资源权益"关系式右端总数的改变,不破坏等式的平衡关系。例如根据有关部门监测鉴定,要将先前因林木采伐过量而低于红线的林地划为应改善功能的林地,左记"应补偿总量低于红线的林地"账户,右记"应改善功能的林地"账户。

第三种类型,是林地资源权益类账户之间的此增彼减,增减数额相等,并未引起"林地资源资产＝林地资源负债＋林地资源权益"关系式右端总数的改变,不破坏等式的平衡关系。例如本级机构将直接监管的国有林地划拨给某林场经营,左记"本级直接监管国有林地"账户,右记"委托林场经营林地"账户。

第四种类型,是林地资源资产类账户与林地资源权益类账户同时增加,增加数额相等,并未引起"林地资源资产＝林地资源负债＋林地资源权益"关系式两端平衡关系的改变。例如由于行政管辖区域调整,划入本级监管国有防护林地并交某事业单位负责,左记"防护林地"账户,右记"委托事业单位监管林地"账户。

第五种类型,是林地资源资产类账户与林地资源负债类账户同时增加,增加数额相等,并未引起"林地资源资产＝林地资源负债＋林地资源权益"关系式两端平衡关系的改变。例如本辖区要将一片沙漠营造成为防风固沙的林地,左记"防护林地"账户,右记"应改善功能林地"账户。

第六种类型,是林地资源权益类账户与林地资源负债类账户之间此增彼减,增减数额相等,也不改变"林地资源资产=林地资源负债+林地资源权益"关系式的右端总数,平衡关系不变。例如将一片经过完成治理验收合格的防护林划归某事业单位负责的国有林地权益,左记"应改善功能林地"账户,右记"委托事业单位监管林地"账户。

第七种类型,是林地资源资产类账户与林地资源负债类账户同时减少,等式两端减少数额相等,也不改变"林地资源资产=林地资源负债+林地资源权益"的平衡关系。例如将某片原定为应恢复的林地划归建设用地,左记"其他应恢复的林地"账户,右记"待处理林地"账户。

第八种类型,是林地资源资产类账户与林地资源权益类账户同时减少,等式两端减少数额相等,也不改变"林地资源资产=林地资源负债+林地资源权益"的平衡关系。例如经城市发展规划主管部门批准,将一片城郊集体所有的果树林地征用为建设用地,左记"集体所有林地"账户,右记"经济林地"账户。

(二) 林木资源资产负债核算要素的变化类型及其核算分录

第一种类型,是林木资源资产类账户之间的此增彼减,增减数额相等,并未引起"林木资源资产=林木资源负债+林木资源权益"关系式左端总数的改变,不破坏等式的平衡关系。例如从将一片薪炭林改为经济林,左记"经济林木"账户,右记"薪炭林木"账户。

第二种类型,是林木资源负债类账户之间的此增彼减,增减数额相等,并未引起"林木资源资产=林木资源负债+林木资源权益"关系式右端总数的改变,不破坏等式的平衡关系。例如经有关部门裁决先前确认的超限额采伐林木改判为盗伐林木,左记"超限额采伐林木"账户,右记"盗伐林木"账户。

第三种类型,是林木资源权益类账户之间的此增彼减,增减数额相等,并未引起"林木资源资产=林木资源负债+林木资源权益"关系右端总数的改变,不破坏等式的平衡关系。例如本级机构将直接监管的国有林划拨给某林场经营,左记"本级直接监管国有林木"账户,右记"委托林场经营林木"账户。

第四种类型,是林木资源资产类账户与林木资源权益类账户同时增加,增加数额相等,不会改变"林木资源资产＝林木资源负债+林木资源权益"关系式,两端总数改变,平衡关系不变。例如经过某事业单位绿化造林,国有防护林蓄积量增加,左记"防护林木"账户,右记"委托事业单位监管林木"账户。再如农业集体经济林木蓄积量增加,左记"经济林木"账户,右记"集体所有林木"账户。

第五种类型,是林木资源资产类账户与林木资源负债类账户同时增加,增加数额相等,不会破坏"林木资源资产＝林木资源负债+林木资源权益"关系式,两端总数改变,平衡关系不变。例如本辖区正在将一片沙漠营造成为防风固沙的林地,林木蓄积量增加,左记"防护林木"账户,右记"应新营造林木"账户。

第六种类型,是林木资源权益类账户与林木资源负债类账户之间此增彼减,增减数额相等,也不改变"林木资源资产＝林木资源负债+林木资源权益"关系式的右端总数,平衡关系不变。例如将一片经过完成治理验收合格的防护林划归某事业单位负责的国有林权益,左记"应更新改造林木"账户,右记"委托事业单位监管林木"账户。再如某经营单位超额采伐林木,左记"委托企业经营林木"账户,右记"超额采伐林木"账户。

第七种类型,是林木资源资产类账户与林木资源负债类账户同时减少,等式两端减少数额相等,也不改变"林木资源资产＝林木资源负债+林木资源权益"的平衡关系。例如将某片原定为应恢复的林木随林地划归建设用地,左记"其他应恢复林木"账户,右记"待处理林木"账户。

第八种类型,是林木资源资产类账户与林木资源权益类账户同时减少,等式两端减少数额相等,也不改变"林木资源资产＝林木资源负债+林木资源权益"的平衡关系。例如经城市发展规划主管部门批准,将一片城郊集体所有的果树林地征用为建设用地,对地上的林木,左记"集体所有林木",右记"经济林木"。

第三节 森林资源资产负债核算的表系结构与报表格式

一、森林资源资产负债核算的表系结构

本书设计的森林资源资产负债核算系统的报表分为主表、分表、子表、辅助表四个层次。主表为《森林资源资产负债表》,亦可分为《森林资源资产负债实物量表》和《森林资源资产负债价值量表》两张。分表为《森林资源资产变动表》和《森林资源负债与权益变动表》。若下级机构也开展森林资源资产负债核算,则子表为下级机构报送的《森林资源资产负债表》《森林资源资产变动表》和《森林资源负债与权益变动表》。辅助表为《账户记录试算平衡表》。

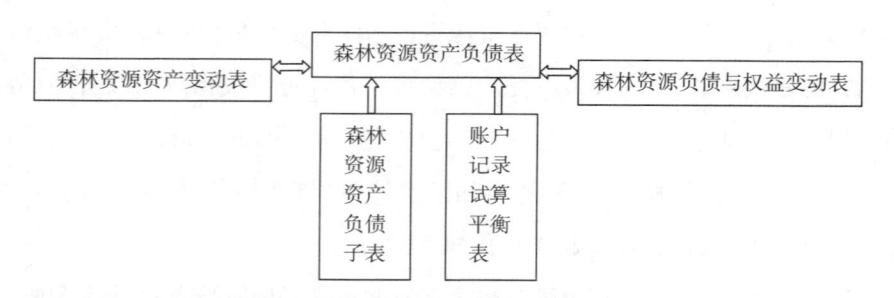

图 5-1 森林资源资产负债核算的表系结构

主表《森林资源资产负债表》反映报告单位辖区范围内各类森林资源资产及其权属关系的核算期初与期末的分布和存量。《森林资源资产负债表》是森林资源资产负债核算系统的总括报表,具有纲举目张的统领作用。由于此表是静态报表,只能反映报告期初和期末两个时点的森林资源存量,所以还需要编制两张动态分表来反映其期初期末存量差异的形成原因。

分表之一《森林资源资产变动表》反映报告单位辖区范围内各类森林资源资产在报告期内的增加量和减少量,是对《森林资源资产负债表》中森林资源资产期初期末存量差异形成原因的解释。

分表之二《森林资源负债与权益变动表》反映报告单位辖区范围内各类森林资源负债和权益在报告期内的增加量和减少量,是对《森林资源资产负债表》中森林资源负债和权益期初期末存量差异形成原因的解释。

辅助表《账户记录试算平衡表》是利用森林资源二维分类平衡关系和复式记账规则,对森林资源资产类账户、森林资源负债类账户和森林资源权益类账户的记录进行试算,看其平衡关系是否成立。若试算结果平衡,说明记账过程符合规则,否则有误。

子表则是下级单位报送的《森林资源资产负债表》及其分表。

二、账户记录试算平衡表格式

核算期末,将所有账户初步轧账之后的数据填入试算平衡表(见表5-5),以此检验左方数与右方数(或借方数与贷方数)是否相符。如相符,说明记账数据无误(不排除入错账户的可能);如不相符,说明记账过程中有错漏,需要进一步稽核。

表5-5 账户记录试算平衡表

科目类别	科目名称	期初余数		本期发生数		期末余数	
		左方	右方	左方	右方	左方	右方
林地资产类	防护林地						
	特殊用途林地						
	用材林地						
	薪炭林地						
	经济林地						
	待处理林地						

自然资源资产负债核算

续表

科目类别	科目名称	期初余数		本期发生数		期末余数	
		左方	右方	左方	右方	左方	右方
林木资产类	防护林木						
	特殊用途林木						
	用材林木						
	薪炭林木						
	经济林木						
	待处理林木						
林地负债类	应造林采伐迹地						
	应造林火烧迹地						
	应退还违规占用林地						
	应补偿总量低于红线的林地						
	应改善功能的林地						
	其他应恢复的林地						
林木负债类	超限额采伐林木						
	盗伐林木						
	应恢复灾害损失林木						
	应恢复人为损害林木						
	其他应恢复林木						
	应新营造林木						
	应更新改造林木						
林地权益类	本级直接监管国有林地						
	委托下级监管国有林地						
	委托林场经营林地						
	委托国家公园管理林地						
	委托企业经营林地						
	委托事业单位监管林地						
	其他						
	集体所有林地						
	集体委托经营林地						

续表

科目类别	科目名称	期初余数		本期发生数		期末余数	
		左方	右方	左方	右方	左方	右方
林木权益类	本级直接监管国有林木						
	委托下级监管国有林木						
	委托林场经营林木						
	委托国家公园管理林木						
	委托企业经营林木						
	委托事业单位监管林木						
	其他						
	集体所有林木						
	个人所有林木						
	其他主体所有林木						

三、森林资源资产负债表格式及编制

森林资源资产负债表是"森林资源资产=森林资源负债+森林资源权益"公式的表格化。报表格式有并列式和排列式两种。并列式是将公式左端的资产项目自上而下排列在报表的左边,将公式右端的负债和权益项目自上而下地排列在报表的右边,左右相对,数量相等。其优点是平衡关系凸显,易于理解;缺点是易受版面限制,栏数少,一般只有期初期末两栏存量数据。排列式则是将公式左端的资产项目排列在报表的上半部,将公式右端的负债和权益项目排列在报表的下半部,上下半部的总量相等。其缺点是资产与权属的对应关系不直观,优点是多栏式,可以反映多期多时点的存量数据,容易看出每一项目的变化趋势。见表5-6和表5-7。

自然资源资产负债核算

表 5-6 森林资源资产负债实物量表(并列式)

森林资源资产	期初	期末	森林资源负债和权益	期初	期末
林地资源资产			林地资源负债		
防护林地			应造林采伐迹地		
其中:水源涵养林地			应造林火烧迹地		
水土保持林地			应退还违规占用林地		
农田牧场防护林地			应补偿总量低于红线的林地		
防风固沙林地			应改善功能的林地		
护路林地			其他应恢复的林地		
特殊用途林地			林地资源负债合计		
其中:国防林地			林地资源权益		
环境保护林地			国家所有林地		
实验林地			本级直接监管国有林地		
母树林地			委托下级监管国有林地		
风景林地			委托林场经营林地		
名胜古迹和革命纪念林地			委托国家公园管理林地		
自然保护区林地			委托企业经营林地		
用材林地			委托事业单位监管林地		
薪炭林地			其他		
经济林地			国家所有林地小计		
其中:果树林地			集体所有林地		
食用原料林地			集体监管林地		
林化工原料林地			集体委托经营林地		
药用林地			集体所有林地小计		
其他经济林地			林地资源权益合计		
林地资源资产总计			林地资源负债和权益总计		
林木资源资产			林木资源负债		
防护林木			超限额采伐林木		
其中:水源涵养林木			盗伐林木		
水土保持林木			应恢复灾害损失林木		
防风固沙林木			应恢复人为损害林木		

续表

森林资源资产	期初	期末	森林资源负债和权益	期初	期末
农田牧场防护林木			其他应恢复林木		
护岸林木			应新营造林木		
护路林木			应更新改造林木		
其他防护林木			林木资源负债小计		
特殊用途林木			林木资源权益		
其中:实验林木			国有林木资源		
母树林木			本级直接监管国有林木		
环境保护林木			委托下级监管国有林木		
用材林木			委托林场经营林木		
其中:短轮伐期工业原料用材林木			委托国家公园管理林木		
速生丰产用材林木			委托企业经营林木		
一般用材林木			委托事业单位监管林木		
薪炭林木			其他		
经济林木			国有林木资源小计		
其中:果树林木			集体所有林木资源		
食用原料林木			集体所有林木		
林化工原料林木			个人所有林木		
药用林木			其他主体所有林木		
其他经济林木			集体所有林木资源小计		
待处理林木			林木资源权益合计		
林木资源资产总计			林木资源负债和权益总计		

表 5-7 森林资源资产负债实物量表（排列式）

序号	项目	×1 年末	×2 年末	×3 年末	×4 年末	×5 年末
	林地资源资产					
	防护林地					
	特殊用途林地					
	用材林地					

自然资源资产负债核算

续表

序号	项目	×1年末	×2年末	×3年末	×4年末	×5年末
	薪炭林地					
	经济林地					
	待处理林地					
	林地资源资产总计					
	林地资源负债					
	应造林采伐迹地					
	应造林火烧迹地					
	应退还违规占用林地					
	应补偿总量低于红线的林地					
	应改善功能的林地					
	其他应恢复的林地					
	林地资源负债小计					
	林地资源权益					
	国家所有林地					
	本级直接监管国有林地					
	委托下级监管国有林地					
	委托林场经营林地					
	委托国家公园管理林地					
	委托企业经营林地					
	委托事业单位监管林地					
	其他					
	国家所有林地小计					
	集体所有林地					
	集体监管林地					
	集体委托经营林地					
	集体所有林地小计					
	林地资源权益合计					
	林地资源负债和权益总计					
	林木资源资产					

续表

序号	项目	×1年末	×2年末	×3年末	×4年末	×5年末
	防护林木					
	特殊用途林木					
	用材林木					
	薪炭林木					
	经济林木					
	待处理林木					
	林木资源资产总计					
	林木资源负债					
	超限额采伐林木					
	盗伐林木					
	应恢复灾害损失林木					
	应恢复人为损害林木					
	其他应恢复林木					
	应新营造林木					
	应更新改造林木					
	林木资源负债小计					
	林木资源权益					
	国有林木资源					
	本级直接监管国有林木					
	委托下级监管国有林木					
	委托林场经营林木					
	委托国家公园管理林木					
	委托企业经营林木					
	委托事业单位监管林木					
	其他					
	国有林木资源小计					
	集体所有林木资源					
	集体所有林木					
	个人所有林木					

续表

序号	项目	×1年末	×2年末	×3年末	×4年末	×5年末
	其他主体所有林木					
	集体所有林木资源小计					
	林木资源权益合计					
	林木资源负债和权益总计					

四、森林资源资产变动表与森林资源负债和权益变动表格式

（一）森林资源资产变动表格式

森林资源资产变动表是动态报表，它反映各项森林资源资产在核算期内的增减变动情况，它是对森林资源资产负债表左端森林资源资产项目期初期末存量差异的说明。森林资源资产变动表格式见表5-8。

表5-8 森林资源资产变动表

项目	期初	本期增加				本期减少					期末
		造林	生长	分类	小计	采伐	毁损	退化	分类	小计	
林地资源资产											
防护林地											
其中:水源涵养林地											
……											
特殊用途林地											
其中:环境保护林地											
……											
用材林地											
其中:工业原料用											
……											
薪炭林地											
其中:灌木林地											

续表

项目	期初	本期增加				本期减少					期末
		造林	生长	分类	小计	采伐	毁损	退化	分类	小计	
……											
经济林地											
其中:果树林地											
……											
待处理林地											
其中:……											
林地资源资产合计											
林木资源资产											
防护林木											
其中:水源涵养林木											
……											
特殊用途林木											
其中:母树林木											
……											
用材林木 其中:一般用材											
……											
经济林木											
其中:药用林木											
……											
待处理林木											
其中:……											
林木资源资产合计											
森林资源资产总计											

注:表5-8中,左边纵向列示的项目应与《森林资源资产负债表》左端资产方的列示保持一致。向右横向列示的增加或减少的栏目可根据实际需要增设。

(二) 森林资源负债和权益变动表格式

森林资源负债和权益变动表是动态报表,它反映各项森林资源负债和权

自然资源资产负债核算

益在核算期内的增减变动情况,它是对森林资源资产负债表右端森林资源负债和权益项目期初期末存量差异的说明。森林资源负债和权益变动表格式见表 5-9。

表 5-9 森林资源负债和权益变动表

项目	期初	本期增加							本期减少							期末
		造林	生长	分类	超伐	毁损	违规	小计	恢复	更新	采伐	退化	毁损	分类	小计	
林地资源负债																
应造林采伐迹地																
应造林火烧迹地																
应退还违规占用林地																
应补偿总量低于红线的林地																
应改善功能的林地																
其他应恢复的林地																
林地资源负债小计																
林地资源权益																
国家所有林地																
本级直接监管国有林地																
委托下级监管国有林地																
委托林场经营林地																
委托国家公园管理林地																
委托企业经营林地																

续表

项目	期初	本期增加							本期减少						期末
		造林	生长	分类	超伐	毁损	违规	小计	恢复	更新	采伐	退化	毁损	分类	小计	
委托事业单位监管林地																
其他																
国家所有林地小计																
集体所有林地																
集体监管林地																
集体委托经营林地																
集体所有林地小计																
林地资源权益合计																
林地资源负债和权益总计																
林木资源负债																
超限额采伐林木																
盗伐林木																
应恢复灾害损失林木																
应恢复人为损害林木																
其他应恢复林木																
应新营造林木																
应更新改造林木																
林木资源负债小计																
林木资源权益																

自然资源资产负债核算

续表

项目	期初	本期增加							本期减少							期末
		造林	生长	分类	超伐	毁损	违规	小计	恢复	更新	采伐	退化	毁损	分类	小计	
国有林木资源																
本级直接监管国有林木																
委托下级监管国有林木																
委托林场经营林木																
委托国家公园管理林木																
委托企业经营林木																
委托事业单位监管林木																
其他																
国有林木资源小计																
集体所有林木资源																
集体所有林木																
个人所有林木																
其他主体所有林木																
集体所有林木资源小计																
林木资源权益合计																
林木资源负债和权益总计																

注：表 5-9 中，左边纵向列示的项目应与《森林资源资产负债表》右端负债和权益方的列示保持一致。向右横向列示的增加或减少的栏目可根据实际需要增设。如果要使增减因素更加直观，还可将此表分拆为《森林资源负债变动表》和《森林资源权益变动表》两张报表。

第四节　森林资源资产负债核算举例

一、核算期内涉及森林资源资产负债核算的事项及其分录

设某政府机构负责区域内的森林资源管理。各项林地(木)资源资产、林地(木)资源负债及权益的年初存量见表5-10—表5-13的期初存量栏。

(1)将辖区内薪炭林地80公顷划为经济林地。

左:经济林地　80公顷

　　右:薪炭林地　80公顷

(2)上述薪炭林蓄积量按照70立方米/公顷计算。

左:经济林木　5600立方米

　　右:薪炭林木　5600立方米

(3)根据有关部门监测鉴定,要将先前因林木采伐过量而低于红线的100公顷林地划为应改善功能的林地。

左:应补偿总量低于红线的林地　100公顷

　　右:应改善功能的林地　100公顷

(4)经有关部门裁决先前确认的超限额采伐林木900立方米改判为盗伐林木。

左:超限额采伐林木　900立方米

　　右:盗伐林木　900立方米

(5)本级机构将直接监管的国有林地2000公顷划拨给某林场经营。

左:本级直接监管国有林地　2000公顷

　　右:委托林场经营林地　2000公顷

(6)划拨给林场的林地按照80立方米/公顷蓄积量计算。

左:本级直接监管国有林木　160000立方米

　　右:委托林场经营林木　160000立方米

（7）由于行政管辖区域调整，上级划入的国有防护林600公顷地交某事业单位负责。

左：防护林地　600公顷

　　右：委托事业单位监管林地　600公顷

（8）划拨过来的600公顷防护林按照60立方米/公顷，计算蓄积量。

左：防护林木　36000立方米

　　右：委托事业单位监管林木　36000立方米

（9）本辖区要将1200公顷沙漠营造成为防风固沙的林地。

左：防护林地　1200公顷

　　右：应改善功能林地　1200公顷

（10）本辖区当年在沙漠造林，种植树木折算为蓄积量0.20立方米/公顷。

左：防护林木　240立方米

　　右：应新营造林木　240立方米

（11）将一片经过完成治理验收合格的500公顷防护林划归某事业单位负责。

左：应改善功能林地　500公顷

　　右：委托事业单位监管林地　500公顷

（12）上述林地按照60立方米/公顷折算蓄积量。

左：应新营造林木　30000立方米

　　右：委托事业单位监管林木　30000立方米

（13）某片原定为应恢复的林地85公顷划归建设用地。

左：其他应恢复的林地　85公顷

　　右：待处理林地　85公顷

（14）上述林地的林木蓄积量按照60立方米/公顷折算。

左：其他应恢复林木　5100立方米

　　右：待处理林木　5100立方米

（15）经城市发展规划主管部门批准，将一片城郊集体所有的20公顷果树林地征用为建设用地。

左:集体所有林地　20 公顷

　　右:经济林地　20 公顷

(16)上述苹果树林地按照每公顷 1500 株苹果树计算。

左:集体所有林木　30000 株或 6000 立方米

　　右:经济林木　30000 株或 6000 立方米

(17)某国家公园管理的环境保护林因树林老化减少蓄积量 1200 立方米。

左:委托国家公园管理林木　1200 立方米

　　右:特殊用途林木　1200 立方米

(18)某林场经营用材林地因雷击发生火灾,过火林地面积 150 公顷。损毁林木 4500 立方米,尚未形成处理意见。

左:待处理林地　150 公顷

　待处理林木　4500 立方米

　　右:用材林地　150 公顷

　　　用材林木　4500 立方米

(19)处理意见下达,责成林场通过造林活动加以恢复。

左:委托林场经营林地　150 公顷

　委托林场经营林木　4500 立方米

　　右:应造林火烧迹地　150 公顷

　　　应恢复灾害损失　4500 立方米

(20)某受托企业新增应更新改造经济林木(药用植物)2000 株。

左:经济林木　2000 株或 4000 立方米

　　右:应更新改造林木　2000 株或 4000 立方米

二、核算期末账户记录试算平衡

根据各账户期初余数和核算期内(1)—(20)涉林事项及其核算分录登记

自然资源资产负债核算

账簿并于期末进行轧账处理并编制试算平衡表见表5-10。

表5-10 账户记录试算平衡表

科目类别	科目名称	期初余数 左方	期初余数 右方	本期发生数 左方	本期发生数 右方	期末余数 左方	期末余数 右方
林地资源资产类（公顷）	防护林地	15000		600		15600	
	特殊用途林地	20000		1200		21200	
	用材林地	3000			150	2850	
	薪炭林地	1000			80	920	
	经济林地	2000		80	20	2060	
	待处理林地	600		150	85	665	
	林地资源资产合计	41600		2030	335	43295	
林地资源负债类（公顷）	应造林采伐迹地		120				120
	应造林火烧迹地		0		150		150
	应退还违规占用林地		0				0
	应补偿总量低于红线的林地		100	100			0
	应改善功能的林地		200	500	1200		900
	其他应恢复的林地		215	85	100		230
	林地资源负债合计		635	685	1450		1400
林地资源权益类（公顷）	本级直接监管国有林地		3065	2000			1065
	委托下级监管国有林地		2100				2100
	委托林场经营林地		12000	150	2000		13850
	委托国家公园管理林地		11000		500		11500
	委托企业经营林地		1800				1800
	委托事业单位监管林地		1000		600		1600
	集体所有林地		2000	20			1980
	集体委托经营林地		8000				8000
	林地资源权益合计		40965	2170	3100		41895
林地资源账户记录总计		41600	41600	4885	4885	43295	43295

续表

科目类别	科目名称	期初余数 左方	期初余数 右方	本期发生数 左方	本期发生数 右方	期末余数 左方	期末余数 右方
林木资源资产类（立方米）	防护林木	900000		36000		936000	
	特殊用途林木	1200000			1200	1198800	
	用材林木	520000		240	4500	515740	
	薪炭林木	60000			5600	54400	
	经济林木	140000		4000	6000	138000	
	待处理林木	36000		10100	5100	41000	
	林木资源资产合计	2856000		50340	22400	2883940	
林木资源负债类（立方米）	超限额采伐林木		0		900		900
	盗伐林木		900	900			0
	应恢复灾害损失林木		0		4500		4500
	应恢复人为损害林木		0				0
	其他应恢复林木		5100	5100			0
	应新营造林木		30000	30000	240		240
	应更新改造林木		280		4000		4280
	林木资源负债合计		36280	36000	9640		9920
林木资源权益类（立方米）	本级直接监管国有林木		183900	160000			23900
	委托下级监管国有林木		126000				126000
	委托林场经营林木		720000	4500	160000		875500
	委托国家公园管理林木		660000	1200	30000		688800
	委托企业经营林木		108000				108000
	委托事业单位监管林木		60000		36000		96000
	集体所有林木		120000	6000			114000
	个人所有林木		360000				360000
	其他主体所有林木		481820				481820
	林木资源权益合计		2819720	171700	226000		2874020
林木资源账户记录总计		2856000	2856000	258040	258040	2883940	2883940

自然资源资产负债核算

如果经济林木的计量单位是"株",为了保持试算平衡,可以将其折算成为"约当立方米"。折算系数可以根据平均树龄或树形计算。假设成熟果树5株/立方米,则30000株果树=6000立方米(30000/5)。20000株=4000立方米(20000/5)。

三、森林资源资产负债实物量表及其分表

根据试算平衡表可以编制《森林资源资产负债表》(见表5-11)、《森林资源资产变动表》(见表5-12)和《森林资源负债和权益变动表》(见表5-13)。

表5-11 森林资源资产负债实物量表　　　　单位:公顷、立方米

森林资源资产	期初	期末	森林资源负债和权益	期初	期末
林地资源资产			林地资源负债		
防护林地	15000	15600	应造林采伐迹地	120	120
水源涵养林地	10000	10600	应造林火烧迹地	0	150
水土保持林地	1000	1000	应退还违规占用林地	0	0
农田牧场防护林地	2000	2000	应补偿总量低于红线的林地	100	0
防风固沙林地	1000	1000	应改善功能的林地	200	900
护路林地	1000	1000	其他应恢复的林地	215	230
特殊用途林地	20000	21200	林地资源负债合计	635	1400
国防林地	2000	2000	林地资源权益		
环境保护林地	10000	11200	国家所有林地		
实验林地	2000	2000	本级直接监管国有林地	3065	1065
母树林地	1000	1000	委托下级监管国有林地	2100	2100
风景林地	800	800	委托林场经营林地	12000	13850
名胜古迹和革命纪念林地	200	200	委托国家公园管理林地	11000	11500
自然保护区林地	4000	4000	委托企业经营林地	1800	1800
用材林地	3000	2850	委托事业单位监管林地	1000	1600

续表

森林资源资产	期初	期末	森林资源负债和权益	期初	期末
薪炭林地	1000	920	其他		
经济林地	2000	2060	国家所有林地小计	30965	31915
果树林地	1200	1260	集体所有林地		
食用原料林地	0	0	集体监管林地	2000	1980
林化工原料林地	0	0	集体委托经营林地	8000	8000
药用林地	800	800	集体所有林地小计	10000	9980
待处理林地	600	665	林地资源权益合计	40965	41895
林地资源资产总计	41600	43295	林地资源负债和权益总计	41600	43295
林木资源资产			林木资源负债		
防护林木	900000	936000	超限额采伐林木	0	900
水源涵养林木	700000	736000	盗伐林木	900	0
水土保持林木	40000	40000	应恢复灾害损失林木	0	4500
防风固沙林木	55000	55000	应恢复人为损害林木	0	0
农田牧场防护林木	60000	60000	其他应恢复林木	5100	0
护岸林木	0	0	应新营造林木	30000	240
护路林木	45000	45000	应更新改造林木	280	4280
其他防护林木	0	0	林木资源负债小计	36280	9920
特殊用途林木	1200000	1198800	林木资源权益		
国防林木	12000	12000	国有林木资源		
环境保护林木	600000	600000	本级直接监管国有林木	183900	23900
母树林木	60000	58800	委托下级监管国有林木	126000	126000
实验林木	120000	120000	委托林场经营林木	720000	875500
风景林木	48000	48000	委托国家公园管理林木	660000	688800
名胜古迹和革命纪念地林木	12000	12000	委托企业经营林木	108000	108000
自然保护区林木	348000	348000	委托事业单位监管林木	60000	96000
用材林木	520000	515740	其他		
一般用材	420000	415740	国有林木资源小计	1857900	1918200

续表

森林资源资产	期初	期末	森林资源负债和权益	期初	期末
……	100000	100000	集体所有林木资源		
薪炭林木	60000	54400	集体所有林木	120000	114000
经济林木	140000	138000	个人所有林木	360000	360000
果树林木	80000	78000	其他主体所有林木	481820	481820
药用林木	60000	60000	集体所有林木资源小计	961820	955820
待处理林木	36000	41000	林木资源权益合计	2819720	2874020
林木资源资产总计	2856000	2883940	林木资源负债和权益总计	2856000	2883940

上述主表和分表均为实物量表。如果需要编制价值量表，则要对每一项列入表内的资产进行价值评估。从核算体系的建立来看，价格标准的确定是基础。一旦有了价格，上述报表就可以变成价值量表。考虑到森林资源资产的计量单位也具有多重属性，编制实物量表的处理方式有三种：

第一种，将所有的资源资产都统一到一种计量单位上来，如上述报表，林地的计量单位统一用公顷，林木的计量单位统一用立方米。

第二种，有些资源的计量单位具有特殊性，如经济林木，一定要用"株"来计量，那就将其从报表项目中剔除。单独编制其资产负债表及其分表。

第三种，将不同的物理计量单位组合成联合单位或资源当量，在此基础上编制多种自然资源统一的资产负债表及其分表。

四、森林资源资产价值评估

（一）森林资源资产价值评估方法

森林资源资产价值评估的基本方法有市场法、收益法和成本法三类。①

---

① 张卫民等：《森林资源资产评估基础》，中国林业出版社2016年版，第162—189页。

表 5-12 森林资源资产实物量变动表

单位：公顷、立方米

项目	期初	本期增加					本期减少					期末
		造林	生长	分类	小计		采伐	毁损	退化	分类	小计	
林地资源资产												
防护林地	15000											15600
水源涵养林地	10000		600		600							10600
……	5000											5000
特殊用途林地	20000											21200
环境保护林地	10000		1200		1200							11200
……	10000											10000
用材林地	3000							150			150	2850
工业原料用	2000											1850
……	1000											1000
薪炭林地	1000											920
灌木林地	800			80	80					80	80	720
……	200											200
经济林地	2000									20	20	2060
果树林地	1200											1260
……	800											800
待处理林地	600			150	150					85	85	665
火灾	0											150

自然资源资产负债核算

续表

项目	期初	本期增加				本期减少					期末
		造林	生长	分类	小计	采伐	毁损	退化	分类	小计	
……	600								85		515
林地资源资产合计	41600			2030	2030		150		185	335	43295
林木资源资产											
防护林木	900000			36000	36000						936000
水源涵养林木	700000			36000							736000
……	200000										200000
特殊用途林木	1200000							1200		1200	1198800
国防林木	12000										12000
环境保护林木	600000										600000
母树林木	60000							1200			58800
实验林木	120000										120000
风景林木	48000										48000
名胜古迹和革命纪念林木	12000										12000
自然保护区林木	348000										348000
用材林木	520000	240			240		4500			4500	515740
一般用材	420000										415740
……	100000										100000
薪炭林木	60000								5600	5600	54400

第五章 森林资源资产负债核算系统

续表

项目	期初	本期增加					本期减少					期末
		造林	生长	分类	超伐	小计	采伐	毁损	退化	分类	小计	
经济林木	140000					4000				6000	6000	138000
果树林木	80000	4000				4000						78000
药用林木	60000											60000
待处理林木	36000			4500	5600	10100				5100	5100	41000
火灾	0							4500			4500	4500
其他	36000				5600				1200			36500
林木资源资产合计	2856000	4240	0	46100	0	50340	0	4500	1200	16700	22400	2883940

表5-13 森林资源负债和权益实物量变动表

单位：公顷、立方米

项目	期初	本期增加					本期减少					期末
		造林	生长	分类	超伐	毁损	小计	采伐	退化	毁损	分类	小计
林地资源负债													
应造林采伐迹地	120												120
应造林火烧迹地	0					150	150						150
应退还违规占用林地	0												0
应补偿总量低于红线的林地	100										100	100	0
应改善功能的林地	200			1200			1200				500	500	900

自然资源资产负债核算

续表

项目	期初	本期增加						本期减少					期末
		造林	生长	分类	超伐	毁损	小计	采伐	退化	毁损	分类	小计	
其他应恢复的林地	215			100			100				85	85	230
林地资源负债小计	635			1300		150	1450				685	685	1400
林地资源权益													
国家所有林地													
本级直接监管国有林地	3065										2000	2000	1065
委托下级监管国有林地	2100			2000			2000						2100
委托林场经营林地	12000									150		150	13850
委托国家公园管理林地	11000			500			500						11500
委托企业经营林地	1800												1800
委托事业单位监管林地	1000			600			600						1600
其他													
国家所有林地小计	30965			3100			3100			150	2000	2150	31915
集体所有林地													
集体监管林地	2000										20	20	1980
集体经营林地	8000												8000
集体委托经营林地	10000										20	20	9980
林地资源权益合计	40965			3100			3100			150	2020	2170	41895

第五章 森林资源资产负债核算系统

续表

项目	期初	本期增加						本期减少					期末
		造林	生长	分类	超伐	毁损	小计	采伐	退化	毁损	分类	小计	
林地资源负债和权益总计	41600			4400		150	4550			150	2705	2855	43295
林木资源负债													
超限额采伐林木	0			900			900				900	900	900
盗伐林木	900												0
应恢复灾害损失林木	0					4500	4500						4500
应恢复人为损害林木	0												0
其他应恢复林木	5100										5100	5100	0
应新营造林木	30000	240					240				30000	30000	240
应更新改造林木	280	4000					4000						4280
林木资源负债小计	36280	4240		900		4500	9640				36000	36000	9920
林木资源权益													
国有林木资源													
本级直接监管国有林木	183900			160000			160000				160000	160000	23900
委托下级监管国有林木	126000												126000
委托林场经营国有林木	720000			160000			160000			4500		4500	875500
委托国家公园管理林木	660000			30000			30000		1200			1200	688800
委托企业经营林木	108000												108000

自然资源资产负债核算

续表

项目	期初	本期增加						本期减少					期末
		造林	生长	分类	超伐	毁损	小计	采伐	退化	毁损	分类	小计	
委托事业单位监管林木	60000			36000			36000						96000
其他													
国有林木资源小计	1857900			226000			226000		1200	4500	160000	165700	1918200
集体所有林木资源													
集体所有林木	120000										6000	6000	114000
个人所有林木	360000												360000
其他主体所有林木	481820												481820
集体所有林木资源小计	961820										6000	6000	955820
林木资源权益合计	2819720			226000			226000		1200	4500	166000	171700	2874020
林木资源负债和权益总计	2856000	4240		226900		4500	235640		1200	4500	202000	207700	2883940

1. 市场法

它是利用市场上同类或类似资产的近期交易价格,经过类比分析以估测评估对象价值的方法总称。根据参照对象的地域和时间统计范围不同,可以细分为参照国际市场或国内市场或地区市场的即期交易价格、某季度(年度)平均交易价格、某期间(3年或5年)平均交易价格等。具体方法有现行市价法、市价折扣法、成本市价法、功能价值类比法、价格指数法、类比调整法等。

2. 收益法

它是通过估测被评估资产未来预期收益的现值来判断资产价值的方法总称。其基本表达式为:

$$P = \sum_{i=0}^{n} \frac{R_i}{(1+r)^n}$$

式中:P——资产评估值;

R_i——未来第 i 年的预期收益;

r——折现率;

n——收益年期。

根据预期收益的变化程度不同(各年相等或不相等)、收益年期不同(有限或无限)、收益法的基本公式会有相应的变形。

3. 成本法

它是根据被评估资产的重置成本来估测其价值的方法总称。成本法的应用涉及四个因素:重置成本及其估算,资产的实体性贬值,资产的功能性贬值,资产的经济性贬值。

(1)重置成本及其估算。按照重置方式的不同,重置成本分为复原重置成本和更新重置成本两种。前者是完全恢复原有性能的资产,后者是复原出具有更高性能的资产。对资产的重置成本可以通过若干种具体方法来估算。实务中常见的有重置核算法、物价指数法、功能价值类比法、规模经济效益指数法。

（2）实体性贬值及其测算。实体性贬值是指资产的有形损耗,由于自然力的作用而使资产性能下降而引起的资产价值损失。可选择的测算方法有观测法、年限法、修复费用法。

（3）功能性贬值及其测算。功能性贬值是由于科学技术进步而使资产功能相对落后或下降而造成的资产价值损失。其测算方法是比较与替代资产的运营成本。例如,使用某林木资产的运营成本为1万元,替代资产的运营成本为8000元,则该林木资产功能性贬值2000元。

（4）资产经济性贬值及其测算。资产经济性贬值是由于宏观条件变化而引起的资产价值损失。如宏观经济政策的调整、市场供求关系的变化等。经济性贬值的表现一是资产使用率下降,二是收益率下降。例如为治理环境污染,国家限制造纸生产,作为造纸原料的桉树林,其经济价值下降。

（二）森林资源资产价值评估报告

对森林资源资产进行价值评估的结果,通过编制森林资源资产评估报告的方式呈现。森林资源资产评估报告的基本构成是:森林资源资产评估报告书正文及相关附件,森林资源资产评估说明,森林资源资产评估明细表。其中,森林资源资产评估报告书正文及相关附件包括五个方面内容:标题及文号、声明、摘要、正文、附件。正文的基本内容有15项:绪言、委托方、评估目的、评估对象和评估范围、价值类型及其定义、评估基准日、评估依据、评估方法、评估程序实施过程和情况、评估假设、评估结论、特别事项说明、评估报告使用限制说明、评估报告日、签字盖章。表5-14是根据表5-11列示的森林资源资产模拟的评估值。

第五章 森林资源资产负债核算系统

表 5-14 森林资源资产价值评估表

林地资源资产	面积（公顷）	评估值（百万元）	价格（百万元/公顷）
防护林地	15000	1950000	
水源涵养林地	10000	1300000	130
……	5000	650000	130
特殊用途林地	20000	2600000	
环境保护林地	10000	1300000	130
……	10000	1300000	130
用材林地	3000	540000	
工业原料用	2000	360000	180
……	1000	180000	180
薪炭林地	1000	160000	
灌木林地	800	128000	160
……	200	32000	160
经济林地	2000	420000	
果树林地	1200	252000	210
……	800	168000	210
待处理林地	600	102000	
火灾	0		
其他待处理	600		170
林地资源资产合计	41600	5772000	
林木资源资产	蓄积（立方米）	评估值（百万元）	单位价格（元/立方米）
防护林木	900000	612	
水源涵养林木	700000	476	680
……	200000	136	680
特殊用途林木	1200000	968.52	

续表

林木资源资产	蓄积（立方米）	评估值（百万元）	单位价格（元/立方米）
国防林木	12000	8.4	700
环境保护林木	600000	480	800
母树林木	60000	72	1200
实验林木	120000	120	1000
风景林木	48000	43.2	900
名胜古迹和革命纪念地林木	12000	11.76	980
自然保护区林木	348000	233.16	670
用材林木	520000	399.6	
一般用材	420000	327.6	780
其他用材	100000	72	720
薪炭林木	60000	25.2	420
经济林木	140000	264	
果树林木	80000	144	1800
药用林木	60000	120	2000
待处理林木	36000	34.2	
其他	36000	34.2	950
林木资源资产合计	2856000	2303.52	

注：以上数据为模拟数据，并非真实价格。

五、森林资源资产负债价值量表及其分表

根据上述森林资源资产价值评估结果和森林资源资产负债实物量表，编制森林资源资产负债价值量表及其分表，见表5-15—表5-17。

表 5-15 自然资源资产负债价值表

单位：百万元

森林资源资产	期初	期末	森林资源负债和权益	期初	期末
林地资源资产			林地资源负债		
防护林地	1950000	2028000	应造林采伐迹地	16650	16650
水源涵养林地	1300000	1378000	应造林火烧迹地	0	20752.5
水土保持林地	130000	130000	应退还违规占用林地	0	0
农田牧场防护林地	260000	260000	应补偿总量低于红线的林地	13875	0
防风固沙林地	130000	130000	应改善功能的林地	27750	124466.57
护路林地	130000	130000	其他应恢复的林地	29831.25	31820.5
特殊用途林地	2600000	2756000	林地资源负债合计	88106.25	193689.57
国防林地	260000	260000	林地资源权益		
环境保护林地	1300000	1456000	国家所有林地		
实验林地	260000	260000	本级直接监管国有林地	425268.75	147342.75
母树林地	130000	130000	委托下级监管国有林地	291375	291375
风景林地	104000	104000	委托林场经营林地	1665000	1920907.5
名胜古迹和革命纪念林地	26000	26000	委托国家公园管理林地	1526250	1595425
自然保护区林地	520000	520000	委托企业经营林地	249750	249750
用材林地	540000	513000	委托事业单位监管林地	138750	210627.18
薪炭林地	160000	147200	其他		

自然资源资产负债核算

续表

森林资源资产	期初	期末	森林资源负债和权益	期初	期末
经济林地	420000	432600	国家所有林地小计	4296393.75	4415427.43
果树林地	252000	264600	集体所有林地		
食用原料林地	0	0	集体监管林地	277500	270733
林化工原料林地	0	0	集体委托经营林地	1110000	1110000
药用林地	168000	168000	集体所有林地小计	1387500	1380733
待处理林地	102000	113050	林地资源权益合计	5683893.75	5796160.43
林地资源资产总计	5772000	5989850	林地资源负债权益总计	5772000	5989850
林木资源资产			林木资源负债		
防护林木	612	636.48	超限额采伐林木	0	0.72
水源涵养林木	476	500.48	盗伐林木	0.73	0
水土保持林木	27.2	27.2	应恢复灾害损失林木	0	3.2
防风固沙林木	37.4	37.4	应恢复人为损害林木	0	0
农田牧场防护林木	40.8	40.8	其他应恢复林木	4.11	0
护岸林木	0	0	应新营造林木	24.2	0.19
护路林木	30.6	30.6	应更新改造林木	0.23	3.88
其他防护林木	0	0	林木资源负债小计	29.27	7.99
特殊用途林木	968.52	967.08	林木资源权益		

续表

森林资源资产	期初	期末	森林资源负债和权益	期初	期末
国防林木	8.4	8.4	国有林木资源		
环境保护林木	480	480	本级直接监管国有林木	148.32	18.91
母树林木	72	70.56	委托下级监管国有林木	101.63	101.63
实验林木	120	120	委托林场经营林木	580.72	704.92
风景林木	43.2	43.2	委托国家公园管理林木	532.32	554.59
名胜古迹和革命纪念地林木	11.76	11.76	委托企业经营林木	87.11	87.11
自然保护区林木	233.16	233.16	委托事业单位监管林木	48.39	77.3
用材林木	399.6	396.28	其他		
一般用材	327.6	324.28	国有林木资源小计	1498.49	1544.46
……	72	72	集体所有林木资源		
薪炭林木	25.2	22.85	集体所有林木	96.79	90.62
经济林木	264	260.4	个人所有林木	290.36	290.36
果树林木	144	140.4	其他主体所有林木	388.61	388.61
药用林木	120	120	集体所有林木小计	775.76	769.59
待处理林木	34.2	38.95	林木资源权益合计	2274.25	2314.05
林木资源资产总计	2303.52	2322.04	林木资源负债权益总计	2303.52	2322.04
森林资源资产总计	5774303.52	5992172.04	森林资源负债权益总计	5774303.52	5992172.04

自然资源资产负债核算

表 5-16 自然资源资产价值量变动表

单位:百万元

项目	期初	本期增加			本期减少				期末
		造林	分类	小计	毁损	退化	分类	小计	
林地资源资产									
防护林地	1950000		78000	78000					2028000
水源涵养林地	1300000	78000							1378000
……	650000								650000
特殊用途林地	2600000		156000	156000					2756000
环境保护林地	1300000	156000							1456000
……	1300000								1300000
用材林地	540000							27000	513000
工业原料用	360000				27000				333000
……	180000								180000
薪炭林地	160000						12800	12800	147200
灌木林地	128000						12800		115200
……	32000								32000
经济林地	420000		16800	16800				4200	432600
果树林地	252000	16800					4200		264600
……	168000								168000
待处理林地	102000		25500	25500			14450	14450	113050
火灾	0	25500					14450		25500
……	102000								87550

第五章 森林资源资产负债核算系统

续表

项目	期初	本期增加				本期减少				期末
		造林	分类	小计		毁损	退化	分类	小计	
林地资产合计	5772000		276300	276300		27000		31450	58450	5989850
林木资源资产										
防护林木	612			24.48						636.48
水源涵养林木	476		24.48							500.48
……	136									136
特殊用途林木	968.52								1.44	967.08
国防林木	8.4									8.4
环境保护林木	480									480
母树林木	72						1.44			70.56
实验林木	120									120
风景林木	43.2									43.2
名胜古迹和革命纪念林木	11.76									11.76
自然保护区林木	233.16									233.16
用材林木	399.6	0.19		0.19		3.51			3.51	396.28
一般用材	327.6									324.28
……	72									72
薪炭林木	25.2							2.35	2.35	22.85
经济林木	264			7.2					10.8	260.4

自然资源资产负债核算

续表

项目	期初	本期增加					本期减少					期末
		造林	分类	毁损		小计	分类	退化	毁损		小计	
果树林木	144	7.2					10.8					140.4
药用林木	120											120
待处理林木	34.2		4.28		9.6				4.85		4.85	38.95
火灾	0		5.32									4.28
其他	34.2											34.67
林木资产合计	2303.52	7.39	34.08	3.51	41.47		18	1.44			22.95	2322.04
森林资源资产总计	5774303.52				276341.47						58472.95	5992172.04

表 5-17 森林资源负债和权益价值量变动表

单位:百万元

项目	期初	本期增加				本期减少				期末
		造林	分类	毁损	小计	分类	毁损	退化	小计	
林地资源负债										
应造林采伐迹地	16650									16650
应造林火烧迹地	0			20752.5	20752.5					20752.5
应退还违规占用林地	0									0

第五章 森林资源资产负债核算系统

续表

项目	期初	本期增加 造林	本期增加 分类	本期增加 毁损	本期增加 小计	本期减少 退化	本期减少 毁损	本期减少 分类	本期减少 小计	期末
应补偿总量低于红线的林地	13875							13875	13875	0
应改善功能的林地	27750		165882.12		165882.12			69165.55	69165.55	124466.57
其他应恢复的林地	29831.25		13261.8		13261.8			11272.55	11272.55	31820.5
林地资源负债小计	88106.25		179143.92	20752.5	199896.42			94313.1	94313.1	193689.57
林地资源权益										
国家所有林地										
本级直接监管国有林地	425268.75							277926	277926	147342.75
委托下级监管国有林地	291375		277500		277500					291375
委托国有林场经营林地	1665000		69175		69175		21592.5		21592.5	1920907.5
委托国家公园管理林地	1526250									1595425
委托企业经营林地	249750									249750

自然资源资产负债核算

续表

项目	期初	本期增加				本期减少					期末
		造林	分类	毁损	小计	退化	毁损	分类	小计		
委托事业单位监管林地	138750		71877.18		71877.18						210627.18
国家所有林地小计	4296393.75		418552.18		418552.18		21592.5	277926	299518.5		4415427.43
集体所有林地											
集体监管林地	277500							6767	6767		270733
集体委托经营林地	1110000										1110000
集体所有林地小计	1387500							6767	6767		1380733
林地资源权益合计	5683893.75		418552.18		418552.18		21592.5	284693	306285.5		5796160.43
林地资源负债权益总计	5772000		597696.1	20752.5	618448.6		21592.5	379006.1	400598.6		5989850
林木资源负债											
超限额采伐林木	0		0.72		0.72			0.73	0.73		0.72
盗伐林木	0.73										0
应恢复灾害损失林木	0		3.2		3.2						3.2

第五章　森林资源资产负债核算系统

续表

项目	期初	本期增加				本期减少				期末
		造林	分类	毁损	小计	退化	毁损	分类	小计	
应恢复人为损害林木	0									0
其他应恢复林木	4.11							4.11	4.11	0
应新营造林木	24.2	0.19			0.19			24.2	24.2	0.19
应更新改造林木	0.23	3.65			3.65					3.88
林木资源负债小计	29.27	3.84	0.72	3.2	7.76			29.04	29.04	7.99
林木资源权益										
国有林木资源										
本级直接监管国有林木	148.32							129.41	129.41	18.91
委托下级监管国有林木	101.63									101.63
委托林场经营林木	580.72		129.41		129.41		5.21		5.21	704.92
委托国家公园管理林木	532.32		24.2		24.2	1.93			1.93	554.59

自然资源资产负债核算

续表

项目	期初	本期增加				本期减少				期末
		造林	分类	毁损	小计	退化	毁损	分类	小计	
委托企业经营林木	87.11									87.11
委托事业单位监管林木	48.39		28.91		28.91					77.3
国有林木资源小计	1498.49		182.52		182.52	1.93	5.21	129.41	136.55	1544.46
集体所有林木资源										
集体所有林木	96.79							6.17	6.17	90.62
个人所有林木	290.36									290.36
其他主体所有林木	388.61									388.61
集体所有林木资源小计	775.76							6.17	6.17	769.59
林木资源权益合计	2274.25		182.52		182.52	1.93	5.21	135.58	142.72	2314.05
林木资源负债总计	2303.52	3.84	183.24	3.2	190.28	1.93	5.21	164.62	171.76	2322.04
森林资源负债权益总计	5774303.52	3.84	597879.34	20755.7	618638.88		21597.71	379170.72	400770.36	5992172.04

第五章　森林资源资产负债核算系统

本章根据《中华人民共和国森林法》和国家标准,从社会属性角度对森林资源资产进行分类并设置核算科目和账户。根据"资产=权属"的二维分类平衡原理,从权属责任角度对森林资源负债权益进行分类并设置核算科目和账户。按照复式记账方法,以某区域的政府主管机构为报表编制主体,根据森林资源中主要的存在形态——林地资源和林木资源,设想了覆盖8种变化类型的20项涉林事项,利用会计核算原理设计了森林资源资产负债核算的账户系统和报表系统,并进行了模拟核算,最终编制出该区域的实物计量的《森林资源资产负债表》及其分表《森林资源资产变动表》和《森林资源负债与权益变动表》。对森林资源的价值评估,可采用的方法有市场法、收益法、成本法,根据森林资源资产价值评估结果,进一步编制出《森林资源资产负债表》《森林资源资产变动表》和《森林资源负债与权益变动表》的价值量表。

第六章　土地资源资产负债核算系统

第一节　土地资源核算要素的分类分级及其科目设置

一、土地资源资产的分类分级与科目设置

（一）土地资源分类及其核算特征

土地资源的特点是空间范围（土地面积）不变，用途结构可变。虽然某种程度上辖区土地面积会改变，例如由于自然原因新增长的滩涂、干涸的湖泊，由于人为原因填海填湖形成的陆地、行政区划改变等，但是基本特点仍存。

对土地资源的权威性分类有四种。

第一种分类，根据国家土地规划用途分类。将土地分为农用地、建设用地、未利用地三大类。"农用地是指直接用于农业生产的土地，包括耕地、林地、草地、农田水利用地、养殖水面等；建设用地是指建造建筑物、构筑物的土地，包括城乡住宅和公共设施用地、工矿用地、交通水利设施用地、旅游用地、军事设施用地等；未利用地是指农用地和建设用地以外的土地。"[①]

---

① 《中华人民共和国土地管理法》，2019 年 8 月 26 日修订。

第二种分类,根据土地利用状态(即国家标准)分类。将土地利用类型分为耕地、园地、林地、草地、商服用地、工矿仓储用地、住宅用地、公共管理与公共服务用地、特殊用地、交通运输用地、水域及水利设施用地、其他用地等12个一级类、72个二级类。①

以上两种分类所指的土地属于广义的土地,既含空间范围的概念又含地表生物生长条件的概念。根据联合国《2012年环境经济核算体系中心框架》(SEEA-2012)的划分,广义的土地概念被分成"土地"和"土壤"两种资源。联合国是从空间范围角度对土地概念进行定义,因此土地是指包括湖泊河流在内的陆地区域。在此基础上,又从土地使用和土地覆盖两个角度对土地进行分类。

第三种分类(SEEA-2012),根据土地使用情况分类。将土地分为农业用地、林业用地、水产养殖用地、建筑用地和相关区域、维护和恢复环境功能用地、未予分类的其他用途土地、未使用的土地七类,同时将内陆水域分为用作水产养殖或者容留设施的内陆水域、用于维护和恢复环境功能的内陆水域、别处未予分类的其他用途内陆水域、未使用的内陆水域四种。

第四种分类(SEEA-2012),根据土地覆被物分类。分为人工地表(包括城市和相关区域)、草本作物、木本作物、多种或分层作物、草地、树木覆被区、红树林、灌木覆被区、水生或定期淹没的灌木和或草本植被、天然植被稀少的区域、陆地荒原、永久积雪和冰川、内陆水体、近岸水体和潮间带。②

(二) 土地资源资产科目设置

根据"土地资源资产=土地资源权属"或"土地资源资产=土地资源负债+土地资源权益"的平衡关系和复式记账逻辑,土地资源资产负债核算需要

---

① 国土资源部、国家质量监督检验检疫总局、国家标准化管理委员会:《土地利用现状分类》(GB/T 21010-2017),见 http://openstd.samr.gov.cn。

② 联合国等:《2012年环境经济核算体系中心框架》(System of Environmental Economic Accounting),见 https://seea.un.org/content/homepage,第160、162页。

自然资源资产负债核算

设置三类核算科目。即土地资源资产类科目,土地资源负债类科目和土地资源权益类科目。

本书根据国家标准来设置土地资源资产类核算科目。即设置12个一级科目、72个二级科目。表6-1是土地资源资产核算科目及适用范围明细表。

表6-1 土地资源资产核算科目及适用范围表

一级土地资源资产科目	二级土地资源资产科目	土地资源资产核算科目适用范围
耕地资源资产	水田资产	指用于种植水稻、莲藕等水生农作物的耕地。包括实行水生、旱生农作物轮种的耕地
	水浇地资产	指有水源保证和灌溉设施,在一般年景能正常灌溉,种植旱生农作物的耕地。包括种植蔬菜等的非工厂化的大棚用地
	旱地资产	指无灌溉设施,主要靠天然降水种植旱生农作物的耕地,包括没有灌溉设施,仅靠引洪淤灌的耕地
园地资源资产	果园资产	指种植果树的园地
	茶园资产	指种植茶树的园地
	橡胶园资产	指种植橡胶树的园地
	其他园地资产	指种植桑树、橡胶、可可、咖啡、油棕、胡椒、药材等其他多年生作物的园地
林地资源资产	乔木林地资产	指乔木郁闭度≥0.2的林地,不包括森林沼泽
	竹林地资产	指生长竹类植物,郁闭度≥0.2的林地
	红树林地资产	指沿海生长红树植物的林地
	森林沼泽资产	指生长竹类植物,郁闭度≥0.2的林地
	灌木沼泽资产	以灌丛植物为优势群落的淡水沼泽
	其他林地资产	包括疏林地(指树木0.1≤郁闭度<0.2的林地)、未成林地、迹地、苗圃等林地

续表

一级土地资源资产科目	二级土地资源资产科目	土地资源资产核算科目适用范围
草地资源资产	天然牧草地资产	指以天然草本植物为主,用于放牧或割草的草地
	沼泽草地资产	指以天然草本植物为主的沼泽化的低地草甸、高寒草甸
	人工牧草地资产	指人工种植牧草的草地
	其他草地资产	指树木郁闭度<0.1,表层为土质,不用于放牧的草地
商服用地资源资产	零售商业用地资产	以零售功能为主的商铺、商场、超市、市场和加油、加气、充换电站等的用地
	批发市场用地资产	以批发功能为主的市场用地
	餐饮用地资产	饭店、餐厅、酒吧等用地
	旅馆用地资产	宾馆、旅馆、招待所、服务型公寓、度假村等用地
	商务金融用地资产	指商务服务用地,以及经营性的办公场所用地。包括写字楼、商业性办公场所、金融活动场所和企业厂区外独立的办公场所;信息网络服务、信息技术服务、电子商务服务、广告传媒等用地
	娱乐用地资产	指剧院、音乐厅、电影院、歌舞厅、网吧、影视城、仿古城以及绿地率小于65%的大型游乐设施用地
	其他商服用地资产	指零售商业、批发市场、餐饮、旅馆、商务金融、娱乐用地以外的其他商业服务业用地。包括洗车场、洗染店、照相馆、理发美容店、洗浴场所、赛马场、高尔夫球场、废旧物资回收站、机动车、电子产品和日用产品修理网点、物流营业网点,以及居住小区及小区级以下的配套的服务设施等用地
工矿仓储用地资源资产	工业用地资产	指工业生产、产品加工制造、机械和设备修理及直接为工业生产等服务的附属设施用地
	采矿用地资产	指采矿、采石、采砂(沙)场,砖瓦窑等地面生产用地,排土(石)及尾矿堆放地
	盐田资产	指用于生产盐的土地,包括晒盐场所、盐池及附属设施用地
	仓储用地资产	指用于物资储备、中转的场所用地,包括物流仓储设施、配送中心、转运中心等

自然资源资产负债核算

续表

一级土地资源资产科目	二级土地资源资产科目	土地资源资产核算科目适用范围
住宅用地资源资产	城镇住宅用地资产	指城镇用于生活居住的各类房屋用地及其附属设施用地。不含配套的商业服务设施等用地
	农村宅基地资产	指农村用于生活居住的宅基地
公共管理与公共服务用地资源资产	机关团体用地资产	指用于党政机关、社会团体、群众自治组织等的用地
	新闻出版用地资产	指用于广播电台、电视台、电影厂、报社、杂志社、通讯社、出版社等的用地
	教育用地资产	指用于各类教育用地,包括高等院校、中等专业学校、中学、小学、幼儿园及其附属设施用地。聋、哑、盲人学校及工读学校用地,以及为学校配建的独立地段的学生生活用地
	科研用地资产	指独立的科研、勘察、研发、设计、检验检测、技术推广、环境评估与检测、科普等科研事业单位及其附属基础设施
	医疗卫生用地资产	指医疗、保健、卫生、防疫、康复和急救设施用地。包括综合医院、专科医院、社区卫生服务中心等用地;卫生防疫站、专科防治所、检验中心和动物检疫站等用地;对环境有特殊要求的传染病、精神病等专科医院用地、急救中心、血库等用地
	社会福利用地资产	指为社会提供福利和慈善服务的设施及其附属设施用地。包括福利院、养老院、孤儿院等用地
	文化设施用地资产	指图书馆、展览等公共文化活动设施用地。包括公共图书馆、博物馆、档案馆、科技馆、纪念馆、美术馆和展览馆等设施用地;综合文化活动中心、文化馆、青少年宫、儿童活动中心、老年活动中心等设施用地
	体育用地资产	指体育场馆和体育训练基地等用地,包括室内外体育运动用地,如体育场馆、游泳场馆、各类球场及其附属的业余体校等用地,溜冰场、跳伞场、摩托车场、射击场,以及水上运动的陆域部分等用地,以及为体育运动专设的训练基地用地,不包括学校等机构专用的体育设施用地
	公共设施用地资产	指用于城乡基础设施的用地。包括给供水、排水、污水处理、供电、供热、供气、邮政、电信、消防、环卫、公用设施维修等用地
	公园与绿地资产	指城镇、村庄内部的公园、动物园、植物园、街心花园、广场和用于休憩、美化环境及防护的绿化用地

续表

一级土地资源资产科目	二级土地资源资产科目	土地资源资产核算科目适用范围
特殊用地资源资产	军事设施用地资产	指直接用于军事目的的设施用地
	使领馆用地资产	指用于外国政府及国际组织驻华使领馆、办事处等的用地
	监教场所用地资产	指用于监狱、看守所、劳改场、戒毒所等的建筑用地
	宗教用地资产	指专门用于宗教活动的庙宇、寺院、道观、教堂等宗教自用地
	殡葬用地资产	指陵园、墓地、殡葬场所用地
	风景名胜设施用地资产	指风景名胜景点(包括名胜古迹、旅游景点、革命遗址、自然保护区、森林公园、地质公园、湿地公园等)的管理机构,以及旅游服务设施的建筑用地。景区内的其他用地按现状归入相应地类
交通运输用地资源资产	铁路用地资产	指用于铁道线路及场站的用地。包括征地范围内的路堤、路堑、道沟、桥梁、林木等用地
	轨道交通用地资产	指用于轻轨、现代有轨电车、单轨等轨道交通用地,以及场站的用地
	公路用地资产	指用于国道、省道、县道和乡道的用地。包括征地范围内的路堤、路堑、道沟、桥梁、汽车停靠站、林木及直接为其服务的附属用地
	城镇村道路用地资产	指城镇、村庄范围内公用道路及行道树用地,包括快速路、主干路、次干路、支路、专用人行道和非机动车道,以及其交叉口等
	交通服务场站用地资产	指城镇、村庄范围内交通服务设施用地,包括公交枢纽及其附属设施用地,公路长途客运站、公共交通场站、公共停车场(含设有充电桩的停车场)、停车楼、教练场等用地,不包括交通指挥中心、交通队用地
	农村道路资产	在农村范围内,1.0米≤南方宽度≤8米,2.0米≤北方宽度≤8米,用于村间、田间交通运输,并在国家公路网络体系之外,以服务于农村农业生产为主要用途的道路(含机耕道)
	机场用地资产	指用于民用机场、军民合用机场的用地
	港口码头用地资产	指用于人工修建的客运、货运、捕捞及工程、工作船舶停靠的场所及其附属建筑物的用地,不包括常水位以下部分
	管道运输用地资产	指用于运输煤炭、矿石、石油、天然气等管道及其相应附属设施的地上部分用地

自然资源资产负债核算

续表

一级土地资源资产科目	二级土地资源资产科目	土地资源资产核算科目适用范围
水域及水利设施用地资源资产	河流水面资产	指天然形成或人工开挖河流常水位岸线之间的水面,不包括被堤坝拦截后形成的水库区段水面
	湖泊水面资产	指天然形成的积水区常水位岸线所围成的水面
	水库水面资产	指人工拦截汇集而成的总库容≥10万立方米的水库正常蓄水位岸线所围成的水面
	坑塘水面资产	指人工开挖或天然形成的蓄水量<10万立方米的坑塘常水位岸线所围成的水面
	沿海滩涂资产	指沿海大潮高潮位与低潮位之间的潮浸地带。包括海岛的沿海滩涂。不包括已利用的滩涂
	内陆滩涂资产	指河流、湖泊常水位至洪水位间的滩地;时令湖、河水位以下的滩地;水库、坑塘的正常蓄水位至洪水位间的滩地。包括海岛的内陆滩地。不包括已利用的滩涂
	沟渠资产	指人工修建,南方宽度≥1.0米、北方宽度≥2.0米用于引、排、灌的渠道,包括渠槽、渠堤、护堤林及小型泵站
	沼泽地资产	指经常积水或渍水,一般生长湿生植物的土地。包括草本沼泽、苔藓沼泽、内陆盐沼等。不包括深林沼泽、灌丛沼泽和沼泽草地
	水工建筑用地资产	指人工修建的闸、坝、堤路林、水电厂房、扬水站等常水位岸线以上的建(构)筑物用地
	冰川及永久积雪资产	指表层被冰雪常年覆盖的土地
其他土地资源资产	空闲地资产	指城镇、村庄、工矿内部尚未利用的土地。包括尚未确定用途的土地
	设施农用地资产	指直接用于经营性养殖生产设施及附属设施用地;直接用于作物栽培或水产养殖等农产品生产的设施及附属设施用地;直接用于设施农业项目辅助生产的设置用地;晾晒场、粮食果品烘干设施、粮食和农资临时存放场所、大型农机具临时存放场所等规模化粮食生产所必需的配套设施用地
	田坎资产	指梯田及梯状坡地耕地中,主要用于拦蓄水和护坡,南方宽度≥1.0米、北方宽度≥2.0米的地坎

续表

一级土地资源资产科目	二级土地资源资产科目	土地资源资产核算科目适用范围
其他土地资源资产	盐碱地资产	指表层盐碱聚集，生长天然耐盐植物的土地
	沙地资产	指表层为沙覆盖、基本无植被的土地。不包括滩涂中的沙地
	裸土地资产	指表层为土质，基本无植被覆盖的土地
	裸岩石砾地资产	指表层为岩石或石砾，其覆盖面积≥70%的土地

资料来源：作者根据《土地利用现状分类》（GB/T 21010-2017）整理。

二、土地资源负债分类及其科目设置

土地资源负债是土地资源权属的一个重要方面，它是核算主体承担的责任所在。土地资源负债的主要原因来自两个方面，一是质量方面，如土壤等级①下降或被污染，如要继续使用就要进行修复，不仅对于农业，就是建设用地也存在生态修复问题。二是数量结构被破坏，如过多占用耕地逾越生态红线。无论何种原因，只要发生土地资源负债，就要弄清楚负债的责任主体。一方面，政府主管部门承担了受托监管土地资源资产的合理合规使用与否的责任，另一方面又委托土地使用单位负责土地的使用。土地资源负债核算就要反映这两个方面的状况。土地资源负债的载体是土地资源资产，因此要根据土地资源资产的分类来确认负债的内容。但是更重要的，是要明确负债的责任主体。责任主体以责任承担者的身份来定。可能是组织、个人或虚拟方（子孙后代的代表）。因此核算科目的设置，既要明确责任主体，又要清楚具体的土地资源资产（责任载体），如果有可能还要明确产生负债的原因。设置

---

① 《农用地质量分等规程》（GB/T 28407-2012），将耕地质量分为15等。

自然资源资产负债核算

科目的方式是按照土地资源资产类 12 个一级科目设置相应的 12 个负债类一级科目。在一级科目名称下面按照承担负债的责任主体设置二级科目，以明确责任的来源和去向。在二级科目（即责任承担者）以下，根据土地资源的具体内容（72 个）设置明细科目。表 6-2 是土地资源负债科目表。

表 6-2　土地资源负债科目表

一级土地资源负债科目	二级科目	三级科目
耕地资源负债	责任单位名称	水田、水浇地、旱地
园地资源负债	责任单位名称	果园、茶园、橡胶园、其他园地
林地资源负债	责任单位名称	乔木林地、竹林地、红树林林地、森林沼泽、灌木林地、灌丛沼泽、其他林地
草地资源负债	责任单位名称	天然牧草地、沼泽草地、人工牧草地、其他草地
商服用地资源负债	责任单位名称	零售商业用地、批发市场用地、餐饮用地、旅馆用地、商务金融用地、娱乐用地、其他商服用地
工矿仓储用地资源负债	责任单位名称	工业用地、采矿用地、盐地、仓储用地
住宅用地资源负债	责任单位名称	城镇住宅用地、农村宅基地
公共管理与公共服务用地资源负债	责任单位名称	机关团体用地、新闻出版用地、教育用地、科研用地、医疗卫生用地、社会福利用地、文化设施用地、体育用地、公共设施用地、公园与绿地
特殊用地资源负债	责任单位名称	军事设施用地、使领馆用地、监教场所用地、宗教用地、殡葬用地、风景名胜设施用地
交通运输用地资源负债	责任单位名称	铁路用地、轨道交通用地、公路用地、城镇村道路用地、交通服务场站用地、农村道路、机场用地、港口码头用地、管道运输用地
水域及水利设施用地资源负债	责任单位名称	河流水面、湖泊水面、水库水面、坑塘水面、沿海滩涂、内陆滩涂、沟渠、沼泽地、水工建筑用地、冰川及永久积雪
其他土地资源负债	责任单位名称	空闲地、设施农用地、田坎、盐碱地、沙地、裸土地、裸岩石砾地

三、土地资源权益类科目设置

土地资源权益是土地资源权属扣除土地资源负债之后的净权属。根据宪法规定，我国的土地属于公有性质。公有土地分为全民所有和集体所有两部分。集体所有的土地主要是农村和牧区生产生活用地。[①] 在土地所有权基础上派生出了使用权、承包权、经营权、收益权等。土地资源权益类科目的设置既要考虑不同权属关系下的权益主体，又要考虑具体的权益附着对象，即权益的载体，而且还要保证"土地资源资产＝土地资源负债＋土地资源权益"的平衡关系。所以，本节设置土地资源权益科目见表6-3。

表6-3 土地资源权益科目表

一级土地资源负债科目	二级科目	三级科目
耕地资源权益	责任单位名称	水田、水浇地、旱地
园地资源权益	责任单位名称	果园、茶园、橡胶园、其他园地
林地资源权益	责任单位名称	乔木林地、竹林地、红树林林地、森林沼泽、灌木林地、灌丛沼泽、其他林地
草地资源权益	责任单位名称	天然牧草地、沼泽草地、人工牧草地、其他草地
商服用地资源权益	责任单位名称	零售商业用地、批发市场用地、餐饮用地、旅馆用地、商务金融用地、娱乐用地、其他商服用地
工矿仓储用地资源权益	责任单位名称	工业用地、采矿用地、盐地、仓储用地
住宅用地资源权益	责任单位名称	城镇住宅用地、农村宅基地
公共管理与公共服务用地资源权益	责任单位名称	机关团体用地、新闻出版用地、教育用地、科研用地、医疗卫生用地、社会福利用地、文化设施用地、体育用地、公共设施用地、公园与绿地
特殊用地资源权益	责任单位名称	军事设施用地、使领馆用地、监教场所用地、宗教用地、殡葬用地、风景名胜设施用地

---

① 《中华人民共和国宪法》第九条、第十条，2018年3月11日修订。

续表

一级土地资源负债科目	二级科目	三级科目
交通运输用地资源权益	责任单位名称	铁路用地、轨道交通用地、公路用地、城镇村道路用地、交通服务场站用地、农村道路、机场用地、港口码头用地、管道运输用地
水域及水利设施用地资源权益	责任单位名称	河流水面、湖泊水面、水库水面、坑塘水面、沿海滩涂、内陆滩涂、沟渠、沼泽地、水工建筑用地、冰川及永久积雪
其他土地资源权益	责任单位名称	空闲地、设施农用地、田坎、盐碱地、沙地、裸土地、裸岩石砾地

第二节 土地资源资产负债核算的账户结构

一、土地资源资产类账户结构

按照复式记账法在核算对象二维分类的条件下,即保持"土地资源资产=土地资源权属"或"土地资源资产=土地资源负债+土地资源权益"平衡关系的条件下,等式两端的账户结构的设置相反。

根据土地资源资产类科目设置相应的盘存类账户,左方为增加,右方为减少,余额在左方。在此结构下,土地资源资产类账户记录的对象,其存量和变量之间符合"核算期初存量+核算期内增加数量=核算期内减少数量+核算期末存量"的四柱平衡关系,即"土地资源资产期初左方存量+土地资源资产核算期内左方发生数量=土地资源资产核算期内右方发生数量+土地资源资产核算期末左方存量"或"土地资源资产期末左方存量=土地资源资产核算期初左方存量+土地资源资产核算期内左方发生数量-土地资源资产核算期内右方发生数量"。

二、土地资源负债类账户结构

根据土地资源负债类科目设置相应的盘存类账户,右方为增加,左方为减少,余额在右方。在此结构下,土地资源负债类账户记录的对象,其存量和变量之间符合"核算期初存量+核算期内增加数量=核算期内减少数量+核算期末存量"的四柱平衡关系,即"土地资源负债期初右方存量+土地资源负债核算期内右方发生数量=土地资源负债核算期内左方发生数量+土地资源负债核算期末右方存量"或"土地资源负债期末右方存量=土地资源负债核算期初右方存量+土地资源负债核算期内右方发生数量−土地资源负债核算期内左方发生数量"。

三、土地资源权益类账户结构

根据土地资源权益类科目设置相应的盘存类账户,右方为增加,左方为减少,余额在右方。在此结构下,土地资源权益类账户记录的对象,其存量和变量之间符合"核算期初存量+核算期内增加数量=核算期内减少数量+核算期末存量"的四柱平衡关系,即"土地资源权益期初右方存量+土地资源权益核算期内右方发生数量=土地资源权益核算期内左方发生数量+土地资源权益核算期末右方存量"或"土地资源权益期末右方存量=土地资源权益核算期初右方存量+土地资源权益核算期内右方发生数量−土地资源权益核算期内左方发生数量"。

第三节 土地资源资产负债核算事项分类及其平衡关系

一、土地资源资产负债总平衡公式下的记账事项类型

从数量关系看,涉及土地资源资产及权属的事项有四种类型:第一种类型

是辖区范围内土地资源资产总量增加,其原因既有自然原因也有人为原因。自然原因如江河入海口之滩涂面积增长,人为原因如行政区划调整等。第二种类型是土地资源总量减少,自然原因如海平面上升,人为原因如行政区划调整、重新勘测精度提高等。第三种类型是土地总量不变,不同用途的土地面积此增彼减,结构有变。第四种类型是权属关系变化,此增彼减,结构有变。虽然上述四种变化类型涵盖了全部涉及矿产资源及权属关系的事项,但在二维分类的复式记账法下,均不破坏"土地资源资产=土地资源权属"的平衡关系。

第一种类型,土地资源资产类账户记左方(增加),土地资源权属类账户记右方(增加),等式两端的账户同增,等式平衡保持。

第二种类型,土地资源资产类账户记右方(减少),土地资源权属类账户记左方(减少),等式两端的账户同减,等式平衡保持。

第三种类型,某土地资源资产账户记左方(增加),另一土地资源资产账户记右方(减少),等式左端资产类账户有增有减,增减数量相同,等式平衡依然保持。

第四种类型,某土地资源权属账户记左方(减少),另一土地资源权属类账户记右方(增加),等式右端权属类账户有增有减,增减数量相同,等式平衡依然保持。

二、土地资源资产负债应用平衡公式下的记账事项类型

土地资源资产负债应用平衡公式为"土地资源资产=土地资源负债+土地资源权益",权属方分解成负债和权益两部分,涉及土地资源资产及负债权益事项类型增加到八种:

第一种类型,是土地资源资产类账户之间的此增彼减,增减数额相等,并未引起"土地资源资产=土地资源负债+土地资源权益"关系式左端总数的改变,不破坏等式的平衡关系。

第二种类型,是土地资源负债类账户之间的此增彼减,增减数额相等,并

未引起"土地资源资产=土地资源负债+土地资源权益"关系式右端总数的改变,不破坏等式的平衡关系。

第三种类型,是土地资源权益类账户之间的此增彼减,增减数额相等,并未引起"土地资源资产=土地资源负债+土地资源权益"关系式右端总数的改变,不破坏等式的平衡关系。

第四种类型,是土地资源资产类账户与土地资源权益类账户同时增加,增加数额相等,不会引起"土地资源资产=土地资源负债+土地资源权益"关系式两端的改变,平衡关系不变。

第五种类型,是土地资源资产类账户与土地资源负债类账户同时增加,增加数额相等,不会引起"土地资源资产=土地资源负债+土地资源权益"关系式两端的改变,平衡关系不变。

第六种类型,是土地资源权益类账户与土地资源负债类账户之间此增彼减,增减数额相等,也不增加"土地资源资产=土地资源负债+土地资源权益"关系式的右端总数,平衡关系不变。

第七种类型,是土地资源资产类账户与土地资源负债类账户同时减少,等式两端减少数额相等,也不改变"土地资源资产=土地资源负债+土地资源权益"的平衡关系。

第八种类型,是土地资源资产类账户与土地资源权益类账户同时减少,等式两端减少数额相等,也不改变"土地资源资产=土地资源负债+土地资源权益"的平衡关系。

第四节　土地资源资产负债核算举例

一、土地资源资产负债核算事项与分录

以左右记账法示范有关事项与政府主管部门的账务处理:

自然资源资产负债核算

(1)某企业申报将一处面积为20公顷的工业用地改为仓储用地(第一种事项类型)。

左:工矿仓储用地资源资产——仓储用地　20

　　右:工矿仓储用地资源资产——工业用地　20

(2)经过司法仲裁,甲村庄水田受到污染面积80公顷的责任主体最终确认为某工厂,由其排污所致(第二种事项类型)。

左:耕地资源负债——甲村庄——水田　80

　　右:耕地资源负债——某排污工厂——水田　80

(3)为了修建高速公路,向乙村庄征用集体耕地60公顷。

分录1(第一种事项类型)

左:交通运输用地资源资产——公路用地　60

　　右:耕地资源资产——旱地　60

分录2(第三种事项类型)

左:耕地资源权益——乙村庄——旱地　60

　　右:交通运输资源权益——建设单位——公路用地　60

(4)由于行政区划调整,划入本级政府辖区范围土地3100公顷。其中耕地面积旱地1400公顷,果园面积200公顷,其他林地200公顷,商服用地150公顷,工矿仓储用地面积50公顷,公共管理与公共服务用地100公顷,交通运输用地200公顷,水域及水利设施用地800公顷。另,耕地、果园、其他林地为集体所有,商服用地、工矿仓储用地、交通运输用地、水域及水利设施用地等为国有(第四种事项类型)。

左:耕地资源资产	1400
园地资源资产	200
林地资源资产	200
商服用地资源资产	150
工矿仓储用地资源资产	50

公共管理与公共服务用地资源资产　　　100

　　交通运输用地资源资产　　　　　　　　200

　　水域及水利设施用地资源资产　　　　　800

右:耕地资源权益——集体所有(甲村庄)　　　　　　　1400

　　园地资源权益——集体所有(甲村庄)　　　　　　　200

　　林地资源权益——集体所有(甲村庄)　　　　　　　200

　　商服用地资源权益——国有(本级)　　　　　　　　150

　　工矿仓储用地资源权益——国有(本级)　　　　　　50

　　公共管理与公共服务用地资源权益——国有(本级)　100

　　交通运输用地资源权益——国有(本级)　　　　　　200

　　水域及水利设施用地资源权益——国有(本级)　　　800

(5)由于自然原因增加滩涂盐碱地面积1000公顷,政府将其列入生态修复范围,并授权某环保企业负责实施(第五种事项类型)。

左:其他土地资源资产——盐碱地　1000

　　右:其他土地资源负债——某环保企业——盐碱地　1000

(6)据消费者反映甲村庄出产的大米有害元素严重超标,经技术部门测定,原因是甲村庄水田受到污染(第六种事项类型)。

左:耕地资源权益——集体所有(甲村庄)——水田　80

　　右:耕地资源负债——集体所有(甲村庄)——水田　80

(7)由于地方政府无力在规划时间内完成面积为2000公顷的待治理沙化土地的治理,经过与相邻地区的大型环保企业协商并由上级政府出面协调,将这部分土地划出本级政府的管辖范围(第七种事项类型)。

左:其他土地资源负债——本级政府——沙地　2000

　　右:其他土地资源资产——沙地　2000

(8)航测大队提交报告称由于全球温度持续升高致使海平面升高,本级政府管辖的沿海陆地面积减少1000公顷,其中涉及集体所有土地400公顷

自然资源资产负债核算

（第八种事项类型）。

左：其他土地资源权益——国有（本级政府）——裸岩石砾地　　600

　　　园地资源权益——集体所有（某乡某镇）——其他园地　　400

右：园地资源资产——其他园地　　400

　　　其他土地资源资产——裸岩石砾地　　600

二、土地资源资产负债账户记录试算平衡

假设在某政府主管部门的土地资源资产负债核算期内所发生的事项就是上述 8 项，期末需要编制试算平衡表（见表 6-4），表中的期初存量预先设定。

表 6-4　土地资源资产负债试算平衡表　　　　单位：公顷

核算科目名称（限于一级）	期初存量		本期增减数量		期末存量	
	左方	右方	左方	右方	左方	右方
耕地资源资产	26000		1400	60	27340	
园地资源资产	12000		200	400	11800	
林地资源资产	8000		200		8200	
商服用地资源资产	200		150		350	
工矿仓储用地资源资产	160		20+50	20	210	
公共管理与公共服务用地资源资产	260		100		360	
交通运输用地资源资产	40		60+200		300	
水域及水利设施用地资源资产	100		800		900	
其他土地资源资产	2800		1000	2000+600	1200	
耕地资源负债		1000	80	80+80		1080
其他土地资源负债		2000	2000	1000		1000
耕地资源权益		25000	60+80	1400		26260
园地资源权益		12000	400	200		11800
林地资源权益		8000		200		8200
商服用地资源权益		200		150		350
工矿仓储用地资源权益		160		50		210
公共管理与公共服务用地资源权益		260		100		360

续表

核算科目名称(限于一级)	期初存量		本期增减数量		期末存量	
	左方	右方	左方	右方	左方	右方
交通运输用地资源权益		40	60+200			300
水域及水利设施用地资源权益		100		800		900
其他土地资源权益		800	600			200
总计	49560	49560	7400	7400	50660	50660

三、土地资源资产负债核算实物量表

(一) 汇总编制

汇总编制是根据土地资源资产负债核算的36个一级科目的账户记录,在经过试算平衡的检验之后,编制三张核算报表,即《土地资源资产负债表》和两张分表《土地资源资产变动表》《土地资源权属变动表》。

主表《土地资源资产负债表》反映在政府管辖范围内核算期末某一日期(如某年12月31日)全部土地资源资产、土地资源负债和土地资源权益存量的核算报表,它表明某级政府辖区内在特定时点所拥有或控制的土地资源资产、承担的土地资源负债和土地资源权益。它是一张揭示政府在一定时点土地资源利用状况的静态报表。《土地资源资产负债表》是"土地资源资产=土地资源负债+土地资源权益"恒等式的项目列示,或该公式的表格化。它是一级政府对辖区范围内土地资源资产负债核算成果的反映。其格式参见表6-5。表中数据根据上述涉及土地资源资产负债权益事项及表6-4填制。

表6-5 土地资源资产负债实物量表 单位:公顷

土地资源资产	期初	期末	土地资源负债和权益	期初	期末
一、耕地资源资产			一、土地资源负债		
1.水田	6000	6000	(一)耕地资源负债		

自然资源资产负债核算

续表

土地资源资产	期初	期末	土地资源负债和权益	期初	期末
2.旱地	20000	21340	1.国有		
3.水浇地	—	—	（1）水田	1000	1080
耕地资源资产合计	26000	27340	耕地资源负债合计	1000	1080
二、园地资源资产			（九）其他土地资源负债		
1.果园	4000	4200	1.国有		
2.茶园	—	—	（1）盐碱地		1000
3.橡胶园	—	—	（2）沙地	2000	—
4.其他园地	8000	7600	其他土地资源负债合计	2000	1000
园地资源资产合计	12000	11800	土地资源负债合计	3000	2080
三、林地资源资产			二、土地资源权益		
1.乔木林地	8000	8000	（一）耕地资源权益		
2.竹林地	—	—	1.集体所有		
3.其他林地	—	200	（1）旱地	20000	21340
林地资源资产合计	8000	8200	（2）水田	5000	4920
四、商服用地资源资产			耕地资源权益合计	25000	26260
……			（二）园地资源权益		
商服用地资源资产合计	200	350	1.集体		
五、工矿仓储用地资源资产			（1）果园	4000	4200
1.工业用地	160	140	（2）其他园地	8000	7600
2.仓储用地		70	园地资源权益合计	12000	11800
……			（三）林地资源权益		
工矿仓储用地资源资产合计	160	210	1.集体	8000	8000
六、公共管理与公共服务用地资源资产			（1）其他林地		200
……			林地资源权益合计	8000	8200
公共管理与公共服务用地资源资产合计	260	360	（四）商服用地资源权益	200	350
七、交通运输用地资源资产			（五）工矿仓储用地资源权益	160	210
1.公路用地	40	300	（六）公共管理与公共服务用地资源权益	260	360

续表

土地资源资产	期初	期末	土地资源负债和权益	期初	期末
……			（七）交通运输用地资源权益		
交通运输用地资源资产合计	40	300	1.国有	40	40
八、水域及水利设施用地资源资产			（1）公路用地		260
……			交通运输用地资源权益合计	40	300
水域及水利设施用地资源资产合计	100	900	（八）水域及水利设施用地资源权益	100	900
九、其他土地资源资产			（九）其他土地资源权益		
1.盐碱地		1000	1.国有		
2.沙地	2000	—	（1）裸岩石砾地	800	200
3.裸岩石砾地	800	200	其他土地资源权益	800	200
其他土地资源资产合计	2800	1200	土地资源权益合计	46560	48580
土地资源资产总计	49560	50660	土地资源负债与权益总计	49560	50660

从《土地资源资产负债实物量表》左端可以看出辖区范围内各类土地资源资产的利用现状,右端可以看出土地资源负债的种类和数量以及土地资源权益数量与比重。但是,期初期末数字差异的原因何在,从主表是看不出来的。所以,要通过两张分表来揭示。

土地资源的第一张分表是《土地资源资产实物量变动表》。该表是一张动态报表,反映核算期间内土地资源资产的增减变动情况。该表编制的数量关系基础是四柱平衡,即"土地资源资产期初存量+土地资源资产本期增加数=土地资源资产本期减少数+土地资源资产期末存量"。由此公式可见,《土地资源资产实物量变动表》的期初数期末数与《土地资源资产负债实物量表》(并列式)左端的期初数期末数一致,它是《土地资源资产负债实物量表》的补充说明。说明《土地资源资产负债实物量表》中土地资源资产期初期末

自然资源资产负债核算

存量差异形成的原因。现根据联合国 SEEA-2012 的环境资产报表格式和前述涉及土地资源的核算事例,编制某政府部门《土地资源资产实物量变动表》如表 6-6 所示。

表 6-6　土地资源资产实物量变动表　　　单位:公顷

项目	期初	本期增加			本期减少			期末
		新增	重新分类	建设新增	国家征用	灾害损失	重新分类	
一、耕地资源资产								
1. 水田	6000							6000
2. 旱地	20000	1400			60			21340
耕地资源资产合计	26000	1400			60			27340
二、园地资源资产								
1. 果园	4000	200						4200
2. 其他园地	8000					400		7600
园地资源资产合计	12000	200				400		11800
三、林地资源资产								
1. 乔木林地	8000							8000
2. 其他林地		200						200
林地资源资产合计	8000	200						8200
四、商服用地资源资产	200	150						350
五、工矿仓储用地资源资产								
1. 工业用地	160						20	140
2. 仓储用地		50	20					70
工矿仓储用地资源资产合计	160	50	20				20	210
六、公共管理与公共服务用地资源资产	260	100						360
七、交通运输用地资源资产								
1. 公路用地	40	200		60				300

续表

项目	期初	本期增加			本期减少			期末
		新增	重新分类	建设新增	国家征用	灾害损失	重新分类	
交通运输用地资源资产合计	40	200		60				300
八、水域及水利设施用地资源资产	100	800						900
九、其他土地资源资产								
1. 盐碱地		1000						1000
2. 沙地	2000						2000	—
3. 裸岩石砾地	800					600		200
其他土地资源资产合计	2800	1000				600	2000	1200
土地资源资产总计	49560	4100	20	60	60	1000	2020	50660

《土地资源资产实物量变动表》很好地说明了每一类（种）土地资源资产变化的过程及其原因。例如，为什么期初26000公顷的耕地面积会变成期末的27340公顷？是因为行政区划调整增加1400公顷，修高速公路占用60公顷。

土地资源的第二张分表是《土地资源负债和权益实物量变动表》。该表也是一张动态报表，反映核算期间内土地资源权属关系的增减变动情况。该表编制的数量关系基础也是四柱平衡，即"土地资源权属期初存量+土地资源权属本期增加数=土地资源权属本期减少数+土地资源权属期末存量"。由此公式可见，《土地资源负债和权益实物量变动表》的期初数期末数与《土地资源资产负债实物量表》（并列式）右端的期初数期末数一致，它是《土地资源资产负债实物量表》的补充说明。说明《土地资源资产负债实物量表》中土地资源负债和权益期初期末存量差异形成的原因。现根据上述涉及土地资源事项编制某政府部门《土地资源负债和权益实物量变动表》如表6-7所示。

自然资源资产负债核算

表 6-7 土地资源负债和权益实物量变动表　　　单位：公顷

项目	期初	新增	建设新增	其他	国家征用	人为污染	重新分类	灾害损失	期末
一、土地资源负债									
（一）耕地资源负债									
1. 集体所有									
（1）水田				80			80		—
2. 国有									
（1）水田	1000			80					1080
……									
耕地资源负债合计	1000			160			80		1080
（九）其他土地资源负债									
1. 国有									
（1）盐碱地			1000						1000
（2）沙地	2000						2000		—
……									
其他土地资源负债合计	2000		1000				2000		1000
土地资源负债合计	3000		1000	160			2080		2080
二、土地资源权益									
（一）耕地资源权益									
1. 集体所有									
（1）旱地	20000	1400			60				21340
（2）水田	5000						80		4920
耕地资源权益合计	25000	1400			60		80		26260

续表

项目	期初	期内增加数			期内减少数				期末
		新增	建设新增	其他	国家征用	人为污染	重新分类	灾害损失	
(二)园地资源权益									
1.集体									
(1)果园	4000	200							4200
(2)其他园地	8000							400	7600
园地资源权益合计	12000	200						400	11800
(三)林地资源权益									
1.集体	8000								8000
(1)其他林地		200							200
林地资源权益合计	8000	200							8200
(四)商服用地资源权益	200	150							350
(五)工矿仓储用地资源权益	160	50							210
(六)公共管理与公共服务用地资源权益	260	100							360
(七)交通运输用地资源权益									
1.国有	40								40
(1)公路用地		200		60					260
交通运输用地资源权益合计	40	200		60					300
(八)水域及水利设施用地资源权益	100	800							900
(九)其他土地资源权益									
1.国有									
(1)裸岩石砾地	800							600	200

续表

项目	期初	期内增加数			期内减少数				期末
		新增	建设新增	其他	国家征用	人为污染	重新分类	灾害损失	
其他土地资源权益	800							600	200
土地资源权益合计	46560	3100		60	60	80		1000	48580
土地资源负债与权益合计	49560	3100	1000	220	60	80	2080	1000	50660

《土地资源负债和权益实物量变动表》很好地说明了每一类（种）土地资源负债和权益变化的过程及其原因。例如，为什么水田的权益会减少80公顷？是因为某工厂违法排污，造成污染，形成土地资源环境负债，其责任主体追溯到了该工厂。所以，通过《土地资源负债和权益实物量变动表》可以很好地明确土地资源的环境责任。

（二）分类编制

比《土地资源资产负债实物量表》及其分表更为细致与具体的核算报表是根据具体的土地资源类别来编制的报表，例如《耕地资源资产负债实物量表》及分表《耕地资源资产实物量变动表》《耕地资源负债和权益实物量变动表》等。12个一级资产科目及其对应的12个一级负债科目和12个一级权益科目，可以构成12套土地资源分类资产负债表及分表。每一套报表的编制，原理与步骤都同编制汇总报表一样。为了节省工作量，也可以在编制汇总报表的基础上，对重点关注的土地资产类别，再编制相应的报表。非重点的类别，可以不编制报表，需要时直接查账。

四、土地资产价值评估

土地资产价值评估的基本方法仍然是收益法、成本法和市场法。表6-8

是土地资产价值评估结果示意。

表6-8　土地资源资产价值评估表

土地类别	面积(公顷)	评估值(百万元)	价格(百万元/公顷)
耕地(水田)	6000	1140000	190
耕地(旱地)	20000	3600000	180
园地	12000	2520000	210
林地	8000	1440000	180
商服用地	200	46000	230
工矿仓储用地	160	32000	200
公共管理与公共服务用地	260	52000	200
交通运输用地	40	8400	210
水域及水利设施用地	100	22000	220
其他土地	2800	308000	110
合计	49560	9168400	

五、土地资源资产负债核算价值量表及其分表

根据上述土地资源资产价值评估结果和土地资源资产负债实物量表，编制土地资源资产负债价值量表及其分表，见表6-9—表6-11。

表6-9　土地资源资产负债价值量表　　　　　　　　单位：十亿元

土地资源资产	期初	期末	土地资源负债和权益	期初	期末
一、耕地			一、土地资源负债		
1.水田	1140	1140	(一)耕地资源负债		
2.旱地	3600	3841.2	1.国有		
3.水浇地	—	—	(1)水田	190	205.2
耕地合计	4740	4981.2	耕地资源负债合计	190	205.2

续表

土地资源资产	期初	期末	土地资源负债和权益	期初	期末
二、园地			(九)其他土地资源负债		
1. 果园	840	882	1. 国有		
2. 茶园	—	—	(1)盐碱地		110
3. 橡胶园	—	—	(2)沙地	220	—
4. 其他园地	1680	1596	其他土地资源负债合计	220	110
园地合计	2520	2478	土地资源负债合计	410	315.2
三、林地			二、土地资源权益		
1. 乔木林地	1440	1440	(一)耕地资源权益		
2. 竹林地	—	—	1. 集体所有		
3. 其他林地	—	36	(1)旱地	3600	3841.2
林地合计	1440	1476	(2)水田	950	934.8
四、商服用地			耕地资源权益合计	4550	4776
……			(二)园地资源权益		
商服用地合计	46	80.5	1. 集体		
五、工矿仓储用地			(1)果园	840	882
1. 工业用地	32	28	(2)其他园地	1680	1596
2. 仓储用地		14	园地资源权益合计	2520	2478
……			(三)林地资源权益		
工矿仓储用地合计	32	42	1. 集体		1440
六、公共管理与公共服务用地			(1)其他林地	1440	36
……			林地资源权益合计	1440	1476
公共管理与公共服务用地合计	52	72	(四)商服用地资源权益	46	80.5
七、交通运输资产			(五)工矿仓储用地资源权益	32	42
1. 公路用地	8.4	63	(六)公共管理与公共服务用地资源权益	52	72
……			(七)交通运输用地资源权益		

第六章 土地资源资产负债核算系统

续表

土地资源资产	期初	期末	土地资源负债和权益	期初	期末
交通运输用地合计	8.4	63	1. 国有		8.4
八、水域及水利设施用地			(1)公路用地		54.6
……			交通运输用地资源权益合计	8.4	63
水域及水利设施用地合计	22	198	(八)水域及水利设施用地资源权益	22	198
九、其他土地			(九)其他土地资源权益		
1. 盐碱地		110	1. 国有		
2. 沙地	220	—	(1)裸岩石砾地	88	22
3. 裸岩石砾地	88	22	其他土地资源权益	88	22
其他土地合计	308	132	土地资源权益合计	8758.4	9207.5
土地资源资产总计	9168.4	9522.7	土地资源负债与权益合计	9168.4	9522.7

表6-10 土地资源资产价值量变动表　　　　单位：十亿元

项目	期初	本期增加			本期减少			期末
		新增	重新分类	建设新增	国家征用	灾害损失	重新分类	
一、耕地								
1. 水田	1140							1140
2. 旱地	3600	252				10.8		3841.2
耕地合计	4740	252				10.8		4981.2
二、园地								
1. 果园	840	42						882
2. 其他园地	1680					84		1596
园地合计	2520	42				84		2478
三、林地								
1. 乔木林地	1440							1440
2. 其他林地		36						36

215

续表

项目	期初	本期增加			本期减少			期末
		新增	重新分类	建设新增	国家征用	灾害损失	重新分类	
林地合计	1440	36						1476
四、商服用地	46	34.5						80.5
五、工矿仓储用地								
1. 工业用地	32						4	28
2. 仓储用地		10	4					14
工矿仓储用地合计	32	10	4				4	42
六、公共管理与公共服务用地	52	20						72
七、交通运输用地								
1. 公路用地	8.4	42		12.6				63
交通运输用地合计	8.4	42		12.6				63
八、水域及水利设施用地	22	176						198
十、其他土地								
1. 盐碱地		110						110
2. 沙地	220						220	—
3. 裸岩石砾地	88					66		22
其他土地合计	308	110				66	220	132
土地资源资产总计	9168.4	722.5	4	12.6	10.8	150	224	9522.7

表 6-11 土地资源负债和权益价值量变动表　　单位：十亿元

项目	期初	期内增加数			期内减少数				期末
		新增	建设新增	其他	国家征用	人为污染	重新分类	灾害损失	
一、土地资源负债									
（一）耕地负债									
1. 集体所有									

续表

项目	期初	新增	建设新增	其他	国家征用	人为污染	重新分类	灾害损失	期末
（1）水田				15.2			15.2		—
2. 国有									
（1）水田	190			15.2					205.2
耕地负债合计	190			30.4			15.2		205.2
（九）其他土地负债									
1. 国有									
（1）盐碱地				110					110
（2）沙地	220						220		—
其他土地负债合计	220			110			220		110
土地负债合计	410			110	30.4		235.2		315.2
二、土地资源权益									
（一）耕地权益									
1. 集体所有									
（1）旱地	3600	252			10.8				3841.2
（2）水田	950						15.2		934.8
耕地权益合计	4550	252			10.8		15.2		4776
（二）园地权益									
1. 集体									
（1）果园	840	42							882
（2）其他园地	1680							84	1596
园地权益合计	2520	42						84	2478
（三）林地权益									
1. 集体	1440								1440
（1）其他林地		36							36
林地权益合计	1440	36							1476
（四）商服用地权益	46	34.5							80.5

自然资源资产负债核算

续表

项目	期初	期内增加数			期内减少数				期末
		新增	建设新增	其他	国家征用	人为污染	重新分类	灾害损失	
（五）工矿仓储用地权益	32	10							42
（六）公共管理与公共服务用地权益	52	20							72
（七）交通运输用地权益									
1.国有	8.4								8.4
（1）公路用地		42		12.6					54.6
交通运输用地权益合计	8.4	42		12.6					63
（八）水域及水利设施用地权益	22	176							198
（九）其他土地权益									
1.国有									
（1）裸岩石砾地	88						66		22
其他土地权益	88						66		22
土地权益合计	8758.4	612.5		12.6	10.8	15.2		150	9207.5
土地资源负债与权益合计	9168.4	612.5	110	43	10.8	15.2	235.2	150	9522.7

按照"土地资源资产＝土地资源权属"的二维分类原理，本章探索了《土地资源资产负债表》及其分表的编制过程。根据我国《土地利用现状分类》标准，土地资源资产分为12类。本书据此分别设立12个一级资产类科目、12个一级负债类科目和12个一级权益类科目来开展土地资源资产负债权益的核算。

为了保证"土地资源资产＝土地资源权属"或"土地资源资产＝土地资源负债+土地资源权益"的平衡关系，根据左右记账法"有左必有右，左右必相

第六章 土地资源资产负债核算系统

等"的规则,对资产类科目设置左方记增加、右方记减少的账户结构;对负债类科目和权益科目设置右方记增加、左方记减少的账户结构。在核算中,每一个账户的记录结果都要符合"期初存量+本期增加数量＝本期减少数量+期末存量"的四柱平衡关系。基于此,形成四大类或八类涉及土地资源资产及权属的事项,无论哪一类事项的发生,都不会破坏三种账户之间的平衡关系。

  本章列举八种类型的涉及土地资源的事项,并对其分别录入相应的账户。对记账过程和结果,从期初存量、本期增加数量、本期减少数量、期末存量四个方面进行试算平衡。在试算平衡、记账无误的基础上,试编了《土地资源资产负债实物量表》和《土地资源资产实物量变动表》《土地资源权属实物量变动表》。经过资产价值评估,在确认各类土地价格的基础上,能够将实物量表转换为价值量表,编制出《土地资源资产负债价值量表》和《土地资源资产价值量变动表》《土地资源权属价值量变动表》。

第七章 矿产资源资产负债核算系统

第一节 矿产资源核算要素的分类分级及其科目设置

一、矿产资源资产的分类分级与科目设置

(一) 矿产资源分类及其核算特征

矿产资源资产存量是以资源储量来表述的,多数以质量(吨、千克、克拉)计,少数以体积(立方米)计。矿产资源储量依据地质可靠程度和可行性评价阶段不同,分为可采储量和预计可采储量。本书所核算的矿产资源资产存量是指达到可采储量程度的矿产资源。

矿产资源属于递耗型资源资产。递耗型资源资产是指在开发利用的过程中,其储量水平持续发生递减的资源,即使资源储量在开采过程中得到一定的补充,但只要持续开发利用,资源储量就会持续减少。递耗型资源资产属于不可再生资源,主要是能源、金属、非金属类矿产资源,如煤矿、铁矿、石油、天然气等等。

递耗型资源的核算特征表现在:资源储量在未得到开发利用之前会随着地质勘查工作进程而逐渐增加;资源储量在开发利用过程中并非单纯减少,也

会随着开采过程中的发现而增加新的储量;已经发现的资源储量会随着开发利用的进程而逐渐减少。

(二) 矿产资源资产类科目设置

根据"自然资源资产=自然资源负债+自然资源权益"的平衡公式,矿产资源资产负债核算的账户系统要由"矿产资源资产""矿产资源负债""矿产资源权益"三类组成。因此,要设置相应的三类核算科目。第一类是矿产资源资产类科目。矿产资源资产类科目根据现行国家矿产资源工业标准分类,①设置五个一级科目:"能源矿产""金属矿产""非金属矿产""宝玉石矿产""水气矿产"。在一级科目之下再分设二级科目,在二级科目下面分设三级科目。此外,考虑到矿山企业对矿产资源开发利用的矿业权,还设置相应的委托权属科目(资产类)。由于自然或人为原因损害或超采的矿产资源储量,在未得到核销处理之前,可计入待处理矿产资源资产科目。即在一级资产类科目里增设 n 个"待处理矿产资源资产"(范围0—5)和"某类矿产资源资产矿业权"(范围0—5)科目。矿产资源资产科目系统见表7-1。

表7-1 矿产资源资产科目表

一级科目	二级科目	三级科目
能源矿产	煤、煤层气、油页岩、石油、天然气(含页岩气)、泥炭、石煤、天然气水合物、天然沥青(含地蜡)、铀、钍、地热	

---

① 编委会:《矿产资源工业要求手册》,地质出版社2010年版,第17—20页。

自然资源资产负债核算

续表

一级科目	二级科目	三级科目
金属矿产	黑色金属	铁、锰、铬、钒、钛
	有色金属	铜、铅、锌、铝、镁、镍、钴、钨、锡、铋、钼、锑、汞
	贵金属	铂类金属（铂、钯、铑、铱、钌、锇）、金、银
	稀有金属	铌、钽、铍、锂、锆、锶、铪、铷、铯
	稀土金属	钇、镧、铈、镨、钕、钷、钐、铕、钆、铽、镝、钬、铒、铥、镱、镥、钪
	分散元素	锗、镓、铟、铊、铼、镉、硒、碲
非金属矿产	工业矿物	金刚石、石墨、磷、硫（自然硫、硫铁矿）、钾盐、盐（岩盐、湖盐、无然卤水）、碘、溴、砷（雄黄、雌黄、毒砂）、硼、芒硝（无水芒硝、钙芒硝、白钠镁矾）、天然碱、水晶、水镁石、纤维状水镁石、刚玉、金红石、红柱石、蓝晶石、硅线石、硅灰石、钠硝石、钾硝石、滑石、镁式黏土、白云母、金云母、碎云母、石棉、蓝石棉、锂辉石、锂云母、绿泥石、皂土、长石、橄榄石、石榴子石、锆石、叶蜡石、透闪石、透辉石、蛭石、沸石、明矾石、石膏、硬石膏、重晶石、毒重石、天青石（含菱锶矿）、冰洲石、方解石（重质碳酸钙原料）、菱镁矿、萤石、电气石

续表

一级科目	二级科目	三级科目
非金属矿产	工业岩石	石灰岩、大理岩、泥灰岩、白垩、白云岩、白云石大理岩、砂、卵石、碎石（集料用）、铸造用砂、砂岩、水泥用砂、长石砂岩、长石石英砂岩、玻璃、陶瓷、冶金用石英砂、石英砂岩、石英岩、天然油石、脉石英、粉石英、硅藻土、硅质页岩、高岭土、凹凸棒石黏土、纤维状凹凸棒石、海泡石黏土、纤维状海泡石、伊利石黏土、累托石黏土、膨润土（含漂白土）、水泥配料用黏土岩类、砖瓦用黏土岩类、陶粒用黏土岩类、陶粒用黏土岩类、铸型用黏土岩类、铁矾土、耐火黏土、榴辉岩、蛇纹岩、绢英岩、绢英片岩、麦饭石、流纹岩、辉绿岩、玄武岩、珍珠岩、松脂岩、火山灰、火山渣、浮岩、磷霞岩、霞石正长岩、花岗石饰面石材、大理石饰面石材、板石饰面石材
宝玉石矿产	钻石、红宝石、蓝宝石、尖晶石宝石、绿柱石宝石（含祖母绿）、金绿宝石、碧玺（电气石）、托帕石（黄玉）、石榴子石宝石、橄榄石宝石、工艺水晶、欧泊（蛋白石）、翡翠、软玉（含和田玉）、独山玉、蛇纹石玉（含岫岩玉）、石英质玉石（含玉髓、玛瑙、木变石）、绿松石	
水气资产	地下水、天然矿泉水、地热（水）、氦气、氡气、二氧化碳气、硫化氢气	
某资源矿业权（分）	某资源探矿权	责任单位名称
某资源矿业权（分）	某资源采矿权	责任单位名称
某资源矿业权（合）	某资源探采合一权	责任单位名称
待处理某资源资产	责任单位名称	待处理资产具体内容

如果与 SEEA-2012 接轨,则分类与科目设置要重新做。总名称是"矿产和能源资产",下面一级分类:石油资源、天然气资源、煤和泥炭资源、非金属矿产资源、金属矿产资源。① 其二级分类详见《2009 年联合国化石能源和矿业储量资源框架分类》(联合国,欧洲经济委员会,2010 年)。由于 SEEA-2012 不考虑环境资产的权属关系,仅设置矿产资源资产类科目,所以没必要设立与之相对应的权属类科目。

二、矿产资源负债的分类分级与科目设置

由于 SNA-2008 所编制的国家资产负债表只核算金融负债,将自然资源(可以直接开发利用并带来经济利益的)作为资产的一部分,因此而延伸出来的 SEEA-2012 也不考虑其负债,所以有专家认定自然资源尤其矿产资源不存在负债问题。②《试点方案》不考虑对矿产资源负债进行核算。本书认为无论是可再生资源还是不可再生的资源,如矿产资源,均存在权属。在权属关系中,容易产生负债问题。矿产资源的负债,会在以下三种情形中产生:第一,矿产资源资产数量不变,当矿业权拥有者(某矿山企业)未经矿产资源所有者(政府主管部门)的同意私自将矿业权转让第三者,所有权人向矿业权人追索过程中矿业权拥有者变成债务人,所有权人变为债权人,矿山企业的资产负债表中的权益转变为负债——欠所有权人的债务。这种负债的实质是矿业权人侵犯了所有权人的利益——至少是增加了国有资源资产流失的风险。第二,矿产资源资产数量随着开采利用而减少,矿业权人超出有关规定(权限范围)多采了矿产资源,在未得到矿产资源所有者责任追溯和责任处理完毕之前,不能核销,只能从权益转为负债;俟处理完毕允许核销时,再将其从负债中移出。

---

① 联合国等:《2012 年环境经济核算体系中心框架》(System of Environmental Economic Accounting),见 https://seea.un.org/content/homepage。
② 耿建新等:《我国国家资产负债表与自然资源资产负债表的编制与运用初探——以 SNA 2008 和 SEEA 2012 为线索的分析》,《会计研究》2015 年第 1 期。

这种负债的实质是矿业权人损害了未来的利益,是对后人的负债。第三,矿产资源资产在开采过程中增加了储量,矿业权人瞒报被发现,在没有完成责任追溯和处理之前,先列入负债,俟处理完毕允许登记时,再将其转入权益。这种负债的实质,也是矿业权人侵犯了所有权人的利益——将不属于自己的资源据为己有。在这三种情形中,为了保持双方账户记录的一致,政府主管部门也要做相应的账户记录。所以,不可再生的资源同样也有权属关系中的债权债务关系。

矿产资源负债核算要考虑责任主体和责任客体(责任的对象物)两个方面。责任对象(客体)就是矿产资源资产,责任主体则可能是组织、个人或虚拟方(子孙后代的代表)。因此核算科目的设置,一方面要明确责任主体,另一方面要清楚具体的矿产资源资产,如果有可能还要明确产生负债的原因。设置科目的方式是按照矿产资源资产类别名称设置一级科目,以保持与矿产资源资产核算的一致性——负债要有载体。根据具体的责任单位或责任人设置二级科目或三级科目,对矿产资源负债一定要有承担者。一旦产生矿产资源负债,如找不到政府管辖范围内的责任单位,责任就由核算主体——政府主管部门自己承担。根据矿产资源资产的具体内容设置底层明细科目。为什么是"底层"?因为责任单位有层级,如果管理需要,可以多设一级科目。如某企业(公司)为责任单位,将其设置为二级科目,该企业下属矿山(子公司或采矿点)设为三级科目。将底层明细科目设置为矿产资源资产的具体矿种,同样是要与矿产资源资产类科目保持对应关系。表7-2是矿产资源负债科目表。表中的二级科目按照责任单位或责任者名称填写。

表7-2 矿产资源负债科目表

一级矿产资源负债科目	二级矿产资源负债科目	三级矿产资源负债科目
能源负债	责任单位名称	煤资源负债、煤层气资源负债等

自然资源资产负债核算

续表

一级矿产资源负债科目	二级矿产资源负债科目	三级矿产资源负债科目
金属矿产资源负债	责任单位名称	铁资源负债、锰资源负债等
非金属矿产资源负债	责任单位名称	金刚石资源负债、石墨资源负债等
宝玉石矿产资源负债	责任单位名称	红宝石资源负债、蓝宝石资源负债等
水气矿产资源负债	责任单位名称	地下水资源负债、天然矿泉水资源负债等

三、矿产资源权益的分类分级与科目设置

矿产资源权益是矿产资源权属扣除矿产资源负债之后的净权属。其科目设置既要与矿产资源资产类科目相互对应（权益必须有载体，否则就会落空），又要与矿产资源负债类科目衔接（否则计算不出净权属）。一级科目是某类矿产资源资产的权益。二级科目或加三级科目是具体的受托权益主体名称——在政府主管部门的账户是受托的归全民所有的矿产资源所有权权益，在矿山企业账户是受托的矿业权。最底层的明细科目是具体矿种的矿产资源资产权益，此处要与前两大类科目（矿产资源资产类科目和矿产资源负债类科目）保持核算口径的一致。表7-3是矿产资源权益类科目。

表7-3　矿产资源权益科目表

一级矿产资源权益科目	二级矿产资源权益科目	三级矿产资源权益科目
能源权益	责任单位名称	煤资源权益、煤层气资源权益等
金属矿产资源权益	责任单位名称	铁资源权益、锰资源权益等
非金属矿产资源权益	责任单位名称	金刚石资源权益、石墨资源权益等
宝玉石矿产资源权益	责任单位名称	红宝石资源权益、蓝宝石资源权益等
水气矿产资源权益	责任单位名称	地下水资源权益、天然矿泉水资源权益等

第二节　矿产资源资产负债核算的账户结构

一、矿产资源资产类账户结构

根据矿产资源资产类科目设置相应的盘存类账户,左方为增加,右方为减少,余额在左方。在此结构下,矿产资源资产类账户记录的对象,其存量和变量之间符合"核算期初存量+核算期内增加数量=核算期内减少数量+核算期末存量"的四柱平衡关系,即"矿产资源资产期初左方存量+矿产资源资产核算期内左方发生数量=矿产资源资产核算期内右方发生数量+矿产资源资产核算期末左方存量"或"矿产资源资产期末左方存量=矿产资源资产核算期初左方存量+矿产资源资产核算期内左方发生数量-矿产资源资产核算期内右方发生数量"。

二、矿产资源负债类账户结构

根据矿产资源负债类科目设置相应的盘存类账户,右方为增加,左方为减少,余额在右方。在此结构下,矿产资源负债类账户记录的对象,其存量和变量之间符合"核算期初存量+核算期内增加数量=核算期内减少数量+核算期末存量"的四柱平衡关系,即"矿产资源负债期初右方存量+矿产资源负债核算期内右方发生数量=矿产资源负债核算期内左方发生数量+矿产资源负债核算期末右方存量"或"矿产资源负债期末右方存量=矿产资源负债核算期初右方存量+矿产资源负债核算期内右方发生数量-矿产资源负债核算期内左方发生数量"。

三、矿产资源权益类账户结构

根据矿产资源权益类科目设置相应的盘存类账户,右方为增加,左方为减少,余额在右方。在此结构下,矿产资源权益类账户记录的对象,其存量和变量之间符合"核算期初存量+核算期内增加数量=核算期内减少数量+核算期末存量"的四柱平衡关系,即"矿产资源权益期初右方存量+矿产资源权益核算期内右方发生数量=矿产资源权益核算期内左方发生数量+矿产资源权益核算期末右方存量"或"矿产资源权益期末右方存量=矿产资源权益核算期初右方存量+矿产资源权益核算期内右方数量−矿产资源权益核算期内左方数量"。

第三节 矿产资源资产负债核算举例

一、涉及矿产资源资产及权属的事项类型与账务处理

涉及矿产资源资产及权属的事项以左右记账法示范其账务处理如下。[①]

(1)某地级市政府自然资源主管部门(以下简称政府),将某铁矿区的矿业权(探采合一)出让给 A 企业,该矿区铁矿石储量为 8000 万吨。

政府账务处理:

左:金属矿业权(探采合)——A 企业——铁资源权益 8000 万吨

　　右:金属资产——黑色金属——铁 8000 万吨

A 企业账务处理:

左:金属资产——黑色金属——铁 8000 万吨

　　右:金属矿业权(探采合)——政府——铁资源权益 8000 万吨

政府期末编制报表时有两个口径:一是根据政府的账户记录直接汇总编制,这样在政府的矿产资源资产项目里,会出现"矿业权"项目,表明已进入开发利用的资源数量。二是在编制报表之前进行企业与政府之间的对账与轧

[①] 涉及矿产资源资产负债的核算事项类型与前述各种资源相同,也是八种类型,覆盖所列核算事项。

第七章 矿产资源资产负债核算系统

账,以此还原实际矿产资源资产实际数。前者适合于责任追溯,可用于管理;后者适合于政府向矿产资源所有权委托方报告受托的矿产资源资产存量与变量。

(2) A 企业报告新增铁矿储量 500 万吨经核实入账。

政府账务处理:

左:金属矿业权(探采合)——A 企业——铁资源权益　500 万吨

　　右:金属矿产资源权益——本级政府——铁资源权益　500 万吨

A 企业账务处理:

左:金属资产——黑色金属——铁　500 万吨

　　右:金属矿业权(探采合)——政府——铁资源权益　500 万吨

(3) 发现 A 企业瞒报新增铁矿储量 100 万吨,经核实等待处理。

政府账务处理:

左:金属矿业权(探采合)——A 企业——铁　100 万吨

　　右:金属资源负债——A 企业——铁资源负债　100 万吨

A 企业账务处理:

左:待处理金属资源资产——黑色金属——铁　100 万吨

　　右:金属资源负债——政府——铁资源负债　100 万吨

(4) 瞒报事项责任追溯并处理完毕。

政府账务处理:

左:金属资源负债——A 企业——铁资源负债　100 万吨

　　右:金属矿产资源权益——本级政府——铁资源权益　100 万吨

A 企业账务处理:

左:金属资产——黑色金属——铁　100 万吨

　　右:待处理金属资源资产——黑色金属——铁　100 万吨

左:金属资源负债——政府——铁资源负债　100 万吨

　　右:金属矿业权(探采合)——政府——铁资源权益　100 万吨

(5)A企业正常开采减少铁矿储量700万吨,报告核实。

政府账务处理:

左:金属矿产资源权益——本级政府——铁资源权益　700万吨

　　右:金属矿业权(探采合)——A企业——铁　700万吨

A企业账务处理:

左:金属矿业权(探采合)——政府——铁资源权益　700万吨

　　右:金属资产——黑色金属——铁　700万吨

(6)发现A企业超采铁矿储量200万吨,等待处理。

政府账务处理:

左:金属矿产资源权益——本级政府——铁资源权益　200万吨

　　右:金属资源负债——A企业——铁资源负债　200万吨

A企业账务处理:

左:待处理金属资源资产——黑色金属——铁　200万吨

　　右:金属资产——黑色金属——铁　200万吨

左:金属矿业权(探采合)——政府——铁资源权益　200万吨

　　右:金属资源负债——政府——铁资源负债　200万吨

(7)超采事项责任追溯并处理完毕,核销超采储量。

政府账务处理:

左:金属资源负债——A企业——铁资源负债　200万吨

　　右:金属矿业权(探采合)——A企业——铁　200万吨

A企业账务处理:

左:金属资源负债——政府——铁资源负债　200万吨

　　右:待处理金属资源资产——黑色金属——铁　200万吨

(8)政府下属独立核算的勘查单位提交新增铜矿储量400万吨报告,经核实入账。

政府账务处理:

左:金属矿业权(探矿权)——B单位——铜资源权益　400万吨

　　右:金属矿产资源权益——本级政府——铜资源权益　400万吨

勘查单位账务处理:

左:金属资产——有色金属——铜　400万吨

　　右:金属矿业权(探矿权)——政府——铜资源权益　400万吨

如果该勘查单位直属于政府,并不独立核算则不做账。政府将"金属矿业权"置换成"金属资产"。

政府主管部门对上述事项的账务处理示意(见图7-1)。

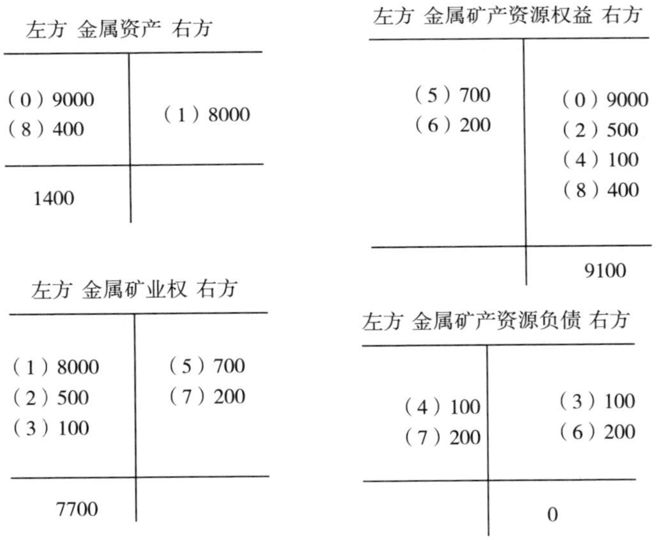

```
    左方 金属资产 右方              左方 金属矿产资源权益 右方
    (0) 9000 │ (1) 8000             (5) 700  │ (0) 9000
    (8)  400 │                      (6) 200  │ (2)  500
    ─────────┼─────────                      │ (4)  100
       1400                                  │ (8)  400
                                             ────────
                                                9100

   左方 金属矿业权 右方            左方 金属矿产资源负债 右方
    (1) 8000 │ (5) 700              (4) 100  │ (3) 100
    (2)  500 │ (7) 200              (7) 200  │ (6) 200
    (3)  100 │                      ─────────┼─────────
    ─────────┼─────────                  0
       7700
```

图7-1　政府主管部门账务处理结果

二、政府主管部门账户记录试算平衡

假设政府主管部门的期初金属资产及权属的存量为9000万吨,核算期间所发生的涉及金属矿产资源资产及权属的事项就是上述八项,则试算平衡如表7-4。

自然资源资产负债核算

表 7-4 金属矿产资源资产负债试算平衡表　　　　单位:万吨

核算科目名称	期初存量		本期增减数量		期末存量	
	左方	右方	左方	右方	左方	右方
金属资产	9000		400	8000	1400	
金属矿业权			8600	900	7700	
金属矿产资源权益		9000	900	1000		9100
金属矿产资源负债			300	300		0
总计	9000	9000	10200	10200	9100	9100

表 7-4 仅仅是示意。所有的矿产资源一级科目汇总数经过试算平衡,表明可以结账,并且可以编制报表。

三、矿产资源资产负债核算报表编制

矿产资源资产负债核算报表根据账户记录既可以分类编制又可以汇总编制。根据矿产资源资产分设五个一级科目核算的结果,可以分别编制五套报表。每一套报表由三张报表组成,即一张主表《某矿产资源资产负债表》和两张分表《某矿产资源资产变动表》《某矿产资源权属变动表》。汇总编制的也是一套报表《矿产资源资产负债表》和两张分表《矿产资源资产变动表》《矿产资源权属变动表》。表 7-5 是某政府主管部门的矿产资源资产负债核算报表。

表 7-5 矿产资源资产负债核算报表

《矿产资源资产负债表》	《矿产资源资产变动表》	《矿产资源负债和权益变动表》
《能源资源资产负债表》	《能源资源资产变动表》	《能源资源负债和权益变动表》
《金属矿产资源资产负债表》	《金属矿产资源资产变动表》	《金属矿产资源负债和权益变动表》
《非金属矿产资源资产负债表》	《非金属矿产资源资产变动表》	《非金属矿产资源负债和权益变动表》

续表

《矿产资源资产负债表》	《矿产资源资产变动表》	《矿产资源负债和权益变动表》
《宝玉石矿产资源资产负债表》	《宝玉石矿产资源资产变动表》	《宝玉石矿产资源负债和权益变动表》
《水气矿产资源资产负债表》	《水气矿产资源资产变动表》	《水气矿产资源负债和权益变动表》

（一）分类报表

根据管理需要,可以根据一级科目编制分类报表。在矿产资源资产负债核算系统中,分设了五个一级资产科目、五个一级负债科目和五个一级权益科目。每个一级资产科目都与一个一级负债科目和一个一级权益科目相对应。根据这三个相互对应的一级科目的账户记录,可以编制一套核算报表。以金属矿产资源报表为例。

金属矿产资源的主表是《金属矿产资源资产负债表》。该表反映在政府管辖范围内核算期末某一日期(如某年12月31日)全部金属矿产资源资产、金属矿产资源负债和金属矿产资源权益存量的核算报表,它表明某级政府辖区内在特定时点所拥有或控制的金属矿产资源资产、承担的金属矿产资源负债和受托监管的金属矿产资源权益。它是一张揭示政府在一定时点金属矿产资源禀赋及其权责状况的静态报表。《金属矿产资源资产负债表》是"金属矿产资源资产=金属矿产资源负债+金属矿产资源权益"恒等式的项目列示,或该公式的表格化。它是一级政府对辖区范围内金属矿产资源资产负债核算成果的反映。其格式参见表7-6。

表7-6　金属矿产资源资产负债表　　　　　　　单位:万吨

金属矿产资源资产	期初	期末	金属矿产资源负债和权益	期初	期末
一、黑色金属			一、金属矿产资源负债		

自然资源资产负债核算

续表

金属矿产资源资产	期初	期末	金属矿产资源负债和权益	期初	期末
（一）铁			（一）黑色金属资源负债		
1. 铁矿	9000	1000	（二）有色金属资源负债		
2. 铁矿业权		7700	二、金属矿产资源权益		
铁矿资源资产合计	9000	8700	（一）黑色金属资源权益		
二、有色金属			1. 本级受托三级国有	9000	8700
（一）铜			2. 本级受托集体所有		
1. 铜矿		400	3. 本级受托其他所有		
2. 铜矿业权			（二）有色金属资源权益		
铜矿资源资产合计		400	1. 本级受托三级国有		400
金属矿产资源资产合计	9000	9100	金属矿产资源负债和权益合计	9000	9100

金属矿产资源资产负债核算的第一张分表是《金属矿产资源资产变动表》。该表是一张动态报表，反映核算期间内金属矿产资源资产的增减变动情况。该表编制的数量关系基础是四柱平衡，即"金属矿产资源资产期初存量+金属矿产资源资产本期增加数=金属矿产资源资产本期减少数+金属矿产资源资产期末存量"。由此公式可见，《金属矿产资源资产变动表》的期初数期末数与《金属矿产资源资产负债表》（并列式）左端的期初数期末数一致，它是《金属矿产资源资产负债表》的补充说明。说明《金属矿产资源资产负债表》中金属矿产资源资产期初期末存量差异形成的原因。现根据联合国SEEA-2012的环境资产报表格式和上述的事例，编制某政府部门《金属矿产资源资产变动表》如表7-7所示。

表7-7　金属矿产资源资产变动表　　　　　　　　　　单位：万吨

项目	期初	期内增加数				期内减少数				期末
		新发现	向上重估	重新分类	其他	开采	灾害损失	向下重估	重新分类	
一、黑色金属										

续表

项目	期初	期内增加数				期内减少数				期末
		新发现	向上重估	重新分类	其他	开采	灾害损失	向下重估	重新分类	
（一）铁										
1.铁矿	9000								8000	1000
2.铁矿业权		600		8000		900				7700
铁矿资源资产合计	9000	600		8000		900			8000	8700
二、有色金属										
（一）铜										
1.铜矿		400								400
2.铜矿业权										
铜矿资源资产合计		400								400
金属矿产资源资产合计	9000	1000		8000		900			8000	9100

金属矿产资源资产负债核算的第二张分表是《金属矿产资源权属变动表》。该表也是一张动态报表，反映核算期间内金属矿产资源权属关系的增减变动情况。该表编制的数量关系基础也是四柱平衡，即"金属矿产资源权属期初存量+金属矿产资源权属本期增加数＝金属矿产资源权属本期减少数+金属矿产资源权属期末存量"。由此公式可见，《金属矿产资源权属变动表》的期初数期末数与《金属矿产资源资产负债表》（并列式）右端的期初数期末数一致，它是《金属矿产资源资产负债表》的补充说明。说明《金属矿产资源资产负债表》中金属矿产资源权属期初期末存量差异形成的原因。现根据上述事例，编制某政府部门《金属矿产资源权属变动表》如表7-8所示。

自然资源资产负债核算

表 7-8　金属矿产资源负债和权益变动表　　　　　单位：万吨

项目	期初	期内增加数			期内减少数			期末
		新发现	待处理事项	瞒报	正常开采	人为超采	重新分类	
一、金属矿产资源负债								
（一）黑色金属资源负债								
1. A 企业负债			200	100		200	100	
（二）有色金属资源负债								
1. 勘查单位负债								
……								
金属矿产资源负债合计			200	100		200	100	
二、金属矿产资源权益								
（一）黑色金属资源权益								
1. 本级受托三级国有	9000	500		100	700	200		8700
2. 本级受托集体所有								
3. 本级受托其他所有								
（二）有色金属资源权益								
1. 本级受托三级国有		400						400
……								
金属矿产资源权益合计	9000	900		100	700	200		9100
金属矿产资源权属合计	9000	900	200	200	700	400	100	9100

（二）汇总报表

汇总报表的主表《矿产资源资产负债表》是反映政府在核算期末某一日期（如某年 12 月 31 日）全部矿产资源资产、矿产资源负债和矿产资源权益存量的核算报表，它表明某级政府辖区内在特定时点所拥有或控制的矿产资源资产、承担的矿产资源负债和矿产资源权益。它是一张揭示政府在一定时点矿产资源禀赋状况的静态报表。矿产资源资产负债表是"矿产资源资产＝矿产资源负债＋矿产资源权益"恒等式的项目列示，或该公式的表格化。它是一级政府对辖区范围内矿产资源资产负债核算系统核算成果的综合反映,是整个矿产资源资产负债核算系统的统领。

汇总报表的分表是《矿产资源资产变动表》和《矿产资源权属变动表》。这两张报表都是动态报表,分别反映核算期间内矿产资源资产及其权属的增减变动情况。两张报表编制的数量关系基础也是四柱平衡,即"期初存量+本期增加数=本期减少数+期末存量"。由此可见,《矿产资源资产变动表》的期初数期末数与《矿产资源资产负债表》(并列式)左端的期初数期末数一致,它是《矿产资源资产负债表》的补充说明。说明《矿产资源资产负债表》中矿产资源资产期初期末存量差异形成的原因。《矿产资源权属变动表》的期初数期末数与《矿产资源资产负债表》(并列式)右端的期初数期末数一致,它是《矿产资源资产负债表》的补充说明。说明《矿产资源资产负债表》中矿产资源权属期初期末存量差异形成的原因。

本章以"矿产资源资产=矿产资源权属"平衡公式为主线,分别探索了等式两端的核算对象。

根据我国矿产资源分类标准,矿产资源资产分为四大类168种。本书在能源、金属、非金属、水气四类基础上,将宝玉石类单独列出成为五类。根据每一类矿产资源设置核算科目。此外,考虑到企业对矿产资源资产的承包经营,设置相应的委托权属科目(资产类)。由于自然或人为原因损害或超采的矿产资源,在未得到核销处理之前,可计入待处理矿产资源资产科目。即在一级资产类科目里增设 n 个"待处理矿产资源资产"(范围0—5)和"某类矿产资源资产矿业权"(范围0—5)科目。按照二维分类原理和复式记账法规则,对每一类矿产资源分别设置三个一级科目,如"能源矿产资源资产""能源矿产资源负债""能源矿产资源权益",其平衡关系是"能源矿产资源资产=能源矿产资源负债+能源矿产资源权益",余类推。为了保证日常核算不破坏这个平衡关系,又分别设置了两类不同性质的账户结构。按照"有左必有右,左右必

自然资源资产负债核算

相等"的记账规则对涉及矿产资源资产及其权属的事项进行记账,就形成三类核算科目的四柱左右平衡关系,即矿产资源资产类账户的期初数、本期增加数、本期减少数、期末数的左右方,分别与矿产资源权属类账户的期初数、本期增加数、本期减少数、期末数的左右方相平衡。经过期末的试算平衡,在保证账户记录不出错的条件下,根据有相互对应关系的三个一级核算科目的记录,既可以编制出各类矿产资源的资产负债表、资产变动表和权属变动表,又可以编制出《矿产资源资产负债表》《矿产资源资产变动表》《矿产资源权属变动表》。

《矿产资源资产负债表》是主表,既反映出某政府主管部门管辖范围内的矿产资源资产的赋存与分布,又反映出其管辖范围内矿产资源的负债和权益的状况。但是《矿产资源资产负债表》反映的只是核算期初与期末的存量,是结果状态。该表由于不能直观地说明期初存量与期末存量之间的差异,所以需要分别编制《矿产资源资产变动表》和《矿产资源权属变动表》两张分表,来揭示主表期初期末存量差异的原因。

本章用覆盖所有账户记录类型的八项业务,完成了核算系统的运行演示。

第八章 海洋资源资产负债核算系统

第一节 海洋资源核算要素的分类分级及其科目设置

一、海洋资源资产的分类分级与科目设置

（一）海洋资源分类方法概述

对于海洋资源，从不同的角度、标准有着各种各样的分类方法。海洋资源分类的目的是为了更好地理解和把握不同资源间的相互关系及同类海洋资源的共同特征，以便更好、更合理地利用资源。目前存在的一些基本的分类有以下几种：

1. 按利用程度和有限度不同划分，海洋自然资源可以分为耗竭性资源和非耗竭性资源两大类。这种划分的方法有利于加强海洋资源的开发利用和管理，对于耗竭性资源和非再生性资源必须要求正确的维护和管理，防止过度开发和使用；对于可再生性资源同样必须做到合理开发和利用，提高使用率，并使其能保持正常的生态恢复、保持遗传上生物物种的多样性和持续利用。

2. 按海洋资源的性质、特点、存在形态划分，可以分为海洋生物资源、海底矿产资源、海水资源、海洋空间资源、海洋新能源和海洋旅游资源等。

3. 按资源所处的地理位置划分，可以分为海岸带资源、大陆架资源、海岛

资源、深海与大洋资源、极地资源等。

4. 按海洋资源的空间层次划分,可以划分为海洋大气空间资源、海面资源、海洋水体资源、海底资源。

5. 按海洋资源自然属性划分,可以大致把海洋资源分为海洋物质资源、海洋空间资源和海洋能源资源三大类,而后再按一级类目并具体进一步细分。这种分类方法似乎使分类更符合逻辑性和科学性,更有利于海洋资源的开发和经济利用。

(二) 本书采用的海洋资源分类

对海洋资源的分类还没有形成完善的、公认的分类方案。本书根据2006年12月29日发布的国家标准《海洋及相关产业分类》(GB/T20794-2006)[①],综合考虑不同的海洋资源分类,确定本书的海洋资源分类标准。

(三) 海洋资源资产类科目设置

根据开发利用情况和重要性原则,将纳入本书资产负债核算的海洋资源有海洋物质资源设置9个一级科目、20个二级科目、48个三级科目,共设明细科目147个。新发现的海洋资产根据资产分类确定其明细科目,设计科目编码。9个一级科目分别为"海洋生物资源""海洋能源矿产""海滨金属矿产""海滨非金属矿产""深海矿产""海洋原盐""海洋可再生能源""可利用海水""海洋空间资源"。此外,考虑到海洋开发企业对海洋资源开发利用的权益(如承包经营权或矿业权),还设置相应的委托权属科目(资产类)。由于自然或人为原因损害或超采而需要补偿的海洋资源储量,在未得到核销处理之前,可记入待处理海洋资源资产科目。即在一级资产类科目里增设 n 个"待处理某资源资产"(范围0—9)和"某类海洋资源资产经营权或矿业权"(范围0—

---

① 中华人民共和国国家质量监督检验检疫总局、中国国家标准化管理委员会:《海洋及相关产业分类》(GB/T20794-2006),2006年12月29日发布。

9）科目。海洋资源资产类科目见表8-1。

表8-1 海洋资源资产分类及科目表

一级科目	二级科目	三级科目
海洋生物资源	海洋动物资源	鱼、虾、蟹、贝、软体水生动物、其他海洋生物
	海洋植物资源	海带、紫菜、裙带菜、麒麟菜、石花菜、羊栖菜、苔菜、其他海洋植物
海洋能源矿产资源	海洋油气资源	海洋原油、海洋天然气、海底天然气水合物
	海底煤矿	无烟煤、长焰煤、褐煤、其他海底煤矿
	海底地热	海底热泉、其他海底地热
海滨金属矿产资源	海滨黑色金属矿	铁矿石、锰矿、铬矿石
	海滨有色金属矿	钛矿、铜矿、铅锌矿、镍矿、钴矿、锡矿、镁矿、锆矿、其他海滨有色金属矿
	海滨贵金属矿	金矿、银矿、其他海滨贵金属矿
	海滨稀土金属矿	独居石金属折合量、独居石金矿实物量
海滨非金属矿产资源	海滨贵重非金属矿	天然宝石类、天然玉石类、彩石类矿
	海滨建筑用砂、砾石	石灰石、建筑用石料、耐火土石
	海滨黏土、砂石	天然砂、硅砂、石英砂、其他天然砂、石类、其他砂石
深海矿产资源	大洋多金属结核	
	大洋富钴结壳	
	海底热液矿	多金属硫化物、多金属软泥
	海底化学矿	硫磺矿、重晶石、磷钙石
	其他深海矿	
海洋原盐资源	海盐食用盐	
	海盐非食用盐	
海洋可再生能源	海洋海水能源	海洋潮汐能、海洋波浪能、海洋潮流能、海洋温差能、海洋盐差能、其他海洋能
	海洋风能	

续表

一级科目	二级科目	三级科目
可利用海水	淡化海水	工业用水、饮用水（饮用纯净水、饮用矿物质水）
	直用海水	工业用水、农业用水、服务业用水
海洋空间资源	海岸空间	
	近海空间	
	远洋空间	
某海洋资源经营权	责任单位	
待处理某资源资产	某资源资产	

二、海洋资源负债的分类分级与科目设置

海洋资源负债是指需要由一定主体承担的对海洋资源耗损及其环境损失进行偿还的责任。海洋资源负债分为得到确认并且具有承载对象和不具有承载对象的两种。前者可以纳入海洋资源资产负债核算，后者不能纳入或暂时不能纳入海洋资源资产负债核算。承载对象是指客观物质化的载体。承载对象区别于海洋资源负债的债务人，债务人是承担偿还海洋资源负债的责任主体。对于可再生资源而言，海洋资源负债的承载对象始终存在。但是对于不可再生资源而言，一旦过度消耗，就不可能恢复，为了保证自然资源资产负债核算的平衡关系，需要进行债务处理（核销与转换）。

海洋资源负债必须是明确的，即有明确的权责归属对象，有明确的界定标准和量化结果。界定海洋资源负债的标准不是唯一的，对于不同的海洋资源就有不同的质和量两种标准。质的标准反映海洋资源相对于人类而言的环境质量等级，量的标准反映海洋资源相对于人类合理利用（可持续发展）而言的数量界限，凡是超越对海洋资源合理利用的数量标准部分就是海洋资源负债。

海洋资源负债是有承载对象的负债。

根据自然资源负债的性质,可以将海洋资源负债分为开发许可负债、耗竭性负债、损害性负债、降等性负债。按照资源开发规划和管理规定,已经发放许可证允许开发,并可以确定计量的为开发许可负债。耗竭性负债主要涉及耗竭性资源,是指对耗竭性资源的开发利用超出许可范围的部分。该部分资源无法恢复,需要在明确责任的基础上加以处理。降等性负债针对可再生资源,可再生资源开发利用超出许可范围,将导致资源质量下降。需要经过一定的时间,通过自然繁育和人工支持,恢复资源质量,这一超量或超标部分称为降等性负债。对于可再生海洋资源,如果严重超标准开发利用,可能导致可再生资源因质量严重下降无法恢复到可利用水平,如海洋渔业资源枯竭甚至海洋生物资源灭绝,这一部分应该为耗竭性负债。损害性负债是指在资源的开发利用过程中造成了生态环境破坏、污染了环境而需要减少污染或消除污染、改进资源利用方式而形成的负债,如海水污染等。

为了与海洋资源资产类科目相对应,并且明确造成海洋资源负债的责任主体,根据海洋资源资产的分类对应设置一级海洋资源负债科目,即 9 个海洋资源负债科目。设置 n 个以责任承担者为对象的二级科目。再设置相对应于资产类科目系统的三级及以下的科目。而将上述负债分类设置为产生负债的原因,在《海洋资源负债变动表》里的增减栏目中列示。表 8-2 是海洋资源负债科目表。

表 8-2 海洋资源负债科目表

一级科目	二级科目	三级科目	四级科目
海洋生物资源负债	责任单位	海洋动物资源	鱼、虾、蟹、贝、软体水生动物、其他海洋生物
	责任单位	海洋植物资源	海带、紫菜、裙带菜、麒麟菜、石花菜、羊栖菜、苔菜、其他海洋植物

自然资源资产负债核算

续表

一级科目	二级科目	三级科目	四级科目
海洋能源矿产资源负债	责任单位	海洋油气资源	海洋原油、海洋天然气、海底天然气水合物
	责任单位	海底煤矿	无烟煤、长焰煤、褐煤、其他海底煤矿
	责任单位	海底地热	海底热泉、其他海底地热
海滨金属矿产资源负债	责任单位	海滨黑色金属矿	铁矿石、锰矿、铬矿石
	责任单位	海滨有色金属矿	钛矿、铜矿、铅锌矿、镍矿、钴矿、锡矿、镁矿、锆矿、其他海滨有色金属矿
	责任单位	海滨贵金属矿	金矿、银矿、其他海滨贵金属矿
	责任单位	海滨稀土金属矿	独居石金属折合量、独居石金属实物量
海滨非金属矿产资源负债	责任单位	海滨贵重非金属矿	天然宝石类、天然玉石类、彩石类矿
	责任单位	海滨建筑用砂、砾石	石灰石、建筑用石料、耐火土石
	责任单位	海滨黏土、砂石	天然砂、硅砂、石英砂、其他天然砂、石类、其他砂石
深海矿产资源负债	责任单位	大洋多金属结核	
	责任单位	大洋富钴结壳	
	责任单位	海底热液矿	多金属硫化物、多金属软泥
	责任单位	海底化学矿	硫磺矿、重晶石、磷钙石
	责任单位	其他深海矿	
海洋原盐资源负债	责任单位	海盐食用盐	
	责任单位	海盐非食用盐	
海洋可再生能源负债	责任单位	海洋海水能源	海洋潮汐能、海洋波浪能、海洋潮流能、海洋温差能、海洋盐差能、其他海洋能
	责任单位	海洋风能	
可利用海水负债	责任单位	淡化海水	工业用水、饮用水（饮用纯净水、饮用矿物质水）
	责任单位	直用海水	工业用水、农业用水、服务业用水
海洋空间资源负债	责任单位	海岸空间	
	责任单位	近海空间	
	责任单位	远洋空间	

三、海洋资源权益的分类分级与科目设置

海洋资源权益是海洋资源权属扣除海洋资源负债之后的净权属。其科目设置既要与海洋资源资产类科目相互对应（权益必须有载体，否则就会落空），又要与海洋资源负债类科目衔接（否则计算不出净权属）。一级科目是某类海洋资源资产的权益。二级科目是具体的受托权益主体名称——在政府主管部门的账户是受托的海洋资源权益，在海洋资源开发企业账户是受托的经营权益。三级以下的科目与负债类科目相同，以便与海洋资源资产类科目相对应。即保持三大类科目（海洋资源资产类科目、海洋资源负债类科目和海洋资源权益类科目）核算口径的一致。表8-3是海洋资源权益类科目。

表8-3 海洋资源权益科目表

一级科目	二级科目	三级科目	四级科目
海洋生物资源权益	责任单位	海洋动物资源	鱼、虾、蟹、贝、软体水生动物、其他海洋生物
	责任单位	海洋植物资源	海带、紫菜、裙带菜、麒麟菜、石花菜、羊栖菜、苔菜、其他海洋植物
海洋能源矿产资源权益	责任单位	海洋油气资源	海洋原油、海洋天然气、海底天然气水合物
	责任单位	海底煤矿	无烟煤、长焰煤、褐煤、其他海底煤矿
	责任单位	海底地热	海底热泉、其他海底地热
海滨金属矿产资源权益	责任单位	海滨黑色金属矿	铁矿石、锰矿、铬矿石
	责任单位	海滨有色金属矿	钛矿、铜矿、铅锌矿、镍矿、钴矿、锡矿、镁矿、锆矿、其他海滨有色金属矿
	责任单位	海滨贵金属矿	金矿、银矿、其他海滨贵金属矿
	责任单位	海滨稀土金属矿	独居石金属折合量、独居石金矿实物量
海滨非金属矿产资源权益	责任单位	海滨贵重非金属矿	天然宝石类、天然玉石类、彩石类矿
	责任单位	海滨建筑用砂、砾石	石灰石、建筑用石料、耐火土石
	责任单位	海滨黏土、砂石	天然砂、硅砂、石英砂、其他天然砂、石类、其他砂石

续表

一级科目	二级科目	三级科目	四级科目
深海矿产资源权益	责任单位	大洋多金属结核	
	责任单位	大洋富钴结壳	
	责任单位	海底热液矿	多金属硫化物、多金属软泥
	责任单位	海底化学矿	硫磺矿、重晶石、磷钙石
	责任单位	其他深海矿	
海洋原盐资源权益	责任单位	海盐食用盐	
	责任单位	海盐非食用盐	
海洋可再生能源权益	责任单位	海洋海水能源	海洋潮汐能、海洋波浪能、海洋潮流能、海洋温差能、海洋盐差能、其他海洋能
	责任单位	海洋风能	
可利用海水权益	责任单位	淡化海水	工业用水、饮用水（饮用纯净水、饮用矿物质水）
	责任单位	直用海水	工业用水、农业用水、服务业用水
海洋空间资源权益	责任单位	海岸空间	
	责任单位	近海空间	
	责任单位	远洋空间	

第二节 海洋资源资产负债核算的账户结构

复式记账法在核算对象二维分类的条件下，即保持"海洋资源资产＝矿产资源权属"或"海洋资源资产＝海洋资源负债＋海洋资源权益"平衡关系的条件下，账户结构的设置分为两类，以左右记账法为例。

一、海洋资源资产类账户结构

根据海洋资源资产类科目设置相应的盘存类账户，左方为增加，右方为减少,余额在左方。在此结构下,海洋资源资产类账户记录的对象,其存量和变量之间符合"核算期初存量+核算期内增加数量=核算期内减少数量+核算期末存量"的四柱平衡关系,即"海洋资源资产期初左方存量+海洋资源资产核算期内左方发生数量=海洋资源资产核算期内右方发生数量+海洋资源资产核算期末左方存量"或"海洋资源资产期末左方存量=海洋资源资产核算期初左方存量+海洋资源资产核算期内左方发生数量-海洋资源资产核算期内右方发生数量"。

二、海洋资源负债类账户结构

根据海洋资源负债类科目设置相应的盘存类账户,右方为增加,左方为减少,余额在右方。在此结构下,海洋资源负债类账户记录的对象,其存量和变量之间符合"核算期初存量+核算期内增加数量=核算期内减少数量+核算期末存量"的四柱平衡关系,即"海洋资源负债期初右方存量+海洋资源负债核算期内右方发生数量=海洋资源负债核算期内左方发生数量+海洋资源负债核算期末右方存量"或"海洋资源负债期末右方存量=海洋资源负债核算期初右方存量+海洋资源负债核算期内右方发生数量-海洋资源负债核算期内左方发生数量"。

三、海洋资源权益类账户结构

根据海洋资源权益类科目设置相应的盘存类账户,右方为增加,左方为减少,余额在右方。在此结构下,海洋资源权益类账户记录的对象,其存量和变量之间符合"核算期初存量+核算期内增加数量=核算期内减少数量+核算期末存量"的四柱平衡关系,即"海洋资源权益期初右方存量+海洋资源权益核算期内右方发生数量=海洋资源权益核算期内左方发生数量+海洋资源权益核算期末右方存量"或"海洋资源权益期末右方存量=海洋资源权益核算期初右方存量+海洋资源权益核算期内右方发生数量-海洋资源权益核算期内左方发生数量"。

第三节 海洋资源资产负债核算举例

一、涉及海洋资源资产及权属的事项类型分析

根据复式记账的规则,所有涉及海洋资源资产及权属的事项类型都不会破坏"海洋资源资产=海洋资源负债+海洋资源权益"平衡关系。这些事项的类型是:

第一种类型,是海洋资源资产类账户之间的此增彼减,增减数额相等,并未引起"海洋资源资产=海洋资源负债+海洋资源权益"关系式左端总数的改变,不破坏等式的平衡关系。

第二种类型,是海洋资源负债类账户之间的此增彼减,增减数额相等,并未引起"海洋资源资产=海洋资源负债+海洋资源权益"关系式右端总数的改变,不破坏等式的平衡关系。

第三种类型,是海洋资源权益类账户之间的此增彼减,增减数额相等,并未引起"海洋资源资产=海洋资源负债+海洋资源权益"关系式右端总数的改变,不破坏等式的平衡关系。

第四种类型,是海洋资源资产类账户与海洋资源权益类账户同时增加,增加数额相等,不会破坏"海洋资源资产=海洋资源负债+海洋资源权益"关系。

第五种类型,是海洋资源资产类账户与海洋资源负债类账户同时增加,增加数额相等,不会破坏"海洋资源资产=海洋资源负债+海洋资源权益"关系。

第六种类型,是海洋资源权益类账户与海洋资源负债类账户之间此增彼减,增减数额相等,也不增加"海洋资源资产=海洋资源负债+海洋资源权益"关系式的右端总数,平衡关系不变。

第八章 海洋资源资产负债核算系统

第七种类型,是海洋资源资产类账户与海洋资源负债类账户同时减少,等式两端减少数额相等,也不改变"海洋资源资产＝海洋资源负债+海洋资源权益"的平衡关系。

第八种类型,是海洋资源资产类账户与海洋资源权益类账户同时减少,等式两端减少数额相等,也不改变"海洋资源资产＝海洋资源负债+海洋资源权益"的平衡关系。

二、涉及海洋资源资产及权属事项的账务处理

根据上述涉及海洋资源资产及权属的事项类型,用左右记账法示范其账务处理如下。

(1)某水产企业报告由于统计工作失误,将虾类资源2万吨误记为鱼类资源。需进行调账。

左:海洋生物资源资产——海洋动物资源——虾　2万吨

右:海洋生物资源资产——海洋动物资源——鱼　2万吨

(2)新发现某处海底石油新增储量800万吨。

左:海洋能源矿产——海洋油气资源——海洋原油　800万吨

右:海洋能源矿产权益——本级国有——海洋油气资源——海洋原油　800万吨

(3)由于油轮事故,大量原油泄漏,造成海岸线污染,估计海洋动物资源损失10万吨,海洋植物资源损失20万吨。

左:待处理海洋生物资源资产——油轮经营公司——海洋动物资源　10万吨

　　　　　　——油轮经营公司——海洋植物资源　20万吨

右:海洋生物资源资产——海洋动物资源　10万吨

　　　　——海洋植物资源　20万吨

左:海洋生物资源权益——本级国有　30万吨

　　右:海洋生物资源负债——本级国有　30万吨

(4)经过调查取证,确认油轮经营公司负责承担此项环境责任。

左:海洋生物资源负债——本级国有　30万吨

　　右:海洋生物资源负债——油轮经营公司　30万吨

(5)油轮经营公司以缴纳罚款的方式偿还债务。

左:海洋生物资源负债——油轮经营公司　30万吨

　　右:待处理海洋生物资源资产——油轮经营公司——海洋动物资源　10万吨

　　　　　　——油轮经营公司——海洋植物资源　20万吨

(6)由于某海水处理公司(A公司)进行股份制改造,其海水处理业务由新设立的股份公司(B公司)接手。

左:可利用海水权益——B公司——直用海水——工业用水　8000万吨

　　右:可利用海水权益——A公司——直用海水——工业用水　8000万吨

左:可利用海水经营权——B公司经营权——直用海水——工业用水　8000万吨

　　右:可利用海水经营权——A公司经营权——直用海水——工业用水　8000万吨

(7)为了保证渔业资源可持续发展,政府与某渔业公司签约,要求该公司在规定海域养殖海带,恢复年产1万吨的水平。

左:待处理海洋生物资源资产——某渔业公司——海洋植物资源——海带　1万吨

　　右:海洋生物资源负债——某渔业公司——海洋植物资源——海带　1万吨

（8）经过检查，在规定海域里海带资源得到恢复。

左：海洋生物资源负债——某渔业公司——海洋植物资源——海带　1万吨

右：海洋生物资源权益——本级国有——海洋植物资源——海带　1万吨

左：海洋生物资源资产——海洋植物资源——海带　1万吨

右：待处理海洋生物资源资产——某渔业公司——海洋植物资源——海带　1万吨

（9）经过查实，由于适应不了海水温度上升趋势，政府辖区海域内鱼类资源减少10万吨。

左：海洋生物资源权益——本级国有——海洋动物资源——鱼类　10万吨

右：海洋生物资源资产——海洋动物资源——鱼类　10万吨

三、海洋资源资产负债核算账户记录试算平衡

假如某政府主管部门的海洋资源资产负债核算期内所发生的事项就是上述9项，期末需要编制试算平衡表（见表8-4），表中期初存量是假设数据。

表8-4　海洋资源资产负债核算账户记录试算平衡表　　单位：万吨

核算科目名称（限于一级）	期初存量		本期增减数量		期末存量	
	左方	右方	左方	右方	左方	右方
海洋生物资源资产	440		3	42	401	
海洋能源矿产	1200		800		2000	
可利用海水经营权	8000		8000	8000	8000	
待处理海洋生物资源资产	110		31	31	110	
海洋生物资源负债		140	61	61		140
海洋生物资源权益		410	40	1		371

续表

核算科目名称（限于一级）	期初存量		本期增减数量		期末存量	
	左方	右方	左方	右方	左方	右方
海洋能源矿产权益		1200		800		2000
可利用海水权益		8000	8000	8000		8000
合计	9750	9750	16935	16935	10511	10511

四、海洋资源资产负债核算报表编制

本书根据"先实物后价值"的原则，暂不进行价值型海洋资源资产负债表的编制，仅根据上述事项编制实物型海洋资源资产负债表。海洋资源资产负债核算报表根据账户记录既可以汇总编制也可以分类编制。

（一）汇总编制

汇总编制是根据海洋资源资产负债核算的所有一级科目的账户记录在经过试算平衡的检验之后，编制三张核算报表。即《海洋资源资产负债表》和两张分表《海洋资源资产变动表》《海洋资源负债和权益变动表》。

主表《海洋资源资产负债表》反映在政府管辖范围内核算期末某一日期（如某年12月31日）全部海洋资源资产、海洋资源负债和海洋资源权益存量的核算报表，它表明某级政府辖区内在特定时点所拥有或控制的海洋资源资产、承担的海洋资源负债和海洋资源权益。它是一张揭示政府在一定时点海洋资源利用状况的静态报表。《海洋资源资产负债表》是"海洋资源资产＝海洋资源负债＋海洋资源权益"恒等式的项目列示，或该公式的表格化。它是一级政府对辖区范围内海洋资源资产负债核算成果的反映。其格式参见表8-5。表中数据根据上述涉及海洋资源资产负债权益事项及试算平衡表填制，核算层级到三级科目。

第八章　海洋资源资产负债核算系统

表 8-5　海洋资源资产负债表　　　　　　　　　　　单位：万吨

海洋资源资产	期初	期末	海洋资源负债和权益	期初	期末
一、海洋生物资源资产			一、海洋资源负债		
（一）海洋动物资源			（一）海洋生物资源负债		
1. 鱼			1. 本级国有		
2. 虾			2. 油轮经营公司		
……			3. 某渔业公司		
（二）海洋植物资源			海洋生物资源负债合计	140	140
1. 海带			海洋资源负债合计		
……			二、海洋生物资源权益		
海洋生物资源资产合计	440	401	（一）本级国有		
二、待处理海洋生物资源资产			1. 海洋动物资源		
（一）油轮经营公司			2. 海洋植物资源		
（二）某渔业公司			海洋生物资源权益合计	410	371
待处理海洋生物资源资产合计	110	110	三、海洋能源矿产权益		
三、海洋能源矿产			（一）本级国有		
（一）海洋油气资源			1. 海洋原油		
1. 海洋原油			海洋能源矿产权益合计	1200	2000
海洋能源矿产合计	1200	2000	四、可利用海水权益		
四、可利用海水经营权			（一）A 公司		
（一）A 公司经营权			1. 直用海水		
1. 直用海水			（二）B 公司		
（二）B 公司经营权			1. 直用海水		
1. 直用海水			可利用海水权益合计	8000	8000
可利用海水经营权合计	8000	8000	海洋资源权益合计		
海洋资源资产总计	9750	10511	海洋资源负债和权益总计	9750	10511

从《海洋资源资产负债表》左端可以看出辖区范围内各类海洋资源资产的利用现状，右端可以看出海洋资源负债的种类和数量以及海洋资源权益数量与比重。但是，期初期末数字差异的原因何在，从主表是看不出来的。所以

253

自然资源资产负债核算

要通过两张分表来揭示。

海洋资源的第一张分表是《海洋资源资产变动表》。该表是一张动态报表,反映核算期间内海洋资源资产的增减变动情况。该表编制的数量关系基础是四柱平衡,即"海洋资源资产期初存量+海洋资源资产本期增加数=海洋资源资产本期减少数+海洋资源资产期末存量"。由此公式可见,《海洋资源资产变动表》的期初数期末数与《海洋资源资产负债表》(并列式)左端的期初数期末数一致,它是《海洋资源资产负债表》的补充说明。说明《海洋资源资产负债表》中海洋资源资产期初期末存量差异形成的原因。现根据联合国SEEA-2012的环境资产报表格式和上述事例,编制某政府部门《海洋资源资产变动表》如表8-6所示。

表8-6 海洋资源资产变动表 单位:万吨

项目	期初	期内增加数				期内减少数				期末
		新增	产生环境负债	重新分类	恢复生态	灾害损失	人为损失	生态恢复	重新分类	
一、海洋生物资源资产										
(一)海洋动物资源										
1.鱼	32					10			2	20
2.虾	28		2							30
……	100						10			90
(二)海洋植物资源										
1.海带	6				1					7
……	274						20			254
海洋生物资源资产合计	440		2		1	10	30		2	401
二、待处理海洋生物资源资产										

续表

项目	期初	期内增加数				期内减少数				期末
		新增	产生环境负债	重新分类	恢复生态	灾害损失	人为损失	生态恢复	重新分类	
（一）本级国有	110									110
（二）油轮经营公司		30					30			—
（三）某渔业公司		1						1		—
待处理海洋生物资源资产合计	110	31					30	1		110
三、海洋能源矿产										
（一）海洋油气资源										
1.海洋原油	1200	800								2000
海洋能源矿产合计	1200	800								2000
四、可利用海水经营权										
（一）A公司经营权										
1.直用海水	8000								8000	—
（二）B公司经营权										
1.直用海水				8000						8000
可利用海水经营权合计	8000			8000					8000	8000
海洋资源资产总计	9750	800	31	8002	1	10	60	1	8002	10511

《海洋资源资产变动表》很好地说明了每一类（种）海洋资源资产变化的过程及其原因。

海洋资源的第二张分表是《海洋资源负债和权益变动表》。该表也是

自然资源资产负债核算

一张动态报表,反映核算期间内海洋资源权属关系的增减变动情况。该表编制的数量关系基础也是四柱平衡,即"海洋资源权属期初存量+海洋资源权属本期增加数=海洋资源权属本期减少数+海洋资源权属期末存量"。由此公式可见,《海洋资源权属变动表》的期初数期末数与《海洋资源资产负债表》(并列式)右端的期初数期末数一致,它是《海洋资源资产负债表》的补充说明。说明《海洋资源资产负债表》中海洋产资源权属期初期末存量差异形成的原因。现根据上述事例,编制某政府部门《海洋资源负债和权益变动表》如表 8-7 所示。

表 8-7 海洋资源负债和权益变动表　　　　单位:万吨

项目	期初	期内增加数			期内减少数				期末
		新增	恢复生态	其他	开发减少	人为污染	重新分类	灾害损失	
一、海洋资源负债									
(一)海洋生物资源负债									
1. 本级国有	140			30			30		140
2. 油轮经营公司				30		30			
3. 某渔业公司			1			1			
海洋生物资源负债合计	140		1	60	30	31			140
海洋资源负债合计	140		1	60	30	31			140
二、海洋生物资源权益									
(一)本级国有									
1. 海洋动物资源	200					10		10	180
2. 海洋植物资源	210		1			20			191
海洋生物资源权益合计	410		1			30		10	371
三、海洋能源矿产权益									
(一)本级国有									

续表

项目	期初	期内增加数			期内减少数				期末
		新增	恢复生态	其他	开发减少	人为污染	重新分类	灾害损失	
1.海洋原油	1200	800							2000
海洋能源矿产权益合计	1200	800							2000
四、可利用海水权益									
(一)A公司									
1.直用海水	8000						8000		
(二)B公司									
1.直用海水				8000					
可利用海水权益合计	8000			8000			8000		8000
海洋资源权益合计	9610	800	1	8000		30	8000	10	10371
海洋资源负债和权益总计	9750	800	2	8060		60	8031	10	10511

《海洋资源负债和权益变动表》很好地说明了每一类(种)海洋资源权属变化的过程及其原因。例如,为什么海洋生物资源的权益会减少39万吨?是因为某渔业公司努力恢复生态增加1万吨海带资源,由于某油轮污染损失30万吨,由于自然原因减少10万吨。所以,通过《海洋资源负债和权益变动表》可以很好地明确海洋资源的环境责任。

(二) 分类编制

比《海洋资源资产负债表》及其分表更为细致与具体的核算报表是根据具体的海洋资源类别来编制的报表,例如《海洋生物资源资产负债表》及分表《海洋生物资源资产变动表》《海洋生物资源负债和权益变动表》等。9个一级资产科目及其受托经营权科目,对应的一级负债科目和一级权益科目,可以构成9套海洋资源分类资产负债表及分表。每一套报表的编制,原理与步骤

自然资源资产负债核算

都同编制汇总报表一样(见表8-8)。为了节省工作量,也可以在编制汇总报表的基础上,对重点关注的海洋资产类别,再编制相应的报表。非重点的类别,可以不编制报表,需要时直接查账。

表8-8 海洋资源资产负债核算报表

汇总表	《海洋资源资产负债表》	《海洋资源资产变动表》	《海洋资源负债和权益变动表》
分类表	《海洋生物资源资产负债表》	《海洋生物资源资产变动表》	《海洋生物资源负债和权益变动表》
	《海洋能源矿产资源资产负债表》	《海洋能源矿产资源资产变动表》	《海洋能源矿产资源负债和权益变动表》
	《海滨金属矿产资源资产负债表》	《海滨金属矿产资源资产变动表》	《海滨金属矿产资源负债和权益变动表》
	《海滨非金属矿产资源资产负债表》	《海滨非金属矿产资源资产变动表》	《海滨非金属矿产资源负债和权益变动表》
	《深海矿产资源资产负债表》	《深海矿产资源资产变动表》	《深海矿产资源负债和权益变动表》
	《海洋原盐矿产资源资产负债表》	《海洋原盐矿产资源资产变动表》	《海洋原盐矿产资源负债和权益变动表》
	《海洋可再生能源资产负债表》	《海洋可再生能源资产变动表》	《海洋可再生能源负债和权益变动表》
	《可利用海水资源资产负债表》	《可利用海水资源资产变动表》	《可利用海水资源负债和权益变动表》
	《海洋空间资源资产负债表》	《海洋空间资源资产变动表》	《海洋空间资源负债和权益变动表》

本书将海洋资源分为可纳入核算和不可纳入核算的两大部分。对可纳入核算的部分实行资产化管理,并且以"海洋资源资产=海洋资源权属"的平衡关系为出发点与落脚点来组织核算。

对海洋资源资产的核算的关键是分类。虽然对海洋资源有各种不同的分类,但本书从权威性和可操作的角度,以国家标准化管理委员会2006年12月29日发布的《海洋及相关产业分类》(GB/T20794-2006)为分类参考,将海洋

第八章 海洋资源资产负债核算系统

资源资产分为9类,并以此为基础设置9套分类资源资产负债表及其分表,以此来统率海洋资源资产负债核算系统。为了分清和落实环境责任,在一级资产类科目里还增设n个待处理某类海洋资源资产科目(范围0—9)和几个委托经营权一级科目(范围0—9)。

根据"海洋资源资产=海洋资源权属"的平衡关系设置公式右端的海洋资源权属类科目。海洋资源权属分为海洋资源负债和海洋资源权益两部分,因此分别设置其科目。为了在一级科目层面保持与海洋资源资产类科目的对应关系,所以将负债类和权益类的二级或加三级设置为"权属及责任单位"以达到责任核算与追溯的目的。

为了保证日常核算不破坏"海洋资源资产=海洋资源权属"的平衡关系,又分别设置了两类不同性质的账户结构。资产类账户结构是:左方表示增加,右方表示减少,余数在左方,表示存量。权属类账户(含负债类和权益类)账户结构是:右方表示增加,左方表示减少,余数在右方,表示存量。按照"有左必有右,左右必相等"的记账规则对涉及海洋资源资产及其权属的事项进行记账,就形成三类核算科目的平衡关系。经过期末的试算平衡,在保证账户记录不出错的条件下,根据有相互对应关系的三个一级核算科目的记录,即可以编制出《海洋资源资产负债表》《海洋资源资产变动表》《海洋资源权属变动表》。

《海洋资源资产负债表》是主表,既反映出某政府主管部门管辖范围内的海洋资源资产的赋存与分布,又反映出其管辖范围内海洋资源的负债和权益的状况。但是《海洋资源资产负债表》反映的只是核算期初与期末的存量,是结果状态。对于期初期末存量之间的差异,不具有直观的说明作用。所以需要分别编制《海洋资源资产变动表》和《海洋资源权属变动表》两张分表,来揭示主表期初期末存量差异的原因。如果管理需要,还可以就某一类海洋资源单独编制一套报表,如《海洋能源矿产资源资产负债表》《海洋能源矿产资源资产变动表》和《海洋能源矿产资源权属变动表》。

第九章 地质遗迹资源资产负债核算系统

第一节 地质遗迹资源核算要素的分类分级及其科目设置

一、地质遗迹资源资产的分类分级与科目设置

地质遗迹资源尤其是地质遗迹中的景观资源,不仅具有生态价值、社会(文化)价值,而且具有经济价值,可以为人们带来实实在在的经济利益,因此对其进行资产化管理是必要的。地质遗迹资源资产根据国家标准设置核算科目。本书将13类地质遗迹设置为一级科目,46亚类地质遗迹设置为二级科目。此外,考虑到国家公园或某事业单位对地质遗迹的承包经营,设置相应的委托权属科目(资产类)。由于自然或人为原因损害或灭失的地质遗迹点,在未得到核销处理之前,可计入待处理地质遗迹点科目。即在一级资产类科目里增设 n 个"待处理地质遗迹"(范围0—13)和"某类地质遗迹资源资产承包经营"(范围0—13)科目。表9-1是地质遗迹资源资产类科目表。

第九章 地质遗迹资源资产负债核算系统

表 9-1 地质遗迹资源资产类科目表　　　　　　　　　　单位：处

一级科目名称	二级科目名称	一级科目名称	二级科目名称
地层剖面	全球层型剖面	水体地貌	河流（景观带）
	层型（典型剖面）		湖泊、潭
	地质事件剖面		湿地—沼泽
岩石剖面	侵入岩剖面		瀑布
	火山岩剖面		泉
	变质岩剖面	火山地貌	火山机构
构造剖面	不整合面		火山岩地貌
	褶皱与变形	冰川地貌	古冰川遗迹
	断裂		现代冰川遗迹
重要化石产地	古人类化石产地	海岸地貌	海蚀地貌（侵蚀）
	古生物群化石产地		海积地貌（堆积）
	古植物化石产地	构造地貌	飞来峰
	古动物化石产地		构造窗
	古生物遗迹化石产地		峡谷（断层崖）
重要岩矿石产地	典型矿床类露头	地震遗迹	地裂缝
	典型矿物岩石命名地		地面变形
	矿业遗址	地质灾害遗迹	崩塌
	陨石坑和陨石体		滑坡
	碳酸盐岩地貌（岩溶地貌）		泥石流
	侵入岩地貌		地面塌陷
岩土体地貌	变质岩地貌		地面沉降
	碎屑岩地貌	某类遗迹承包经营权	地质遗迹点
	黄土地貌	待处理地质遗迹	地质遗迹点
	沙漠地貌		
	戈壁地貌		

资料来源：作者根据《地质遗迹调查规范》（DZ/T 0303—2017）分类整理。

二、地质遗迹资源负债的分类分级与科目设置

根据"地质遗迹资源资产＝地质遗迹资源权属"或"地质遗迹资源资产＝地质遗迹资源负债＋地质遗迹资源权益"的平衡公式,在设置了地质遗迹资源资产类科目以后,还要设置与之相对应的"地质遗迹资源负债"和"地质遗迹资源权益"两类科目。地质遗迹资源负债是地质遗迹资源权属的重要方面,它是核算主体承担的责任所在。地质遗迹资源负债的形成来源是:一是对地质遗迹点的保护不到位而形成降等或降级;二是地质遗迹点因为自然或人为的因素而消失,在未完成责任追溯与处理之前,要列入待处理科目(类似于对超采耗竭性矿产资源的处理);三是因为技术操作失误而需要做补记或减记处理的地质遗迹点,也要列入待处理科目;四是对需要提升保育等级的地质遗迹点,为了明确责任而列入负债,待保育达标再转入权益类科目。

根据责任对象与责任主体之间的关系设置地质遗迹资源负债类科目见表9-2。

表9-2 地质遗迹资源负债类科目表　　　　单位:处

一级科目名称	二级科目名称	明细科目名称
地层剖面负债	责任单位	全球层型剖面、层型(典型剖面)、地质事件剖面
岩石剖面负债	责任单位	侵入岩剖面、火山岩剖面、变质岩剖面
构造剖面负债	责任单位	不整合面、褶皱与变形、断裂
重要化石产地负债	责任单位	古人类化石产地、古生物群化石产地、古植物化石产地、古动物化石地、古生物遗迹化石产地
重要岩矿石产地负债	责任单位	典型矿床类露头、典型矿物岩石命名地、矿业遗址、陨石坑和陨石体
岩土体地貌负债	责任单位	碳酸盐岩地貌(岩溶地貌)、侵入岩地貌、变质岩地貌、碎屑岩地貌、黄土地貌、沙漠地貌、戈壁地貌

续表

一级科目名称	二级科目名称	明细科目名称
水体地貌负债	责任单位	河流（景观带）、湖泊、潭、湿地、沼泽、瀑布、泉
火山地貌负债	责任单位	火山机构、火山岩地貌
冰川地貌负债	责任单位	古冰川遗迹、现代冰川遗迹
海岸地貌负债	责任单位	海蚀地貌（侵蚀）、海积地貌（堆积）
构造地貌负债	责任单位	飞来峰、构造窗、峡谷（断层崖）
地震遗迹负债	责任单位	地裂缝、地面变形
地质灾害遗迹负债	责任单位	崩塌、滑坡、泥石流、地面塌陷、地面沉降

三、地质遗迹资源权益的分类分级与科目设置

地质遗迹资源权益是地质遗迹资源权属扣除地质遗迹资源负债之后的净权属。地质遗迹资源权益类科目的设置既要考虑不同权属关系下的权益主体，又要考虑具体的权益附着对象，即权益的载体，而且还要保证"地质遗迹资源资产＝地质遗迹资源负债＋地质遗迹资源权益"的平衡关系。三类科目要保持相互对应的关系。据此，本书设置地质遗迹资源权益科目见表9-3。

表9-3 地质遗迹资源权益类科目表 单位：处

一级科目名称	二级科目名称	明细科目名称
地层剖面权益	责任单位	全球层型剖面、层型（典型剖面）、地质事件剖面
岩石剖面权益	责任单位	侵入岩剖面、火山岩剖面、变质岩剖面
构造剖面权益	责任单位	不整合面、褶皱与变形、断裂
重要化石产地权益	责任单位	古人类化石产地、古生物群化石产地、古植物化石产地、古动物化石产地、古生物遗迹化石产地
重要岩矿石产地权益	责任单位	典型矿床类露头、典型矿物岩石命名地、矿业遗址、陨石坑和陨石体

续表

一级科目名称	二级科目名称	明细科目名称
岩土体地貌权益	责任单位	碳酸盐岩地貌（岩溶地貌）、侵入岩地貌、变质岩地貌、碎屑岩地貌、黄土地貌、沙漠地貌、戈壁地貌
水体地貌权益	责任单位	河流（景观带）、湖泊、潭、湿地、沼泽、瀑布、泉
火山地貌权益	责任单位	火山机构、火山岩地貌
冰川地貌权益	责任单位	古冰川遗迹、现代冰川遗迹
海岸地貌权益	责任单位	海蚀地貌（侵蚀）、海积地貌（堆积）
构造地貌权益	责任单位	飞来峰、构造窗、峡谷（断层崖）
地震遗迹权益	责任单位	地裂缝、地面变形
地质灾害遗迹权益	责任单位	崩塌、滑坡、泥石流、地面塌陷、地面沉降

第二节　地质遗迹资源资产负债核算的账户结构

一、地质遗迹资源资产类账户结构

在以二维分类为基础的复式记账法下，为了保持"地质遗迹资源资产＝地质遗迹资源负债＋地质遗迹资源权益"平衡关系，等式两端的账户结构设置必须相反，以左右记账法为例来设计。

根据地质遗迹资源资产类科目设置相应的盘存类账户，左方为增加，右方为减少，余额在左方。在此结构下，地质遗迹资源资产类账户记录的对象，其存量和变量之间符合"核算期初存量＋核算期内增加数量＝核算期内减少数量＋核算期末存量"的四柱平衡关系，即"地质遗迹资源资产期初左方存量＋地质遗迹资源资产核算期内左方发生数量＝地质遗迹资源资产核算期内右方发生数量＋地质遗迹资源资产核算期末左方存量"或

"地质遗迹资源资产期末左方存量=地质遗迹资源资产核算期初左方存量+地质遗迹资源资产核算期内左方发生数量−地质遗迹资源资产核算期内右方发生数量"。

二、地质遗迹资源负债类账户结构

根据地质遗迹资源负债类科目设置相应的盘存类账户,右方为增加,左方为减少,余额在右方。在此结构下,地质遗迹资源负债类账户记录的对象,其存量和变量之间符合"核算期初存量+核算期内增加数量=核算期内减少数量+核算期末存量"的四柱平衡关系,即"地质遗迹资源负债期初右方存量+地质遗迹资源负债核算期内右方发生数量=地质遗迹资源负债核算期内左方发生数量+地质遗迹资源负债核算期末右方存量"或"地质遗迹资源负债期末右方存量=地质遗迹资源负债核算期初右方存量+地质遗迹资源负债核算期内右方发生数量−地质遗迹资源负债核算期内左方发生数量"。

三、地质遗迹资源权益类账户结构

根据地质遗迹资源权益类科目设置相应的盘存类账户,右方为增加,左方为减少,余额在右方。在此结构下,地质遗迹资源权益类账户记录的对象,其存量和变量之间符合"核算期初存量+核算期内增加数量=核算期内减少数量+核算期末存量"的四柱平衡关系,即"地质遗迹资源权益期初右方存量+地质遗迹资源权益核算期内右方发生数量=地质遗迹资源权益核算期内左方发生数量+地质遗迹资源权益核算期末右方存量"或"地质遗迹资源权益期末右方存量=地质遗迹资源权益核算期初右方存量+地质遗迹资源权益核算期内右方发生数量−地质遗迹资源权益核算期内左方发生数量"。

第三节　地质遗迹资源资产负债核算举例

一、涉及地质遗迹资源资产及权属的事项类型及账务处理

以左右记账法示范有关事项与政府主管部门的账务处理：①

(1) 经专家评审通过新增地质遗迹点两处，分别是一处古动物化石产地和一处矿业遗址。

左：重要化石产地——古动物化石产地　1

　　重要岩矿石产地——矿业遗址　1

右：重要化石产地权益——古动物化石产地　1

　　重要岩矿石产地权益——矿业遗址权益　1

(2) A国家公园受托经营两处地质遗迹点，一处是山体裸露的褶皱与变形地段，一处是河流景观带。

左：构造剖面承包经营权（A国家公园）——褶皱与变形　1

　　水体地貌承包经营权（A国家公园）——河流（××段）　1

右：构造剖面——褶皱与变形　1

　　水体地貌——河流（××段）　1

(3) 由于保护不力，某处山泉景观消失。

左：待处理地质遗迹点——××泉　1

　　水体地貌权益——本级国有——××泉　1

右：水体地貌负债——本级国有——××泉负债　1

　　水体地貌——××泉　1

(4) 经责任追溯，发现(3)是由于某责任单位违规开矿，导致地下水流改

---

① 涉及地质遗迹资源资产负债的核算事项类型与前述各种资源相同，也是8种类型，据此设计核算事项。

道而致使该地质遗迹点灭失。

左:水体地貌负债——本级国有——××泉负债待处理地质遗迹点——××泉　1

　　右:水体地貌负债——某责任单位——××泉负债　1

(5)经责任认定和处罚,核销该地质遗迹点。

左:水体地貌负债——某责任单位——××泉负债　1

　　右:待处理地质遗迹点——××泉　1

(6)某冰川地质遗迹点因为地球温度升高而消失,鉴定之后允许入账。

左:冰川地貌遗迹权益——本级国有——×××现代冰川遗迹　1

　　右:冰川地貌——×××现代冰川遗迹　1

(7)某地发现古生物群遗迹,政府主管部门委托某事业单位按照Ⅱ级标准开发申报。

左:待处理地质遗迹——重要化石产地——古生物群化石产地　1

　　右:重要化石产地负债——某事业单位——××古生物群化石产地负债　1

(8)某事业单位完成第(7)项地质遗迹开发申报工作。

左:重要化石产地——××古生物群化石产地　1

　　重要化石产地负债——某事业单位——××古生物群化石产地负债　1

右:待处理地质遗迹——重要化石产地——××古生物群化石产地　1

　　重要化石产地权益——本级国有——××古生物群化石产地　1

二、地质遗迹资源资产负债核算账户记录试算平衡

假设在上述某政府主管部门的地质遗迹资源资产负债核算期内所发生的事项就是上述8项,期末需要编制试算平衡表(见表9-4),表中期初存量是预先假设。

表 9-4　地质遗迹资源资产负债试算平衡表　　　　　　　单位:处

核算科目名称(限于一级)	期初存量		本期增减数量		期末存量	
	左方	右方	左方	右方	左方	右方
重要化石产地	5		2		7	
重要岩矿石产地	8		1		9	
构造剖面	2			1	1	
水体地貌	3			2	1	
构造剖面(承包经营)			1		1	
水体地貌(承包经营)			1		1	
待处理地质遗迹点			2	2	—	
冰川地貌	1			1	—	
水体地貌负债		1	2	2		1
重要化石产地负债		2	1	1		2
构造剖面权益		2				2
重要化石产地权益		3		2		5
重要岩矿石产地权益		8		1		9
水体地貌权益		2	1			1
冰川地貌遗迹权益		1	1			—
总计	19	19	12	12	20	20

三、地质遗迹资源资产负债核算报表编制

(一) 地质遗迹资源资产负债表

地质遗迹资源资产负债核算报表由《地质遗迹资源资产负债表》《地质遗迹资源资产变动表》《地质遗迹资源权属变动表》(或《地质遗迹资源负债权益变动表》)三张报表组成。《地质遗迹资源资产负债表》是主表,《地质遗迹资源资产变动表》《地质遗迹资源权属变动表》(或《地质遗迹资源负债权益变动表》)是分表。

《地质遗迹资源资产负债表》是"地质遗迹资源资产＝地质遗迹资源负

债+地质遗迹资源权益"的表格化。它反映在政府管辖范围内核算期末某一日期(如某年12月31日)全部地质遗迹资源资产、地质遗迹资源负债和地质遗迹资源权益存量的核算报表,它表明某级政府辖区内在特定时点所拥有或控制的地质遗迹资源资产、承担的地质遗迹资源负债和受托监管的地质遗迹资源权益。它是一张揭示政府在一定时点地质遗迹资源禀赋及其权责状况的静态报表,是一级政府对辖区范围内地质遗迹资源资产负债核算成果的反映。其格式见表9-5。表中数据根据上述核算事项及试算平衡表而填。

表9-5 地质遗迹资源资产负债表　　　　　　　　　　　　单位:处

地质遗迹资源资产	期初	期末	地质遗迹资源负债和权益	期初	期末
重要化石产地	5	7	一、地质遗迹负债		
重要岩矿石产地	8	9	水体地貌负债	1	1
构造剖面	2	1	重要化石产地负债	2	2
水体地貌	3	1	地质遗迹负债合计	3	3
冰川地貌	1	—	二、地质遗迹权益		
构造剖面(承包经营)		1	构造剖面权益	2	2
水体地貌(承包经营)		1	重要化石产地权益	3	5
待处理地质遗迹		—	重要岩矿石产地权益	8	9
……			水体地貌权益	2	1
			冰川地貌遗迹权益	1	—
			地质遗迹权益合计	16	17
地质遗迹资源资产总计	19	20	地质遗迹资源负债与权益总计	19	20

(二) 地质遗迹资源资产变动表

地质遗迹资源资产负债核算的第一张分表是《地质遗迹资源资产变动表》。该表是一张动态报表,反映核算期间内地质遗迹资源资产的增减变动情况。该表编制的数量关系基础是四柱平衡,即"地质遗迹资源资产期初存

自然资源资产负债核算

量+地质遗迹资源资产本期增加数=地质遗迹资源资产本期减少数+地质遗迹资源资产期末存量"。由此公式可见,《地质遗迹资源资产变动表》的期初数期末数与主表《地质遗迹资源资产负债表》(并列式)左端的期初数期末数一致,它是对《地质遗迹资源资产负债表》的补充说明。说明《地质遗迹资源资产负债表》中地质遗迹资源资产期初期末存量差异形成的原因。根据联合国SEEA-2012的环境资产报表格式和前述核算事项和试算平衡表,编制某政府部门《地质遗迹资源资产变动表》如表9-6所示。

表9-6 地质遗迹资源资产变动表　　　　　　单位:处

项目	期初	期内增加数				期内减少数				期末
		新发现	向上重估	重新分类	其他	人为损失	灾害损失	向下重估	重新分类	
重要化石产地	5	2								7
重要岩矿石产地	8	1								9
构造剖面	2								1	1
水体地貌	3					1			1	1
冰川地貌	1						1			—
构造剖面(承包经营)				1						1
水体地貌(承包经营)				1						1
待处理地质遗迹		1			1	1			1	—
地质遗迹资源资产总计	19	4		2	1	2	1		3	20

(三)地质遗迹资源负债和权益变动表

地质遗迹资源资产负债核算的第二张分表是《地质遗迹资源负债权益变

第九章　地质遗迹资源资产负债核算系统

动表》。该表也是一张动态报表，反映核算期间内地质遗迹资源权属关系的增减变动情况。该表编制的数量关系基础也是四柱平衡，即"地质遗迹资源权属期初存量+地质遗迹资源权属本期增加数=地质遗迹资源权属本期减少数+地质遗迹资源权属期末存量"。由此公式可见，《地质遗迹资源负债和权益变动表》的期初数期末数与《地质遗迹资源资产负债表》（并列式）右端的期初数期末数一致，它是《地质遗迹资源资产负债表》的补充说明。说明《地质遗迹资源资产负债表》中地质遗迹资源负债和权益期初期末存量差异形成的原因。现根据前述试算平衡表和事项，编制某政府部门《地质遗迹资源负债和权益变动表》如表9-7所示。

表9-7　地质遗迹资源负债和权益变动表　　　　　　　　单位：处

项目	期初	期内增加数			期内减少数			期末
		新发现	人为损失	待处理事项	灾害损失	人为损失	重新分类	
一、地质遗迹负债								
水体地貌负债	1		1	1		1	1	1
重要化石产地负债	2	1					1	2
地质遗迹负债合计	3	1	1	1		1	2	3
二、地质遗迹权益								
构造剖面权益	2							2
重要化石产地权益	3	2						5
重要岩矿石产地权益	8	1						9
水体地貌权益	2					1		1
冰川地貌遗迹权益	1				1			—
地质遗迹权益合计	16	3			1	1		17
地质遗迹资源负债与权益总计	19	4	1	1	1	2	2	20

自然资源资产负债核算

本章探索地质遗迹资源资产及权属的核算问题。地质遗迹资源具有很高的生态价值、社会(文化)价值和经济价值。随着经济社会的发展,三个方面的价值日益凸显。因此,本书将其纳入资产化管理的领域,以"地质遗迹资源资产=地质遗迹资源权属"的平衡关系为出发点与落脚点来组织核算。

第一,解决地质遗迹资源资产的定义和分类。虽然联合国教科文组织和我国的著名专家从不同角度提出了不同的分类,但本书从权威性和可操作的角度,以我国政府主管部门在2017年3月公布的《地质遗迹调查规范》(DZ/T 0303-2017)为标准,来定义地质遗迹资源资产和分类。将地质遗迹资源资产分为13类和46亚类,并以此为基础设置13个一级资产类科目,46个二级科目。在一级资产类科目里还增设 n 个"待处理地质遗迹"(范围0—13)和"某类地质遗迹资源资产承包经营"(范围0—13)科目。

第二,根据"地质遗迹资源资产=地质遗迹资源权属"的平衡关系设置公式右端的地质遗迹资源权属类科目。地质遗迹资源权属分为地质遗迹资源负债和地质遗迹资源权益两部分,因此分别设置其科目。为了在一级科目层面保持与地质遗迹资源资产类科目的对应关系,所以将负债类和权益类的二级或加三级设置为"权属及责任单位"以达到责任核算与追溯的目的,将46个亚类地质遗迹设置为明细科目。

为了保证日常核算不破坏"地质遗迹资源资产=地质遗迹资源权属"的平衡关系,又分别设置了两类不同性质的账户结构。资产类账户结构是:左方表示增加,右方表示减少,余数在左方,表示存量。权属类账户(含负债类和权益类)账户结构是:右方表示增加,左方表示减少,余数在右方,表示存量。按照"有左必有右,左右必相等"的记账规则对涉及地质遗迹资源资产及其权属的事项进行记账,就形成三类核算科目的平衡关系,经过期末的试算平衡,在保证账户记录不出错的条件下,根据有相互对应关系的三个一级核算科目的记录,即可以编制出《地质遗迹资源资产负债表》和《地质遗迹资源资产变动表》《地质遗迹资源负债和权益变动表》。

第九章　地质遗迹资源资产负债核算系统

《地质遗迹资源资产负债表》是主表,既反映出某政府主管部门管辖范围内的地质遗迹资源资产的赋存与分布,又反映出其管辖范围内地质遗迹资源的负债和权益的状况。但是《地质遗迹资源资产负债表》反映的只是核算期初与期末的存量,是结果状态。对于期初期末存量之间的差异,不具有直观的说明作用。所以需要分别编制《地质遗迹资源资产变动表》和《地质遗迹资源负债和权益变动表》两张分表,来揭示主表期初期末存量差异的原因。

附录　借贷记账法下的自然资源资产负债核算举例

——以土地资源资产负债核算为例

一、借贷记账法原理

借贷记账法是复式记账的方法之一。它是基于"资产＝权属"平衡公式，以"借贷"二字为记账符号，以"有借必有贷，借贷必相等"为记账规则，对每一项核算事项均在两个及两个以上的账户进行记录，并设置账户结构相反的两类科目来进行核算的方法。

借贷记账法下，根据资产类科目设置的账户，增加记借方，减少记贷方，盘存在借方；根据权属类科目设置的账户，增加记贷方，减少记借方，盘存在贷方。

按照借贷记账法的平衡公式，两类账户之间的关系见附图1。

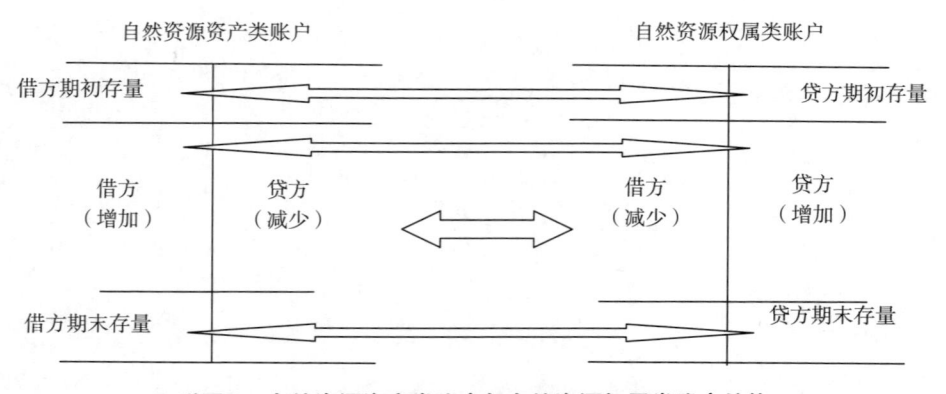

附图1　自然资源资产类账户与自然资源权属类账户结构

根据上述原理,可以在账户记录完成之际进行试算平衡。附表 1 是试算平衡表格式。

附表 1　自然资源资产负债试算平衡表(格式)

单位:实物量(价值量)

核算科目名称	期初余额		本期发生额		期末余额	
	借方	贷方	借方	贷方	借方	贷方
一、自然资源资产类科目						
1.						
……						
二、自然资源负债类科目						
1.						
……						
三、自然资源权益类科目						
1.						
……						
总计						

以土地资源核算事项为例说明借贷记账法的应用如下。

二、土地资源资产负债核算事项分录与账簿登记

以借贷记账法示范有关事项与政府主管部门的账务处理:

(一)某企业申报将一处面积为 20 公顷的工业用地改为仓储用地(第一种事项类型)。

借:工矿仓储用地资源资产——仓储用地　20
　　贷:工矿仓储用地资源资产——工业用地　20

(二)经过司法仲裁,甲村庄水田受到污染面积 80 公顷的责任主体最终确认为某工厂,由其排污所致(第二种事项类型)。

借:耕地资源负债——甲村庄——水田　80

　　　　贷:耕地资源负债——某排污工厂——水田　80

（三）为了修建高速公路,向乙村庄征用集体耕地60公顷。

分录1（第一种事项类型）

借:交通运输用地资源资产——公路用地　60

　　　　贷:耕地资源资产——旱地　60

分录2（第三种事项类型）

借:耕地资源权益——乙村庄——旱地　60

　　　　贷:交通运输资源权益——建设单位——公路用地　60

（四）由于行政区划调整,划入本级政府辖区范围土地3100公顷。其中耕地面积旱地1400公顷,果园面积200公顷,其他林地200公顷,商服用地150公顷,工矿仓储用地面积50公顷,公共管理与公共服务用地100公顷,交通运输用地200公顷,水域及水利设施用地800公顷。另,耕地、果园、其他林地为集体所有,商服用地、工矿仓储用地、交通运输用地、水域及水利设施用地等为国有（第四种事项类型）。

借:耕地资源资产	1400
园地资源资产	200
林地资源资产	200
商服用地资源资产	150
工矿仓储用地资源资产	50
公共管理与公共服务用地资源资产	100
交通运输用地资源资产	200
水域及水利设施用地资源资产	800
贷:耕地资源权益——集体所有（甲村庄）	1400
园地资源权益——集体所有（甲村庄）	200
林地资源权益——集体所有（甲村庄）	200
商服用地资源权益——国有（本级）	150

工矿仓储用地资源权益——国有(本级) 50

公共管理与公共服务用地资源权益——国有(本级) 100

交通运输用地资源权益——国有(本级) 200

水域及水利设施用地资源权益——国有(本级) 800

(五)由于自然原因增加滩涂盐碱地面积1000公顷,政府将其列入生态修复范围,并授权某环保企业负责实施(第五种事项类型)。

借:其他土地资源资产——盐碱地 1000

    贷:其他土地资源负债——某环保企业——盐碱地 1000

(六)据消费者反映甲村庄出产的大米有害元素严重超标,经技术部门测定,原因是甲村庄水田受到污染(第六种事项类型)。

借:耕地资源权益——集体所有(甲村庄)——水田 80

    贷:耕地资源负债——集体所有(甲村庄)——水田 80

(七)由于地方政府无力在规划时间内完成面积为2000公顷的待治理沙化土地的治理,经过与相邻地区的大型环保企业协商并由上级政府出面协调,将这部分土地划出本级政府的管辖范围(第七种事项类型)。

借:其他土地资源负债——本级政府——沙地 2000

    贷:其他土地资源资产——沙地 2000

(八)航测大队提交报告称由于全球温度持续升高致使海平面升高,本级政府管辖的沿海陆地(裸岩石砾地)面积减少1000公顷,其中涉及集体所有园地400公顷(第八种事项类型)。

借:其他土地资源权益——国有(本级政府)——裸岩石砾地 600

    园地资源权益——集体所有(某乡某镇)——其他园地 400

    贷:园地资源资产——其他园地 400

        其他土地资源资产——裸岩石砾地 600

三、土地资源资产负债核算账户记录试算平衡

假设在上述某政府主管部门的土地资源资产负债核算期内所发生的事项

自然资源资产负债核算

就是上述,期末需要编制试算平衡表(见附表2),表中期初存量是预先假设。

附表2 土地资源资产负债试算平衡表　　　单位:公顷

核算科目名称(限于一级)	期初存量 借方	期初存量 贷方	本期增减数量 借方	本期增减数量 贷方	期末存量 借方	期末存量 贷方
耕地资源资产	26000		1400	60	27340	
园地资源资产	12000		200	400	11800	
林地资源资产	8000		200		8200	
商服用地资源资产	200		150		350	
工矿仓储用地资源资产	160		20+50	20	210	
公共管理与公共服务用地资源资产	260		100		360	
交通运输用地资源资产	40		60+200		300	
水域及水利设施用地资源资产	100		800		900	
其他土地资源资产	2800		1000	2000+600	1200	
耕地资源负债		1000	80	80+80		1080
其他土地资源负债		2000	2000	1000		1000
耕地资源权益		25000	60+80	1400		26260
园地资源权益		12000	400	200		11800
林地资源权益		8000		200		8200
商服用地资源权益		200		150		350
工矿仓储用地资源权益		160		50		210
公共管理与公共服务用地资源权益		260		100		360
交通运输用地资源权益		40		60+200		300
水域及水利设施用地资源权益		100		800		900
其他土地资源权益		800	600			200
总计	49560	49560	7400	7400	50660	50660

土地资源资产负债表及其分表的编制结果与左右记账法相同,不再赘述。

参考文献

一、中文参考文献

（一）国内政策法规

编委会：《矿产资源工业要求手册》，地质出版社2010年版。
《地表水环境质量标准》(GB3838-2002)，2002年4月28日。
《地下水质量标准》(GB/T14848-2017)，2017年10月14日。
《地质遗迹调查规范》(DZ/T 0303-2017)，2017年3月6日。
国务院办公厅：《编制自然资源资产负债表试点方案》，2015年11月8日。
国家环境保护总局：《生态县、生态市、生态省建设指标（试行）》（环发〔2003〕91号），2003年5月23日。
《海洋及相关产业分类》(GB/T20794-2006)，2006年12月29日。
《林业资源分类与代码 森林类型》(GB/T14721.1-93)，1994年10月1日实施。
《农用地质量分等规程》(GB/T 28407-2012)，2012年10月1日实施。
《森林资源规划设计调查技术规程》(GB/T26424-2010)，2011年6月1日实施。
《森林资源连续清查技术规程》(GB/T 38590-2020)，2020年10月1日实施。
审计署自然资源和生态环境审计司：《领导干部自然资源资产离任审计法律法规汇编》，中国时代经济出版社2018年版。
《水资源编制规程》(GB/T23598-2009)，2009年4月24日。
《水资源税改革试点暂行办法》（财税〔2016〕55号），2016年5月9日。

《土地利用现状分类》(GB/T 21010-2017),见 http://openstd.samr.gov.cn。

《中共中央关于全面深化改革若干重大问题的决定》,2013 年 11 月 12 日。

中共中央、国务院:《生态文明体制改革总体方案》,2015 年 9 月 21 日。

中共中央办公厅、国务院办公厅:《党政领导干部生态环境损害责任追究办法(试行)》,2015 年 8 月 17 日。

中共中央办公厅、国务院办公厅:《关于统筹推进自然资源资产产权制度改革的指导意见》,2019 年 4 月 14 日。

《中华人民共和国宪法》,2018 年 3 月 11 日修正。

《中华人民共和国民法典》,2020 年 5 月 28 日通过。

《中华人民共和国水法》,2016 年 7 月 2 日修正。

《中华人民共和国土地管理法》,2019 年 8 月 26 日修正。

《中华人民共和国森林法》,2019 年 12 月 28 日修订。

《中华人民共和国草原法》,2013 年 6 月 29 日修正。

《中华人民共和国矿产资源法实施细则》(国务院令第 152 号),1994 年 3 月 26 日。

中华人民共和国财政部:《企业会计准则》,经济科学出版社 2006 年版。

(二) 国际规制

联合国等:《2012 年环境经济核算体系中心框架》(System of Environmental Economic Accounting),见 https://seea.un.org/content/homepage。

联合国:《水环境经济核算体系》(SEEAW-2102),联合国 2012 年版。

联合国国际会计和报告标准委员会:《环境成本和负债的会计与财务报告》,中国财政经济出版社 2003 年版。

美国环境保护署:《利益相关者行动议程:对环境成本的会计核算与资本预算的一项报告》(EPA,1994),见 https://www.epa.gov/。

(三) 专著、译著

编写组:《辞海》,上海辞书出版社 2019 年版。

程鸿等:《中国自然资源手册》,科学出版社 1990 年版。

(春秋)管仲:《管子》,刘柯、李克和译注,黑龙江人民出版社 2004 年版。

(春秋)李耳:《老子》,梁海明译注,山西古籍出版社 1999 年版。

(东汉)许慎:《说文解字》,中华书局 1989 年版。

恩格斯:《自然辩证法》,人民出版社2018年版。

[法]乔治·布封:《自然史》,陈焕文译,江苏人民出版社2011年版。

[法]托马斯·皮凯蒂:《21世纪资本论》,中信出版社2014年版。

谷树忠等:《中国资源报告——新时期中国资源安全透视》,商务印书馆2010年版。

郭道扬:《会计史研究》第三卷,中国财政经济出版社2008年版。

刘正山:《大国地权——中国五千年土地制度变革史》,华中科技大学出版社2014年版。

马克思:《资本论》,人民出版社2004年版。

《孟子》,梁海民译注,山西古籍出版社1999年版。

[美]蕾切尔·卡森:《寂静的春天》,张白桦译,北京大学出版社2015年版。

[美]保罗·A.萨缪尔森、威廉·D.诺德豪斯:《经济学》(第十四版),北京经济学院出版社1996年版。

[美]西奥多·W.舒尔茨:《论人力资本投资》,北京经济学院出版社1990年版。

[美]保罗·霍肯、埃默里·洛文斯、亨特·洛文斯:《自然资本论》,王乃粒等译,上海科学普及出版社2000年版。

[美]C.E.斯普拉格:《账户的哲学》,许家林、刘霞译,立信会计出版社2014年版。

(清)张玉书等:《康熙字典》,王引之等校订,上海古籍出版社1996年版。

(清)叶澄衷、刘树屏:《澄衷蒙学堂字课图说》,新星出版社2013年版。

《山海经》,方韬译注,中华书局2009年版。

《尚书》,顾迁注释,中州古籍出版社2010年版。

沈菊琴等:《试谈水资源资产及其价值评估》,《人民黄河》1998年第20卷第7期。

《诗经》,山西古籍出版社1999年版。

孙宝厚主编:《编制自然资源资产负债表与生态环境损害责任终身追究制研究》,中国时代经济出版社2018年版。

许涤新主编:《政治经济学辞典》,人民出版社1980年版。

姚霖:《自然资源资产负债表编制理论与方法研究》,地质出版社2017年版。

叶文虎:《可持续发展的新进展》第3卷,科学出版社2010年版。

易中天:《中国智慧》,上海文艺出版社2011年版。

[英]理查德·斯通、古奥瓦纳·斯通:《国民收入与支出》,肖高励、郭羽诞译,上海译文出版社1988年版。

张卫民等:《森林资源资产评估基础》,中国林业出版社2016年版。

中国社会科学院语言研究所词典编辑室编:《现代汉语词典》,商务印书馆 1978 年版。

《周易》,杨天才、张善文译注,中华书局 2011 年版。

《周礼》,内蒙古人民出版社 2002 年版。

(四) 论文

丁丁、周冏:《自然资源核算账户研究报告》,《经济研究参考》2007 年第 34 期。

耿建新、张宏亮:《资源开采企业的自然资源耗减估价理论框架》,《经济管理》2006 第 15 期。

耿建新等:《我国国家资产负债表与自然资源资产负债表的编制与运用初探——以 SNA 和 SEEA 为线索的分析》,《会计研究》2015 年第 1 期。

黄明林等:《日本环境会计的实施现状及对我国的启示》,《安徽理工大学学报(社会科学版)》2016 年第 1 期。

李明路、姜建军:《论中国的地质遗迹及其保护》,《中国地质》2000 年第 6 期。

李金华:《中国国家资产负债表谱系及编制的方法论》,《管理世界》2015 年第 9 期。

刘胜楠、杨世忠:《中外自然资源资产核算比较及其启示》,《国土资源情报》2020 年第 12 期。

马涛、陈家宽:《海洋资源的多样性、经济特性和开发趋势》,《经济地理》2006 年第 S1 期。

王德发:《综合环境与经济核算体系》,《财经研究》2004 年第 5 期。

汪致正:《改编〈会计学原理〉初探——左右记账法的基本知识与运用》,《财会学习》2011 年第 5 期。

吴优:《德国的环境经济核算》,《中国统计》2005 年第 6 期。

徐子蒙等:《自然资源资产负债表理论与实践路径探析——以土地资源为例》,《测绘科学》2019 年第 44 卷第 12 期。

杨美丽等:《论水资源的资产属性与资产化管理》,《山东社会科学》2002 年第 3 期。

杨睿宁:《中国地质遗迹资源保护现状及保育展望——以中国延庆世界地质公园为例》,《中国国土资源经济》2014 年第 10 期。

杨艳昭等:《自然资源资产负债表编制的"承德模式"》,《资源科学》2017 年第 39 卷第 9 期。

杨世忠：《论环境负债的内涵、种类及其确认与计量》，《南京林业大学学报（人文社会科学版）》2018 年第 2 期。

杨世忠、方心童：《从先秦经典文献看我国自然资源核算的渊源》，《会计之友》2020 年第 2 期。

杨世忠、杨梦凡：《土地资源资产负债核算系统探索》，《财会通讯》2020 年第 3 期。

杨世忠 武钰钦：《地质遗迹资源资产负债核算系统探索》，《中国国土资源经济》2020 年第 3 期。

杨世忠等：《论我国自然资源资产负债核算的方法逻辑及系统框架构建》，《管理世界》2020 年第 11 期。

袁广达、王琪：《"生态资源—生态资产—生态资本"的演化动因与路径》，《财会月刊》2021 年第 17 期。

殷俊明、王平心：《绿色 GDP 的理论基础及发展实践》，《中州学刊》2004 年第 6 期。

张白玲：《自然资本核算的理论与实务研究》，《会计之友》2007 年第 6 期下。

张卫民、李晨颖：《森林资源资产负债表核算系统研究》，《自然资源学报》2019 年第 34 卷第 6 期。

朱婷、薛楚江：《水资源资产负债表编制与实证》，《统计与决策》2018 年第 24 期。

朱靖等：《四川省水资源资产负债表编制研究》，《人民黄河》2019 年第 41 卷第 9 期。

二、外文参考文献

Alfsen K. H., Greaker M., "From Natural Resources and Environmental Accounting to Construction of Indicators for Sustainable Development", *Ecological Economics*, 2007, 61(4).

Carl Obst, Michael Vardon, " Recording Environmental Assets in the National Accounts", *Oxford Review of Economic Policy*, 2014, 30(1).

Commission of the European Communities, Food and Agriculture Organization, International Monetary Fund, Organization for Economic Co-Operation and Development, United Nations, World Bank, *System of Environmental-Economic Accounting 2012* (SEEA2012), New York: United Nations Publication, 2014.

Edens B., Graveland C., "Experimental Valuation of Dutch Water Resources according to SNA and SEEA", *Water Resources and Economics*, 2014, 7.

European Communities, "International Monetary Fund, Organization for Economic Cooperation and Development, United Nations and World Bank", *System of National Accounts 2008(SNA2008)*, New York: United Nations Publication, 2009.

Hambira W. L., "Natural Resources Accounting: A Tool for Water Resources Management in Botswana", *Physics and Chemistry of the Earth*, 2007, 32.

Holub H.W., Tappeiner G., Tappeiner U., "Some Remarks on the 'System of Integrated Environmental and Economic Accounting' of the United Nations", *Ecological Economics*, 1999, 29(3).

后　记

当历时五年研究的成果以书稿形式交到了人民出版社编辑吴焰东同志手中之时,我感到如释重负。承蒙吴编辑抬爱,早在五年前就来约稿,希望我们将研究所得交给该社出版。五年来,一边是吴编辑的耐心等待,一边是课题组成员的不懈探索,终于在 2021 年 12 月 31 日这个充满变数和灾难的年份就要结束的最后一天,交稿了。

本书的内容,基本上来自于国家社会科学基金资助的两个研究项目成果。研究成果汇聚了两个课题组成员们的共同努力,是各方协同攻关的结果。课题组成员既有高校的师生,也有政府研究机构的研究人员,还有专门从事软件开发的企业,是跨学科跨部门跨单位的组合。他们分别来自于首都经济贸易大学、中国自然资源经济研究院、北京林业大学、中国水利水电科学研究院、北京物资学院、中国社会科学院工业经济研究所、北京鼎信创智科技有限公司、济南研微科技有限公司。他们是:第一子课题组长温国勇,第二子课题组长甘泓,第三子课题组长张卫民,第四子课题组长顾奋玲,第五子课题组长王凡林。课题组成员有(按姓氏笔画排序):于鹏,马京华,王世杰,王会,王林,王欣,王波,王涛,王精一,方心童,韦宝玺,邓玉铃,石吉金,石瑞,田运全,冯春涛,张一帆,张萌,张碧涵,孙晓玲,孙萍萍,孙婧,吕宾,刘向敏,刘胜楠,刘彬,刘鑫颖,关笑雨,汪林,余振国,余勤飞,李丰杉,李百兴,李辰颖,李春瑜,李勇,陈非,陈波、陈晓梅、杜冰青、杨梦凡、杨睿宁、吴佳琪、林燕华、范振林、侯冰、武钰钦、周普、赵金淳、胡明形、姜恩来、高娜、高静、贾玲、姚霖、崔春、秦长海、秦龙俊、焦之珍、樊萌、路彩霞、谭振华、魏玲玲。

在自然资源资产负债核算系统的探索过程中，得到了北京大学中国可持续发展研究中心主任叶文虎教授和中国会计学会环境会计专业委员会主任周守华教授的热心指导，得到了中国自然资源经济研究院院长张新安研究员、中国水权交易所石玉波董事长和中国会计学会环境资源会计专业委员会的耿建新教授、王立彦教授、崔也光教授、唐国平教授、肖序教授、袁广达教授、徐光华教授、周一虹教授、周宏教授的热情指教，在此深表感谢！

最后，再次感谢本书参阅和引用有关文献的作者！

杨世忠

2021 年 12 月 31 日于首都经济贸易大学

责任编辑：吴焰东
封面设计：石笑梦
版式设计：胡欣欣

图书在版编目(CIP)数据

自然资源资产负债核算/杨世忠,温国勇 著. —北京:人民出版社,2023.4
ISBN 978－7－01－024792－2

Ⅰ.①自… Ⅱ.①杨…②温… Ⅲ.①自然资源-资源核算-研究-中国 Ⅳ.①F124.5

中国版本图书馆 CIP 数据核字(2022)第 086552 号

自然资源资产负债核算
ZIRAN ZIYUAN ZICHAN FUZHAI HESUAN

杨世忠　温国勇　著

人民出版社 出版发行
(100706　北京市东城区隆福寺街 99 号)

中煤(北京)印务有限公司印刷　新华书店经销
2023 年 4 月第 1 版　2023 年 4 月北京第 1 次印刷
开本:710 毫米×1000 毫米 1/16　印张:18.75
字数:260 千字

ISBN 978－7－01－024792－2　定价:85.00 元

邮购地址 100706　北京市东城区隆福寺街 99 号
人民东方图书销售中心　电话 (010)65250042　65289539

版权所有·侵权必究
凡购买本社图书,如有印制质量问题,我社负责调换。
服务电话:(010)65250042